Suzume

Suzume

2

Story: Makoto Shinkai
Art: Denki Amashima

Inhalt

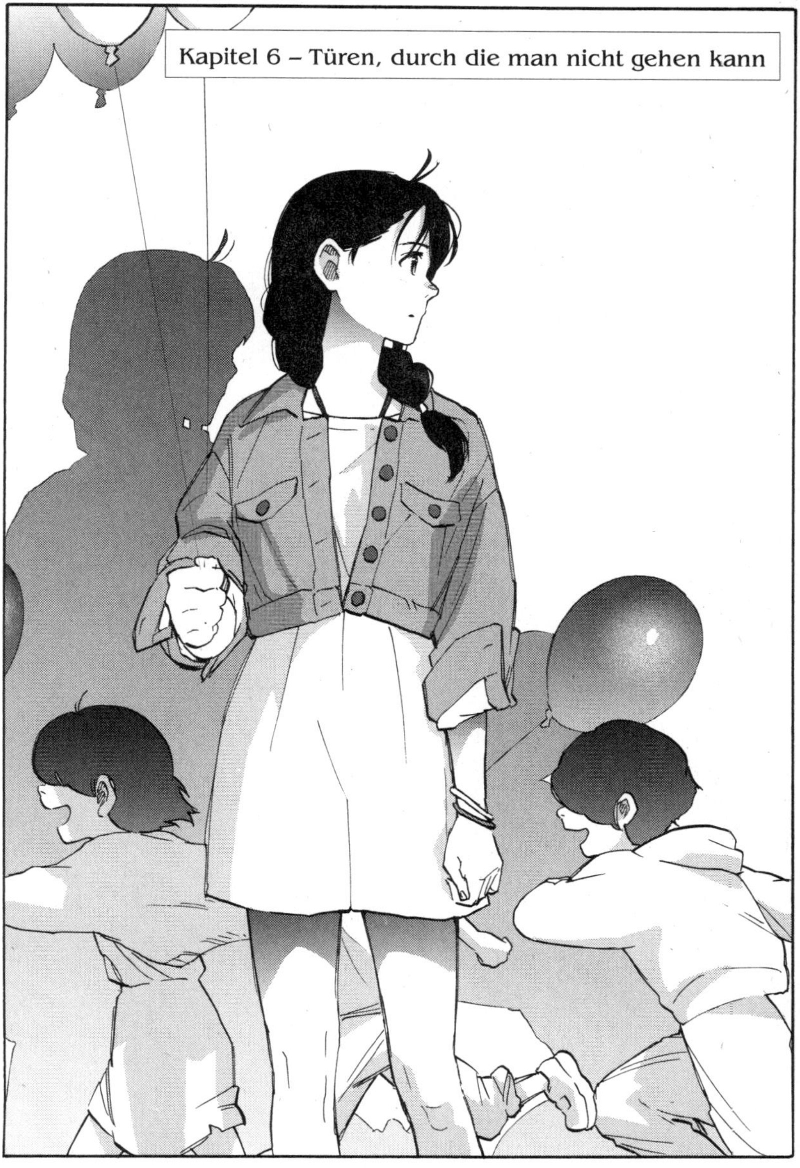
Kapitel 6 – Türen, durch die man nicht gehen kann

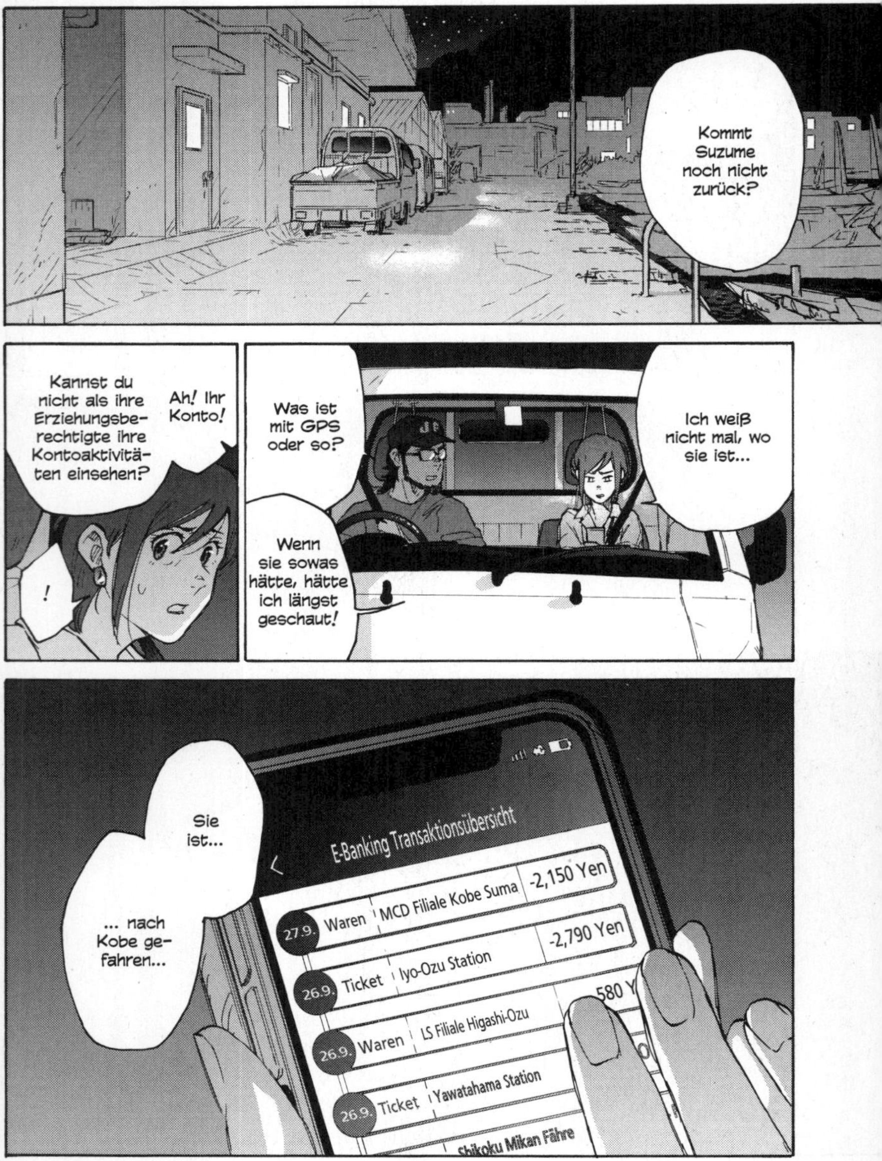
Kommt Suzume noch nicht zurück?
Ich weiß nicht mal, wo sie ist...
Was ist mit GPS oder so?
Wenn sie sowas hätte, hätte ich längst geschaut!
Kannst du nicht als ihre Erziehungsberechtigte ihre Kontoaktivitäten einsehen?
Ah! Ihr Konto!
!
Sie ist...
... nach Kobe gefahren...
E-Banking Transaktionsübersicht
MCD Filiale Kobe Suma -2,150 Yen
27.9. Waren
-2,790 Yen
26.9. Ticket Iyo-Ozu Station
580 Y
26.9. Waren LS Filiale Higashi-Ozu
26.9. Ticket Yawatahama Station
Shikoku Mikan Fähre

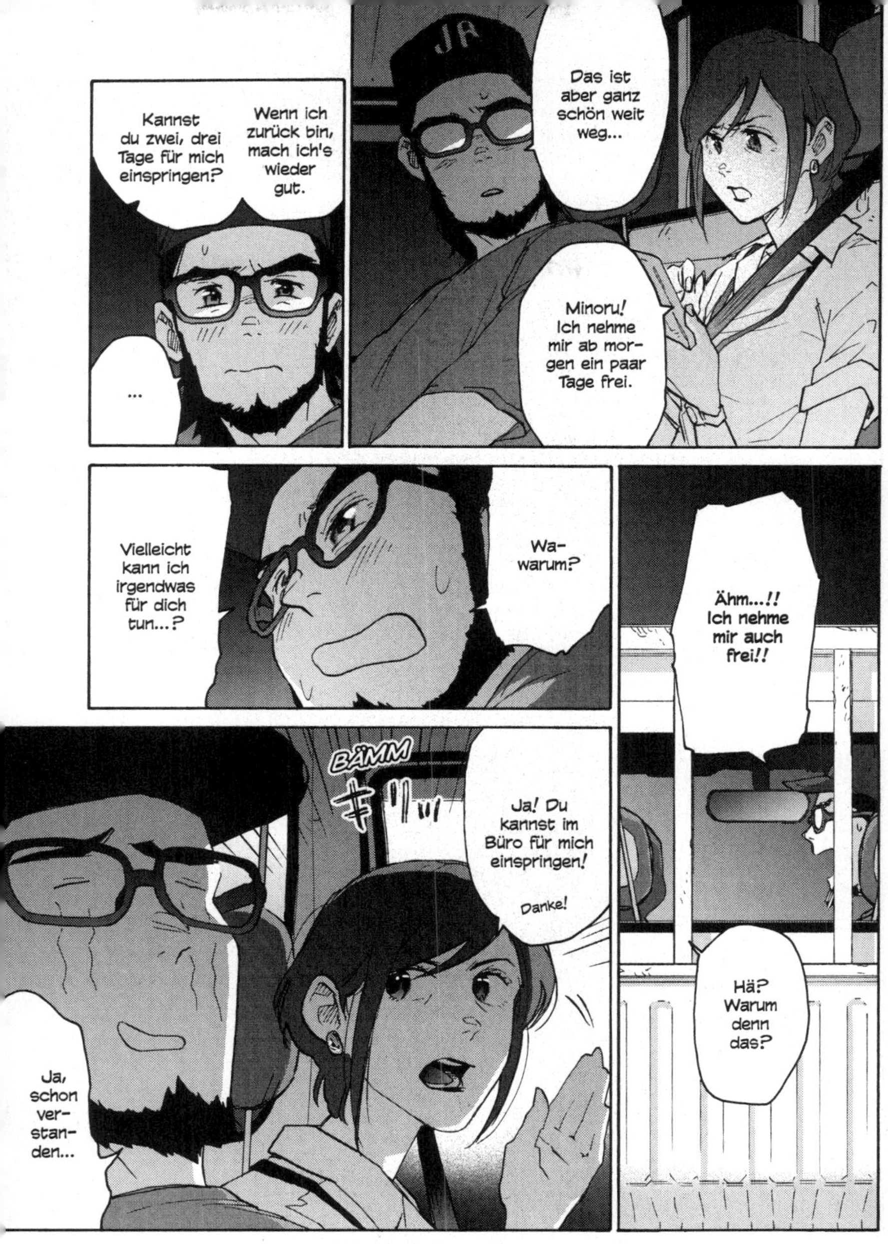
Das ist aber ganz schön weit weg...
Minoru! Ich nehme mir ab morgen ein paar Tage frei.
Wenn ich zurück bin, mach ich's wieder gut.
Kannst du zwei, drei Tage für mich einspringen?
...
Ähm...!! Ich nehme mir auch frei!!
Wa-warum?
Vielleicht kann ich irgendwas für dich tun...?
Hä? Warum denn das?
BÄMM
Ja! Du kannst im Büro für mich einspringen!
Danke!
Ja, schon verstanden...

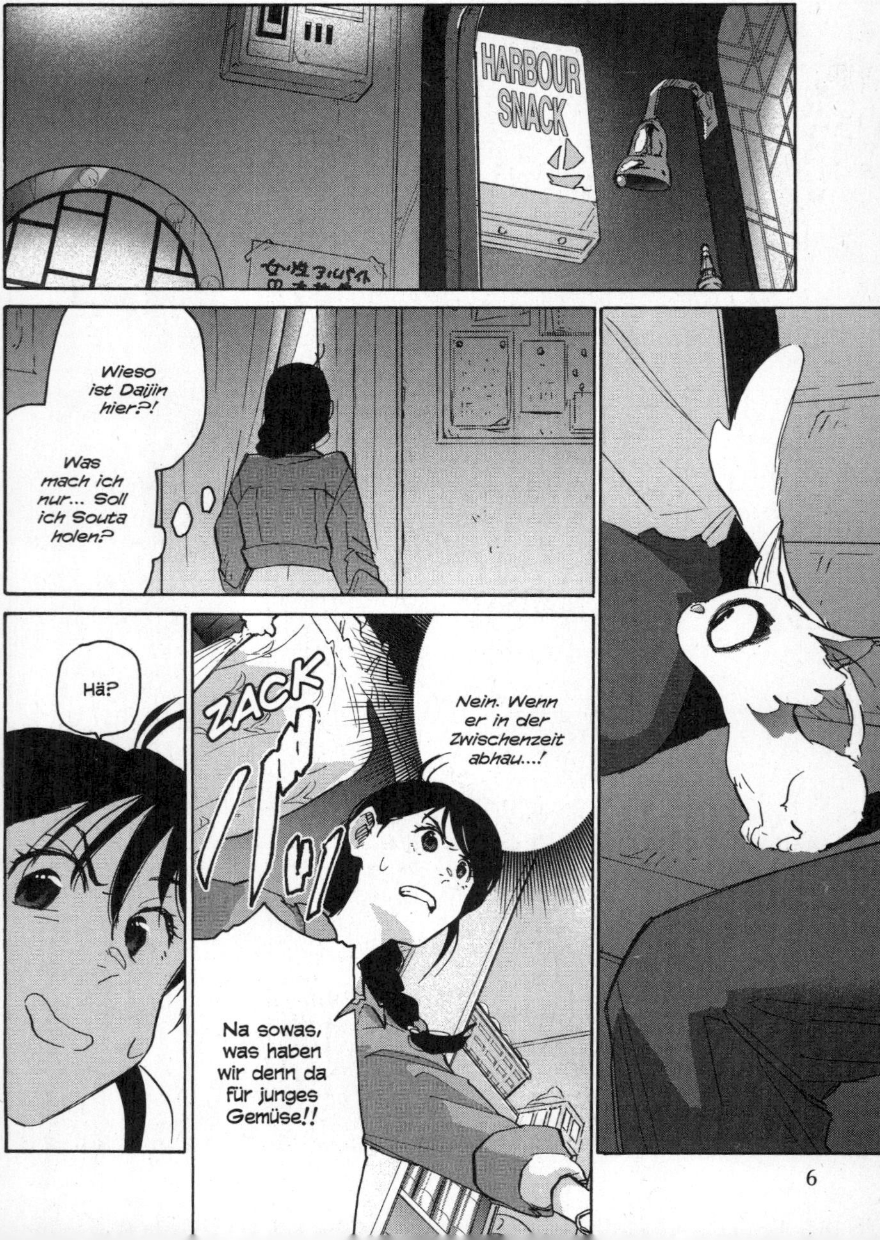
HARBOUR SNACK
Wieso ist Daijin hier?!
Was mach ich nur... Soll ich Souta holen?
Nein. Wenn er in der Zwischenzeit abhau...!
ZACK
Na sowas, was haben wir denn da für junges Gemüse!!
Hä?

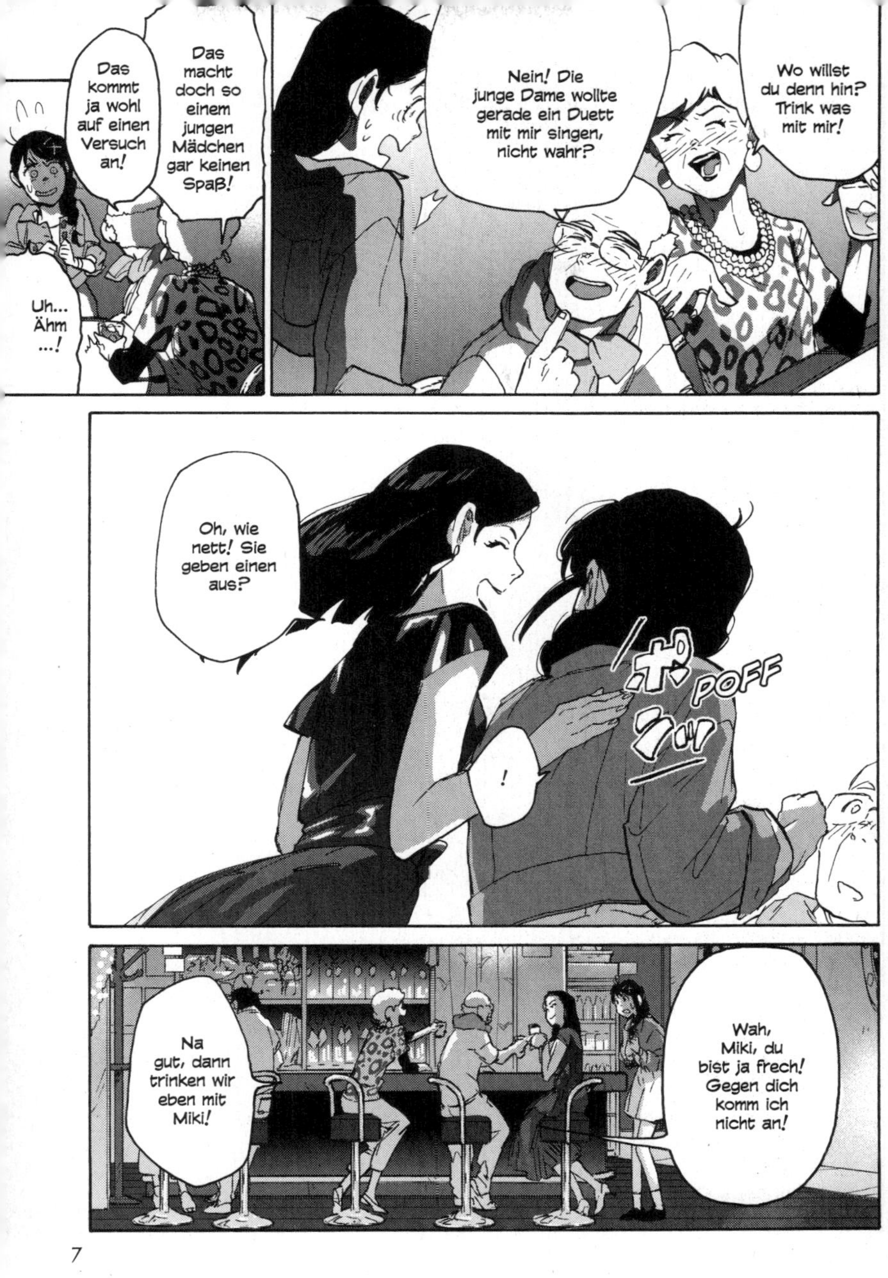
Wo willst du denn hin? Trink was mit mir!
Nein! Die junge Dame wollte gerade ein Duett mit mir singen, nicht wahr?
Das macht doch so einem jungen Mädchen gar keinen Spaß!
Das kommt ja wohl auf einen Versuch an!
Uh... Ähm ...!
Oh, wie nett! Sie geben einen aus?
POFF
!
Wah, Miki, du bist ja frech! Gegen dich komm ich nicht an!
Na gut, dann trinken wir eben mit Miki!

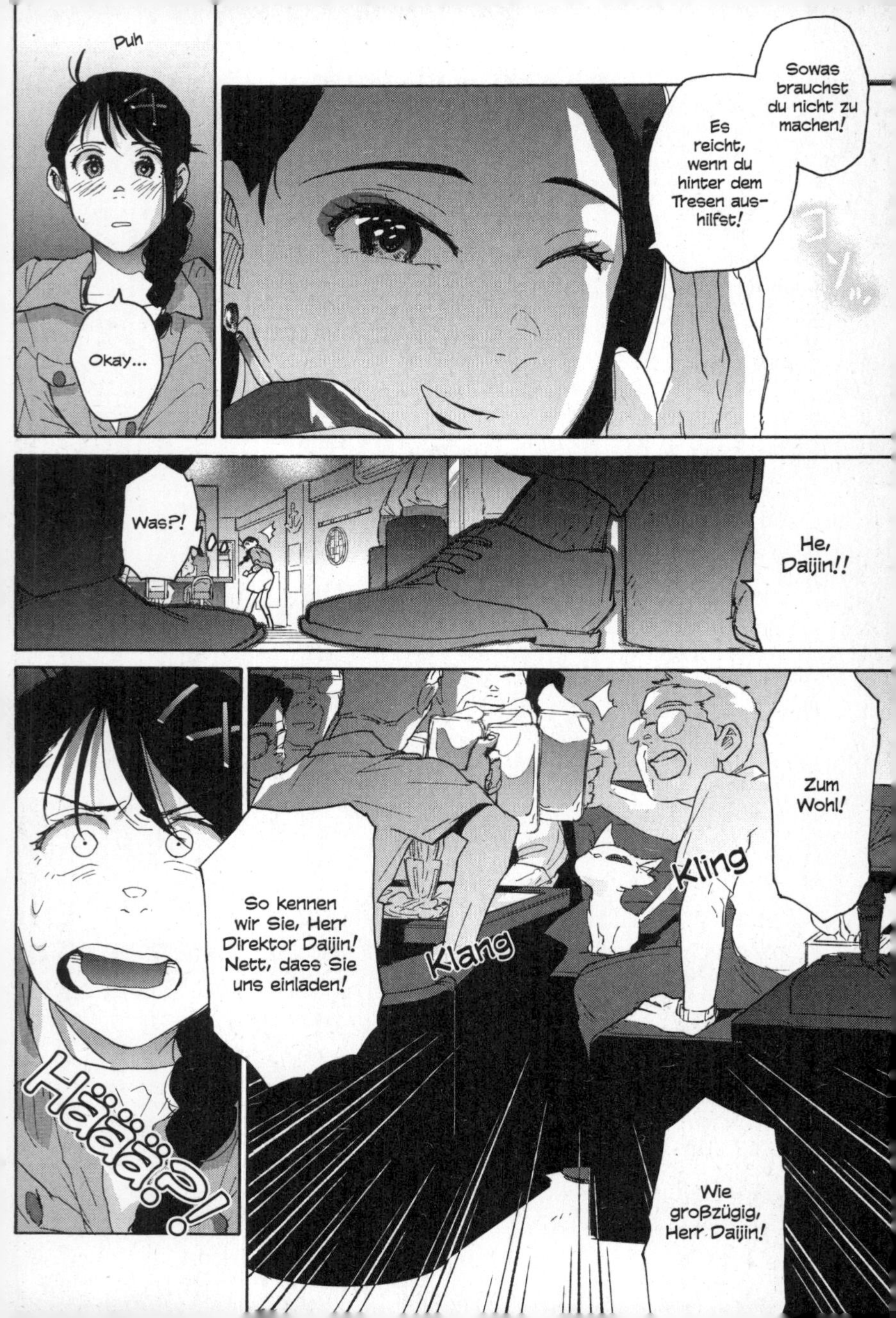
Sowas brauchst du nicht zu machen!
Es reicht, wenn du hinter dem Tresen aus-hilfst!
Puh
Okay...
He, Daijin!!
Was?!
Zum Wohl!
Kling
So kennen wir Sie, Herr Direktor Daijin! Nett, dass Sie uns einladen!
Klang
Wie großzügig, Herr Daijin!
Häää?!

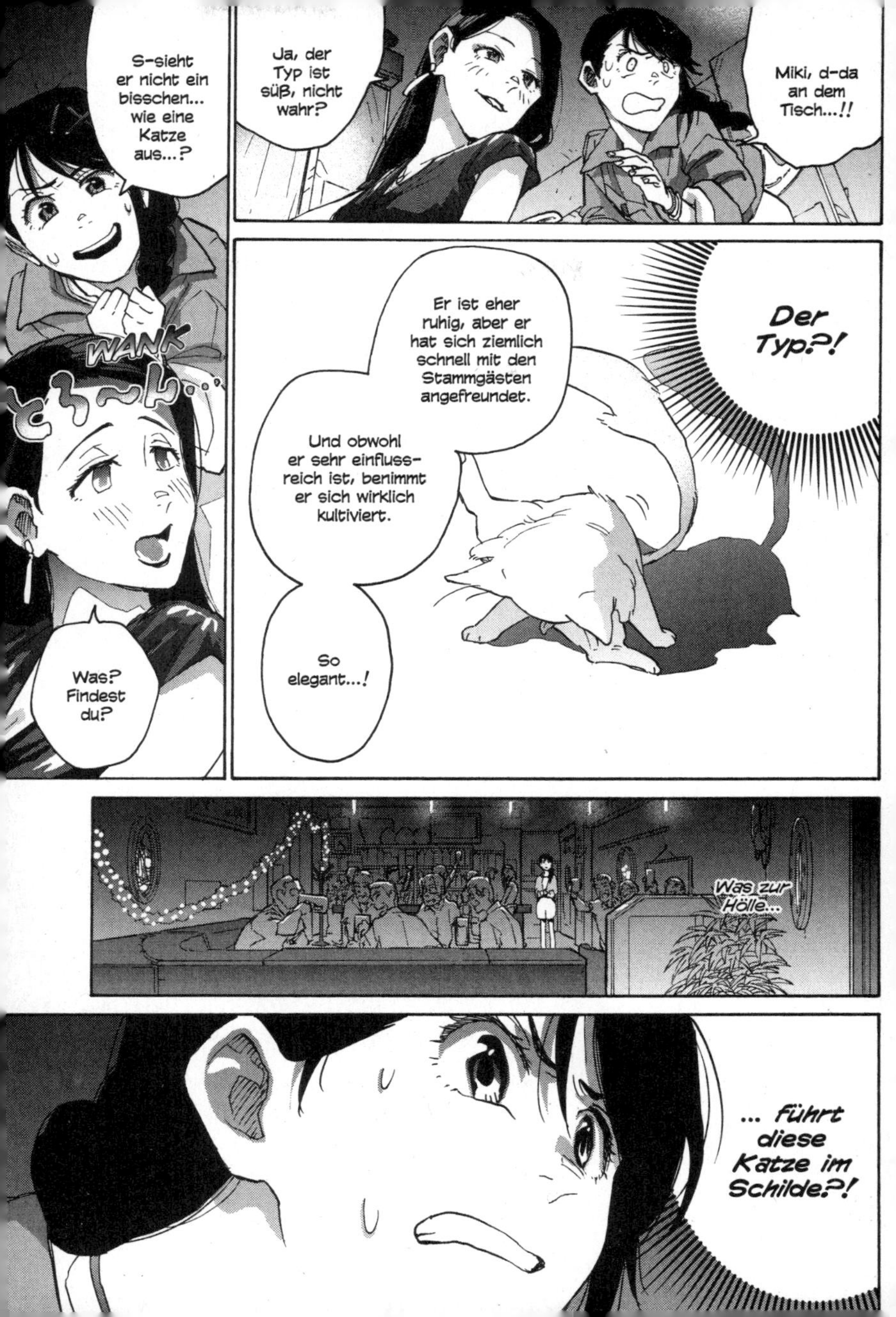

Miki, d-da an dem Tisch...!!
Ja, der Typ ist süß, nicht wahr?
Der Typ?!
Er ist eher ruhig, aber er hat sich ziemlich schnell mit den Stammgästen angefreundet.
Und obwohl er sehr einfluss-reich ist, benimmt er sich wirklich kultiviert.
So elegant...!
S-sieht er nicht ein bisschen... wie eine Katze aus...?
WANK
とろ〜ん...
Was? Findest du?
Was zur Hölle...
... führt diese Katze im Schilde?!

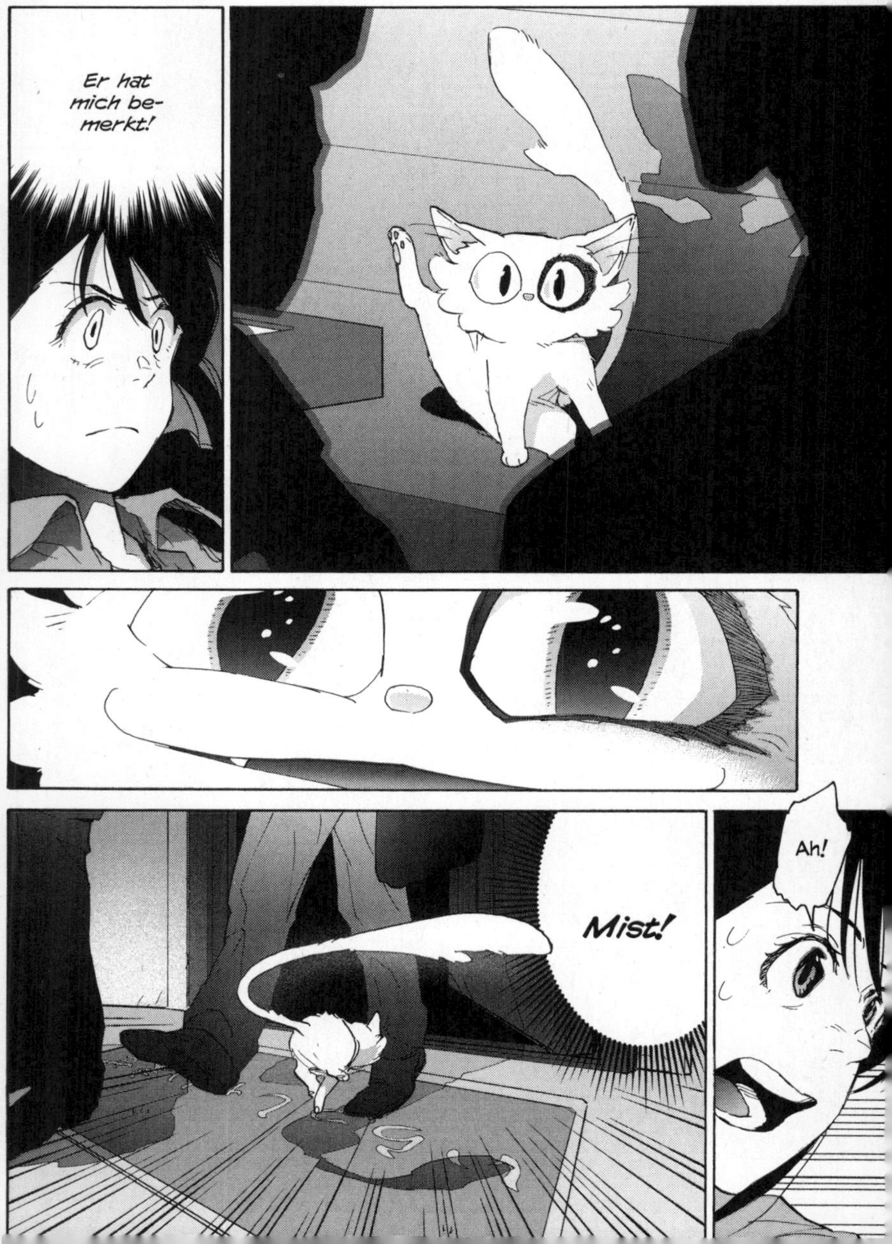
Er hat mich be- merkt!
Ah!
Mist!

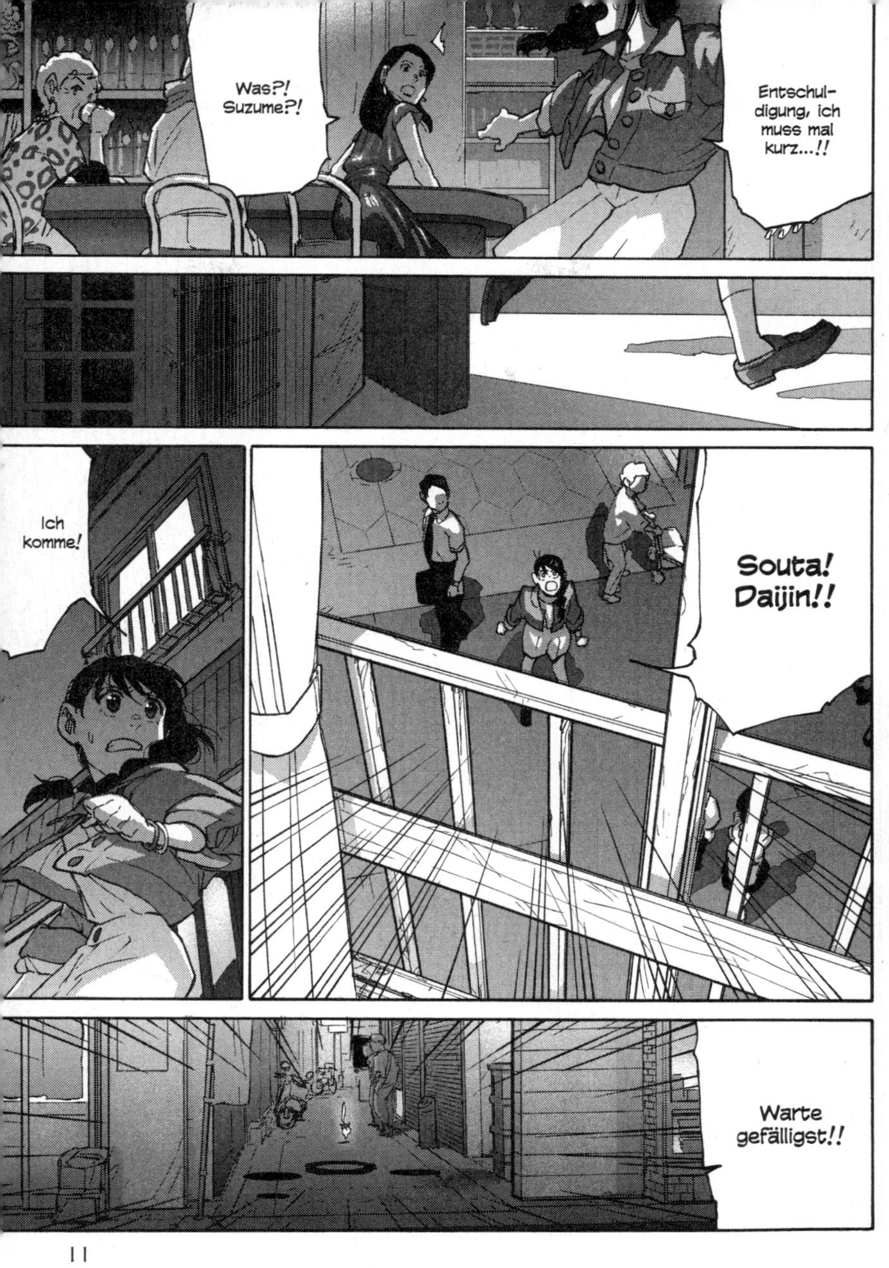
Entschul-digung, ich muss mal kurz...!!
Was?! Suzume?!
Souta! Daijin!!
Ich komme!
Warte gefälligst!!

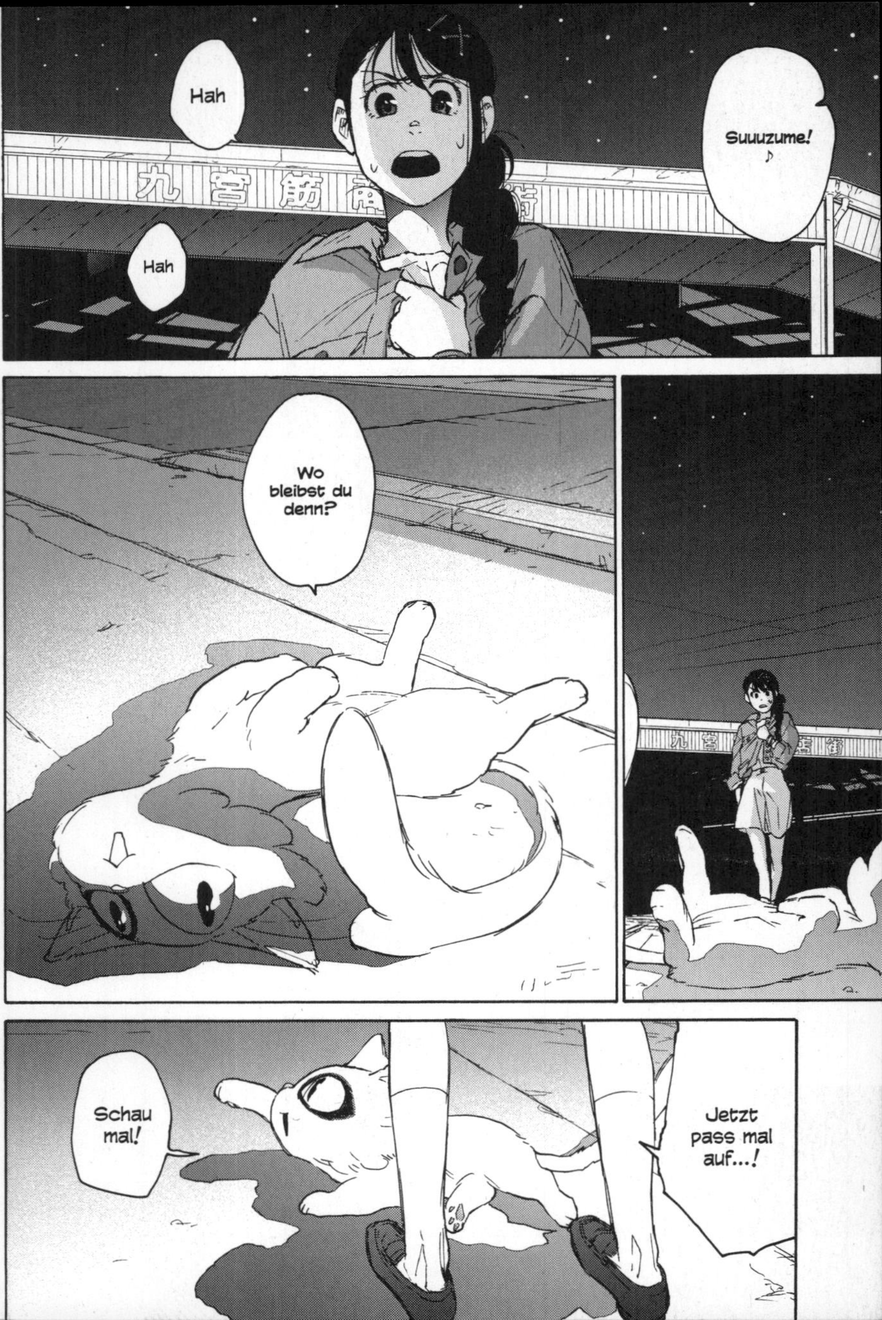
Suuuzume! ♪
Hah
Hah
Wo bleibst du denn?
Jetzt pass mal auf...!
Schau mal!

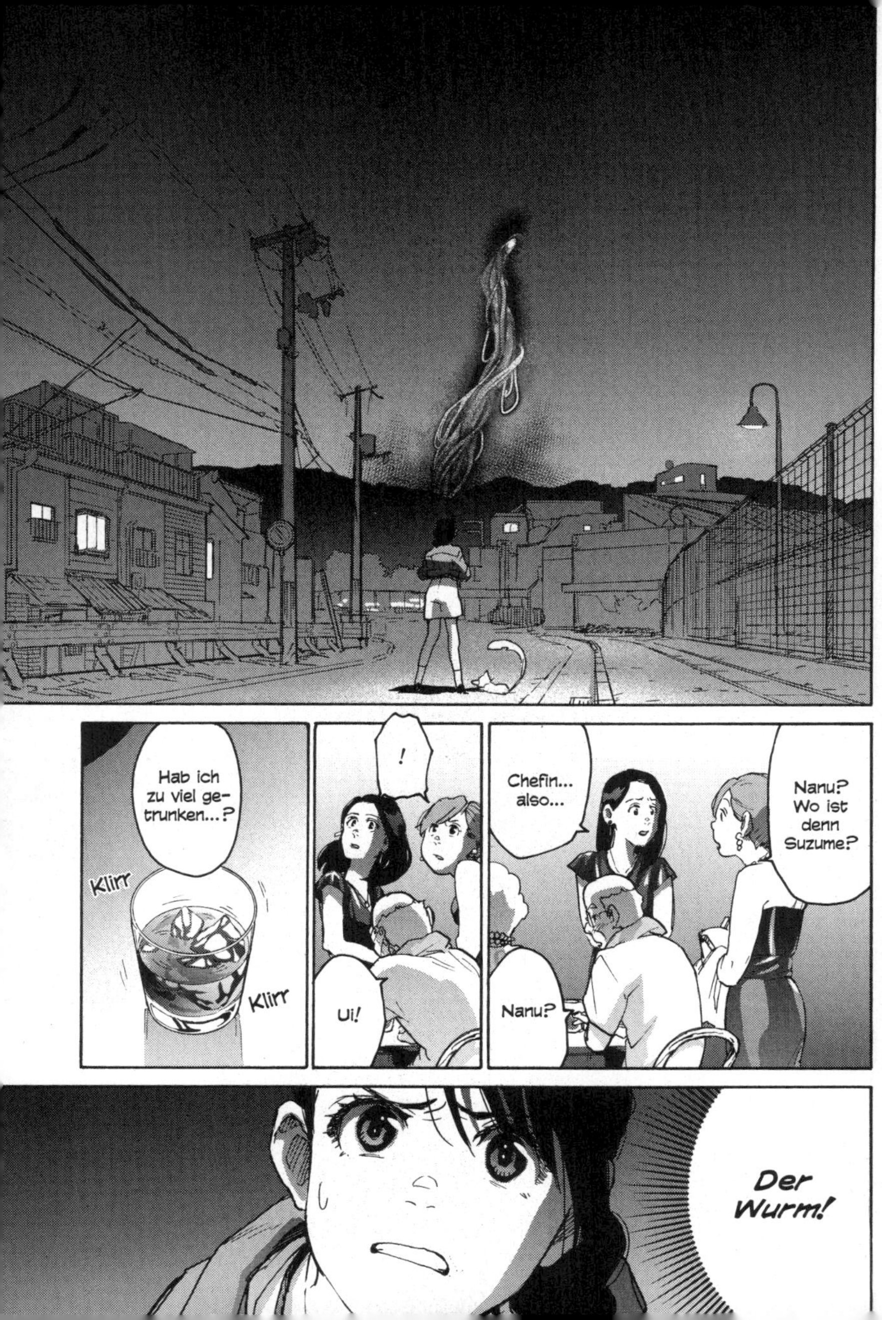
Nanu? Wo ist denn Suzume?
Chefin... also...
Nanu?
!
Ui!
Hab ich zu viel getrunken...?
Klirr
Klirr
Der Wurm!

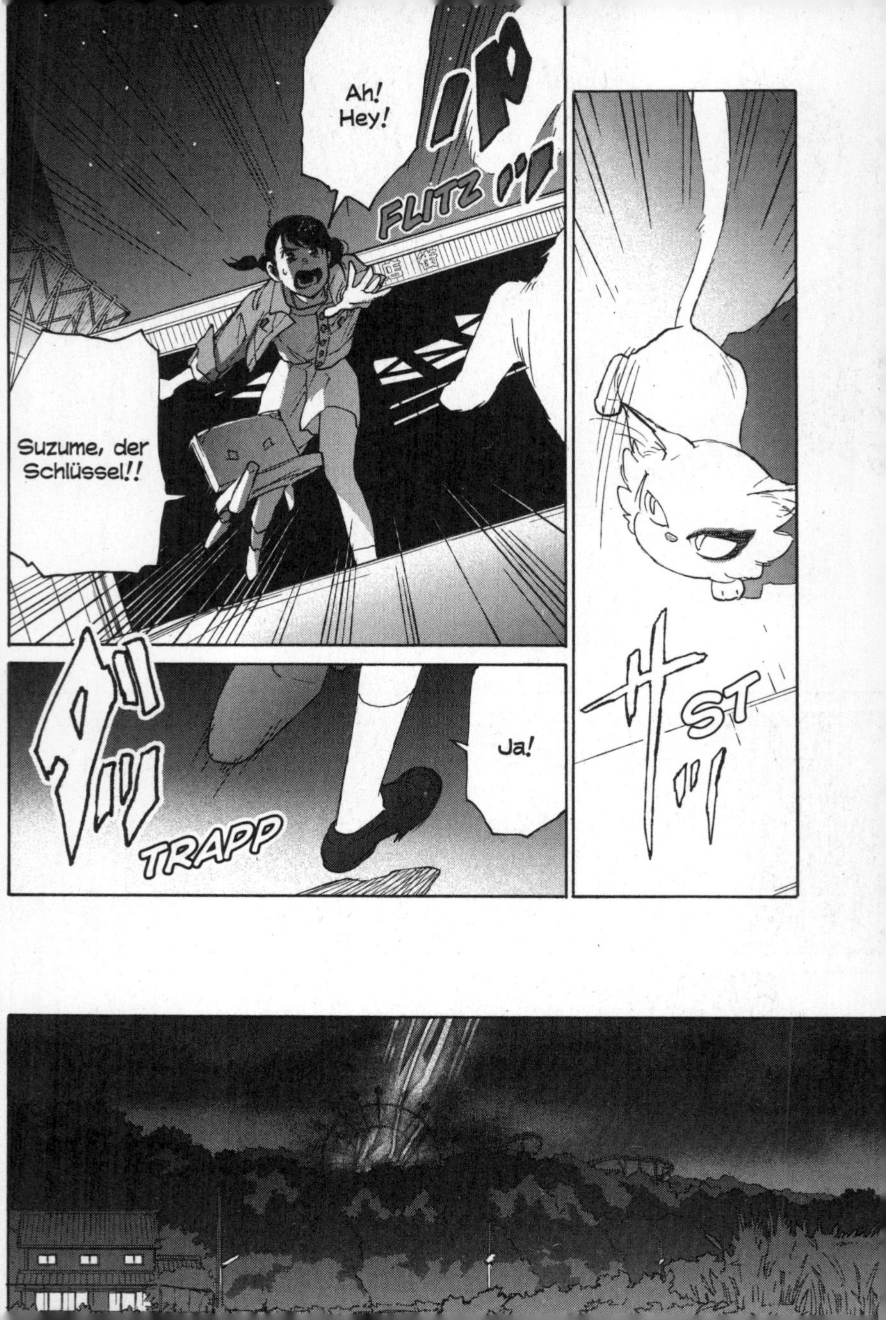

Ah!
Hey!
FLITZ
Suzume, der Schlüssel!!
ST
Ja!
TRAPP

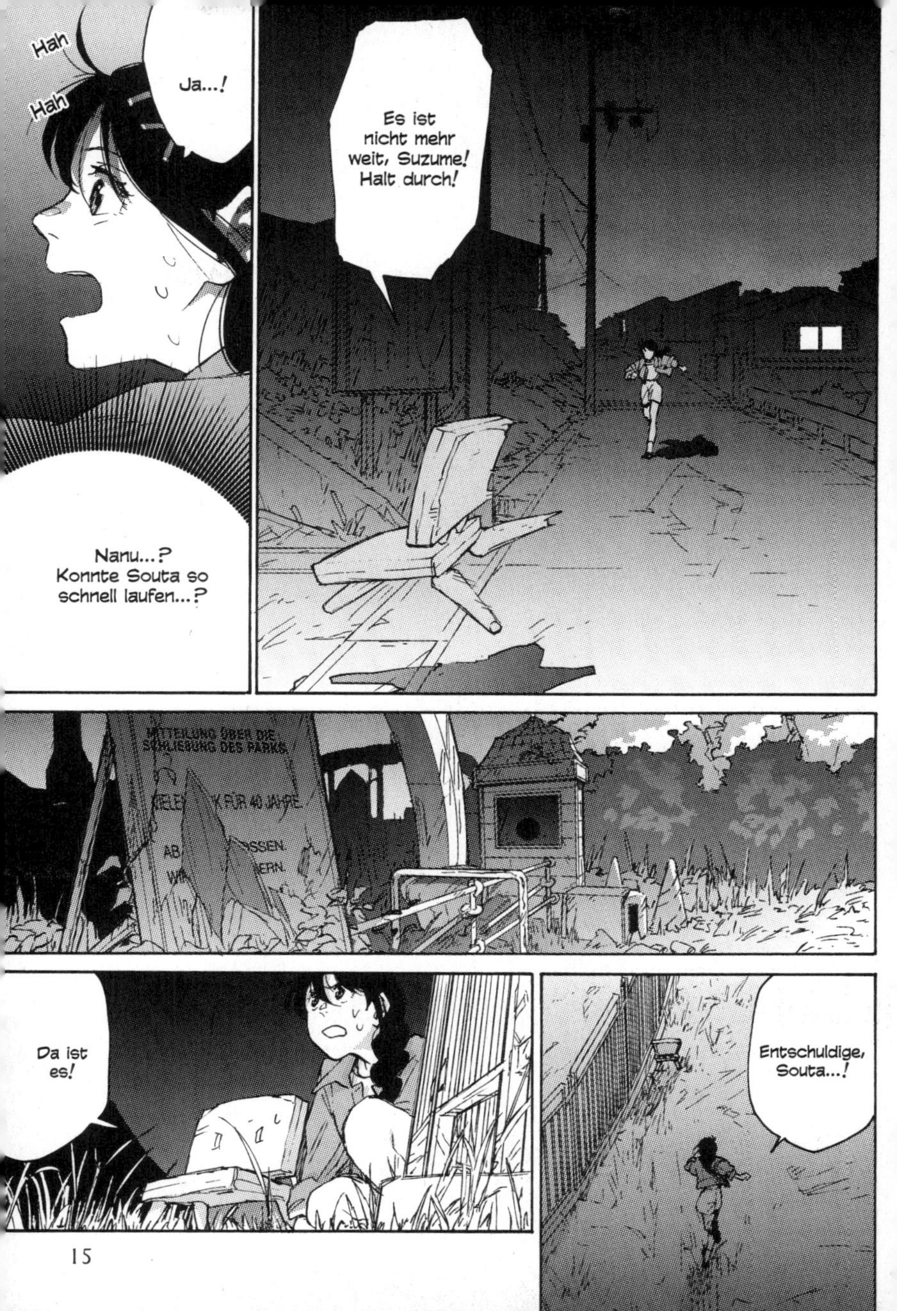
Es ist nicht mehr weit, Suzume! Halt durch!
Ja...!
Hah
Hah
Nanu...? Konnte Souta so schnell laufen...?
MITTEILUNG ÜBER DIE SCHLIEßUNG DES PARKS
Entschuldige, Souta...!
Da ist es!

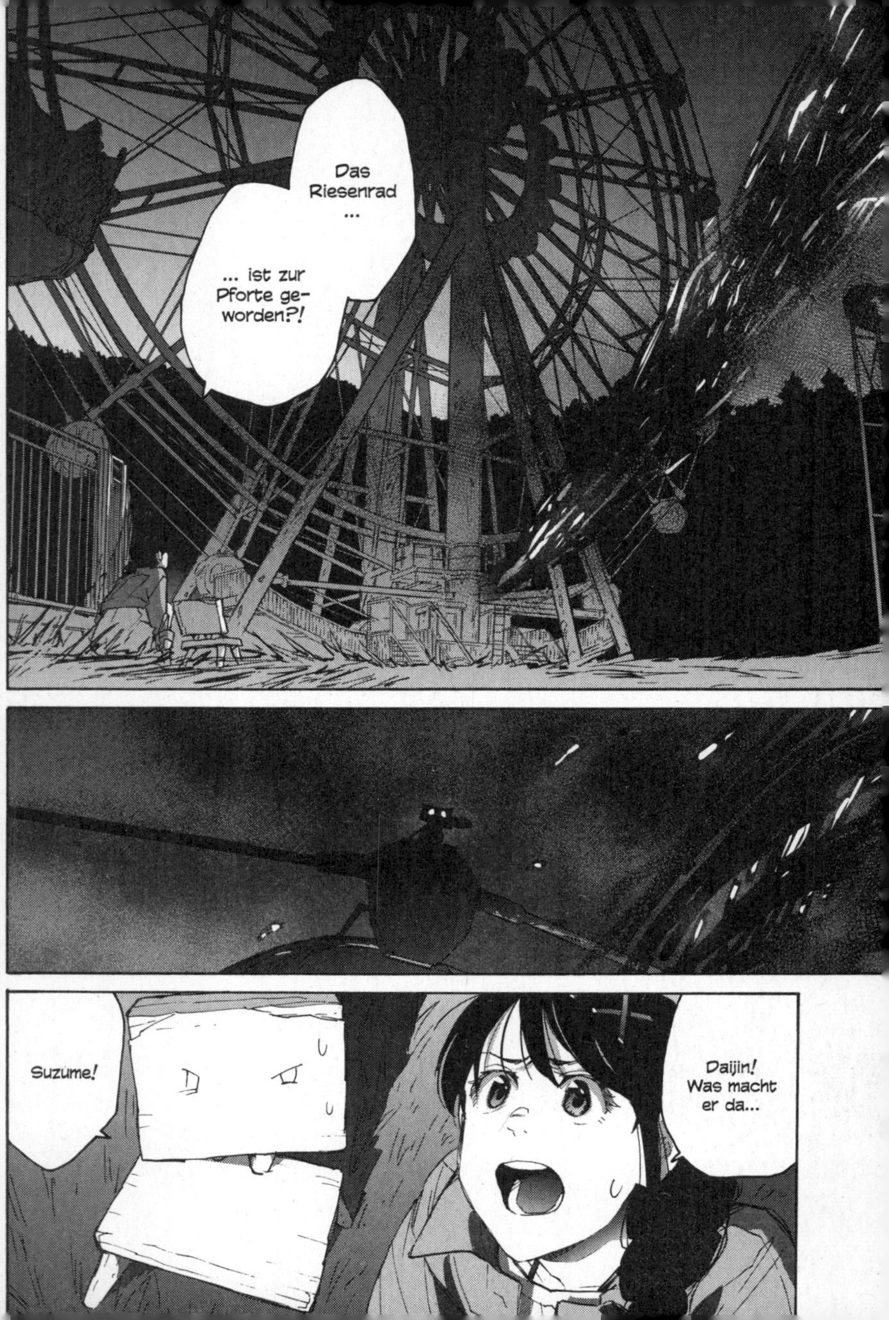
Das Riesenrad ...
... ist zur Pforte geworden?!
Daijin! Was macht er da...
Suzume!

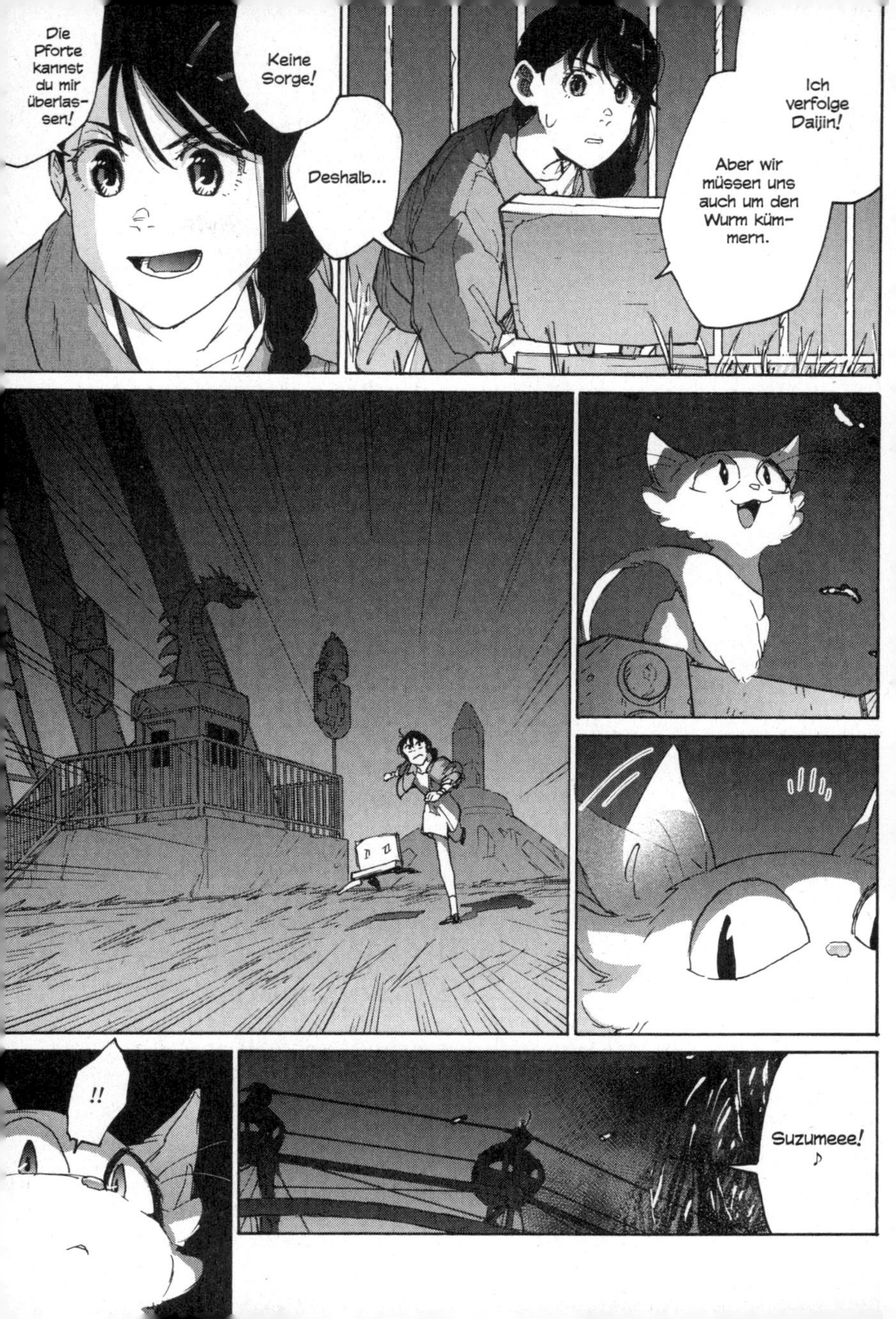
Ich verfolge Daijin!
Aber wir müssen uns auch um den Wurm kümmern.
Keine Sorge!
Die Pforte kannst du mir überlassen!
Deshalb...
Suzumeee! ♪
!!

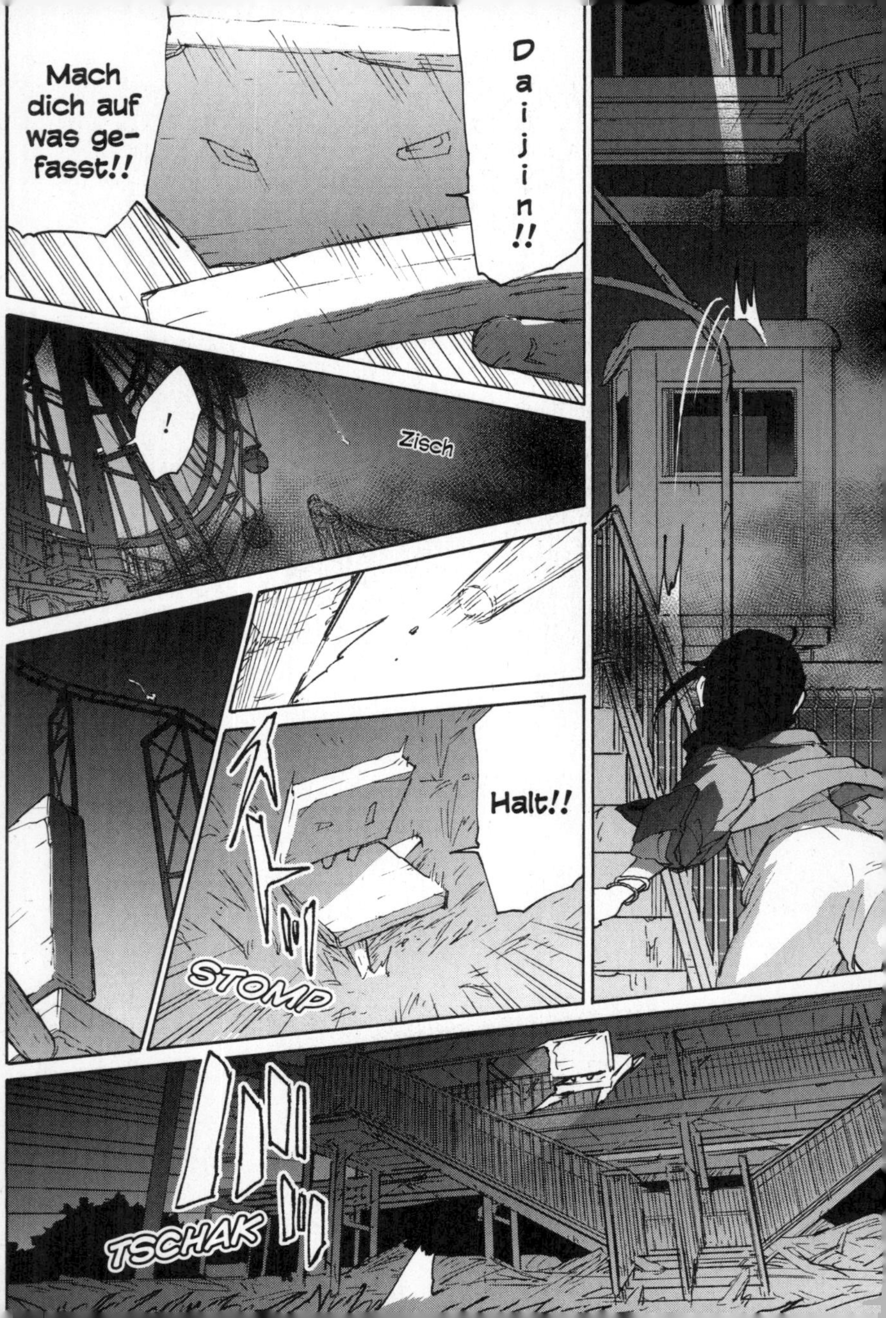
Daijin!!
Mach dich auf was gefasst!!
Zisch
!
Halt!!
STOMP
TSCHAK

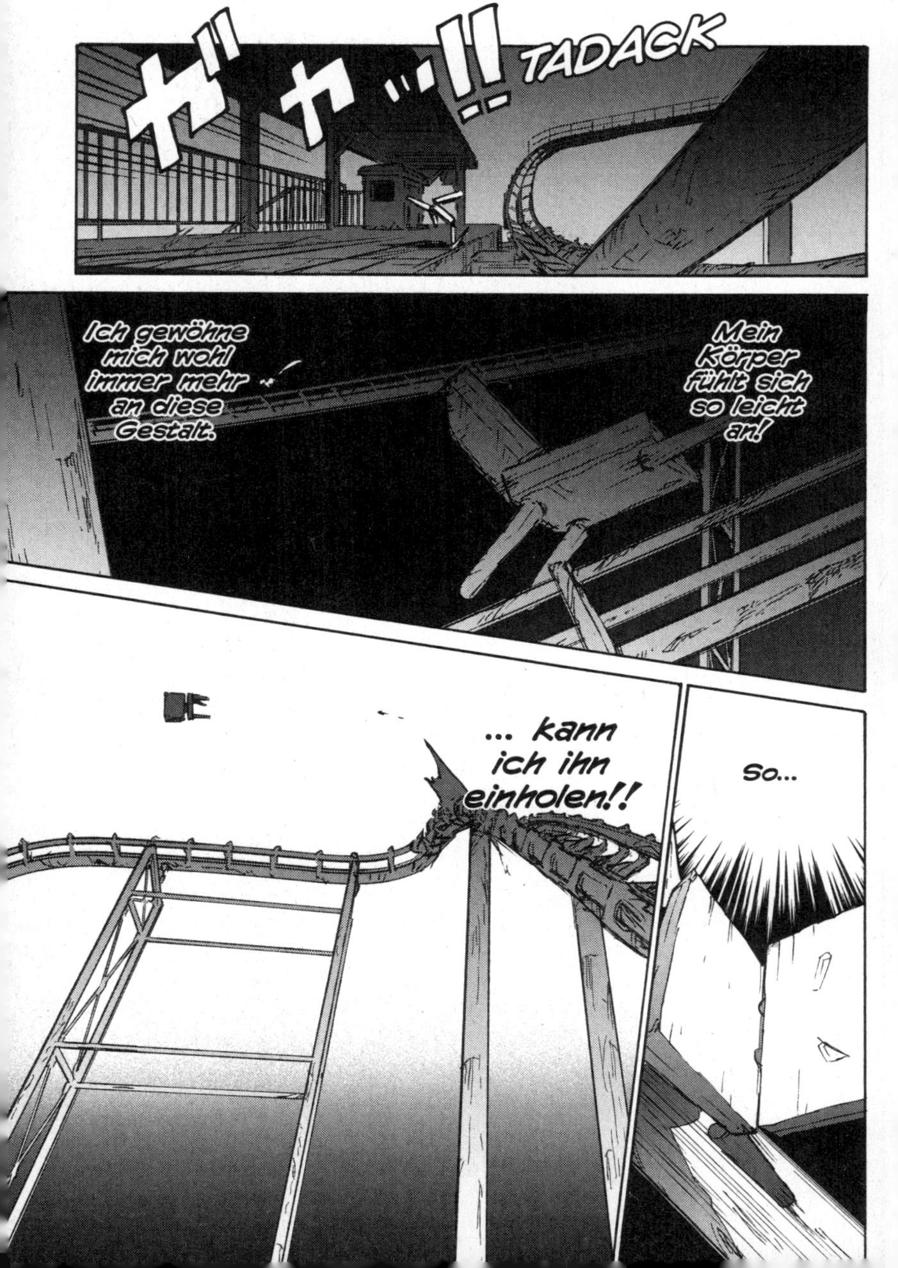
TADACK
Mein Körper fühlt sich so leicht an!
Ich gewöhne mich wohl immer mehr an diese Gestalt.
So...
... kann ich ihn einholen!!

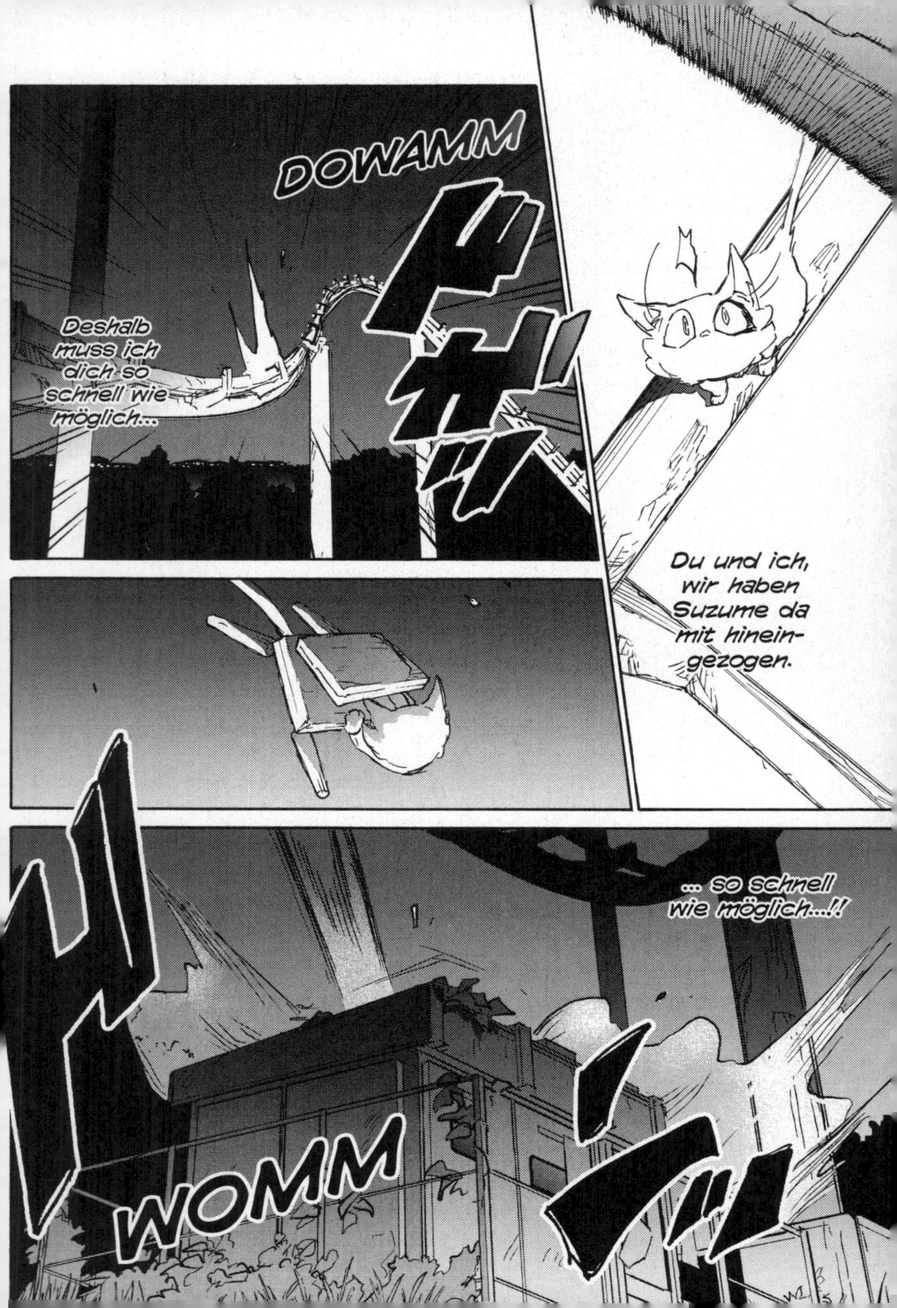
Du und ich, wir haben Suzume da mit hineingezogen.
DOWAMM
Deshalb muss ich dich so schnell wie möglich...
... so schnell wie möglich...!!
WOMM

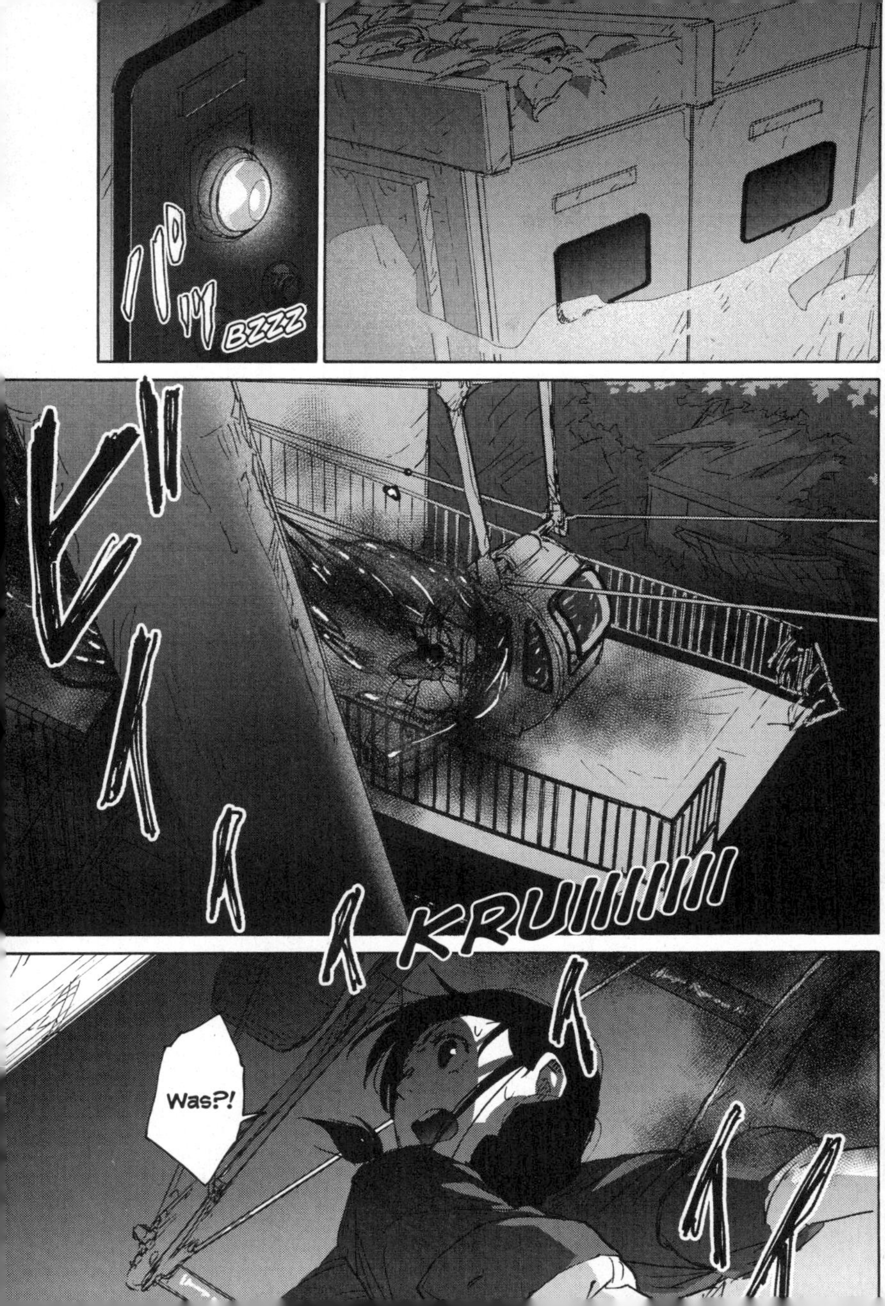

BZZZ
KRUIIIIIIII
Was?!

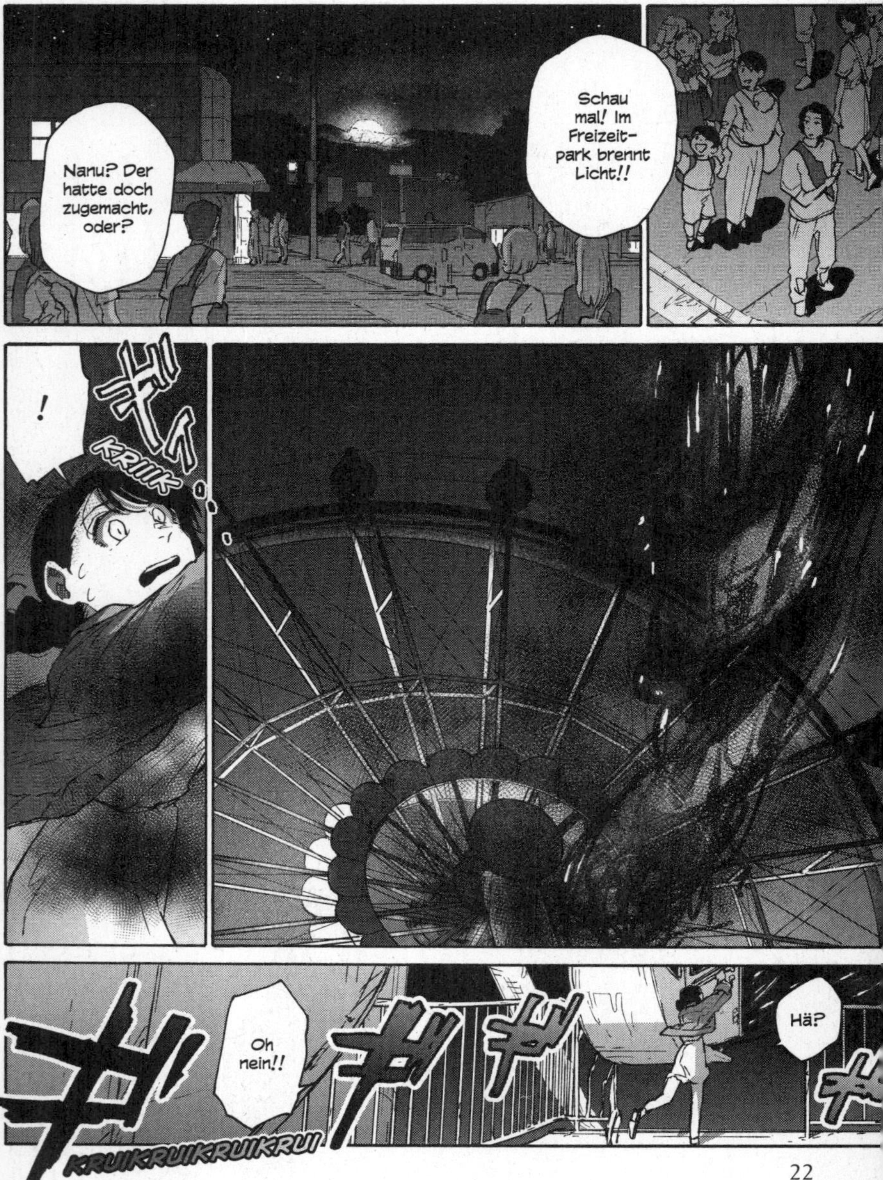
Schau mal! Im Freizeit-park brennt Licht!!
Nanu? Der hatte doch zugemacht, oder?
!
KRIIIK
Hä?
Oh nein!!
KRUIKRUIKRUIKRUI

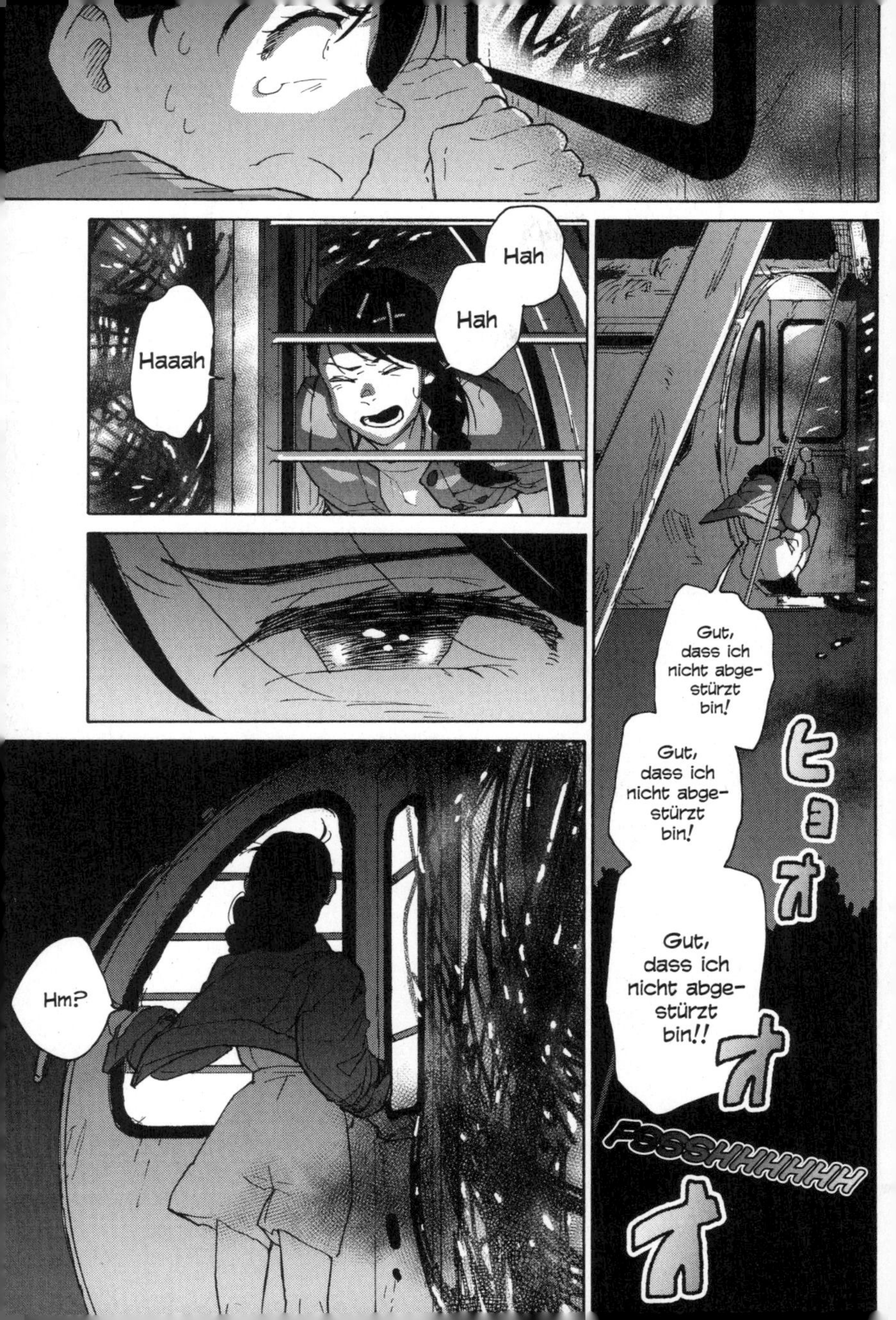
Hah
Hah
Haaah
Gut, dass ich nicht abgestürzt bin!
Gut, dass ich nicht abgestürzt bin!
Gut, dass ich nicht abgestürzt bin!!
ヒョオオオ
FOSSHHHHHHH
Hm?

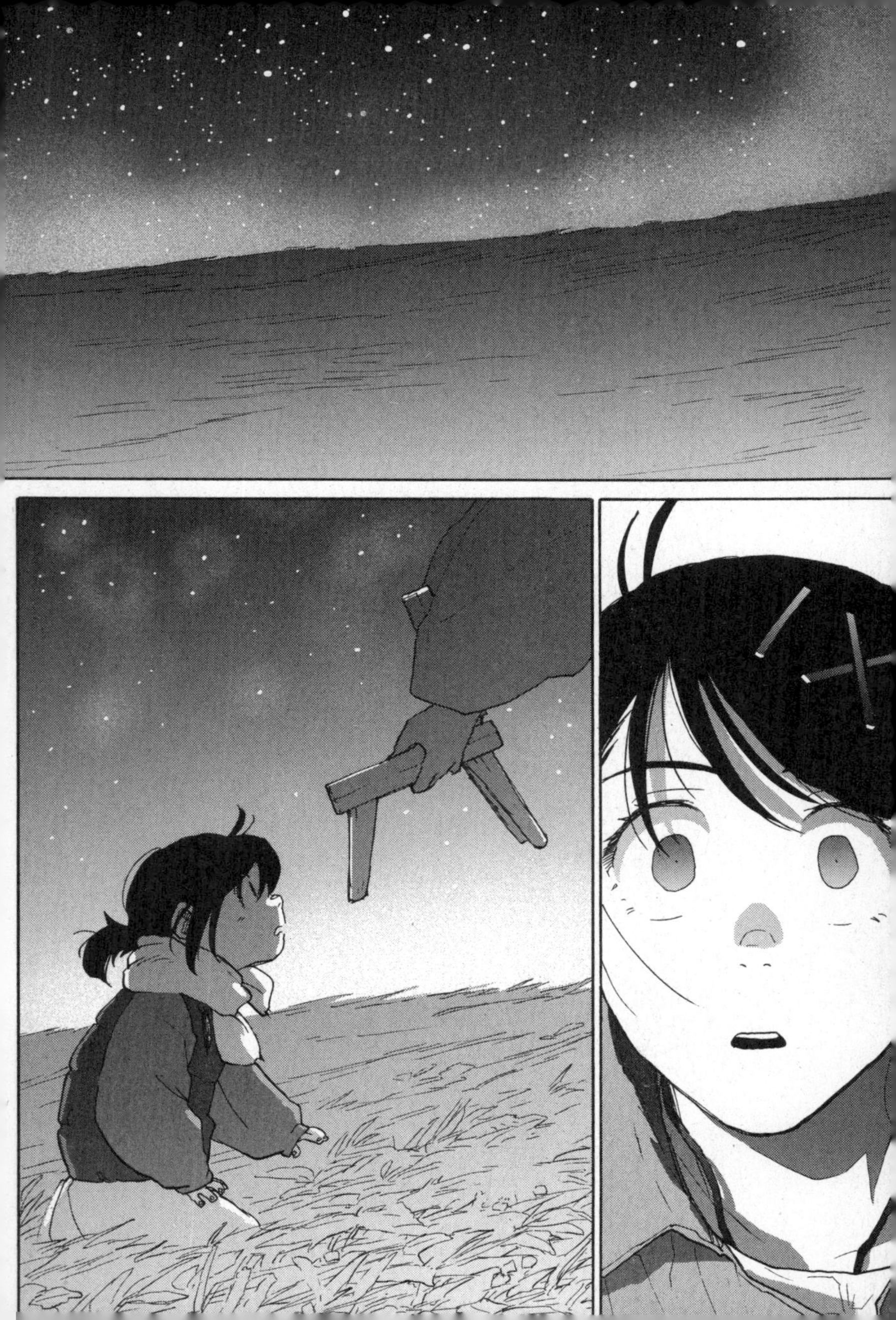

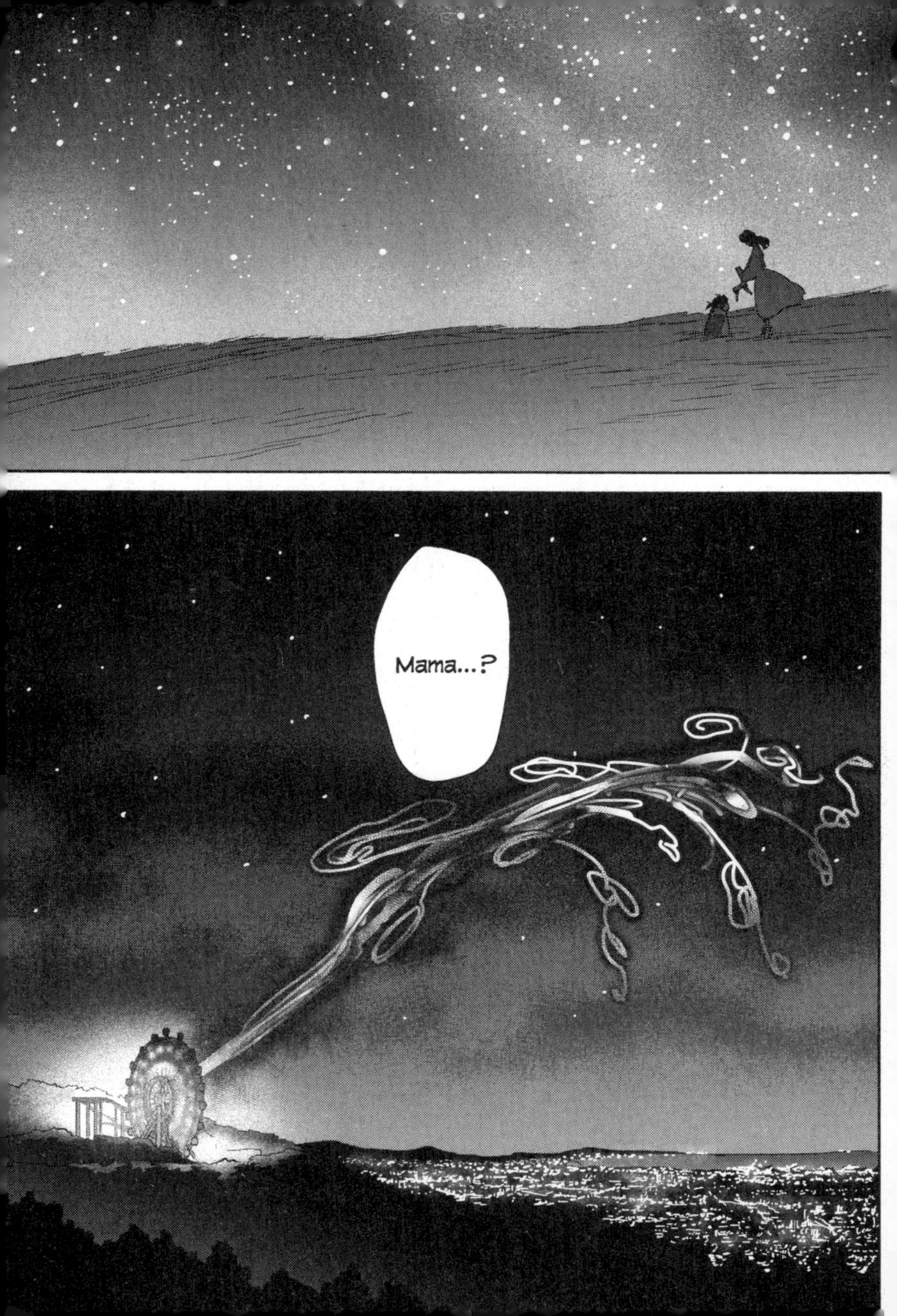
Mama...?

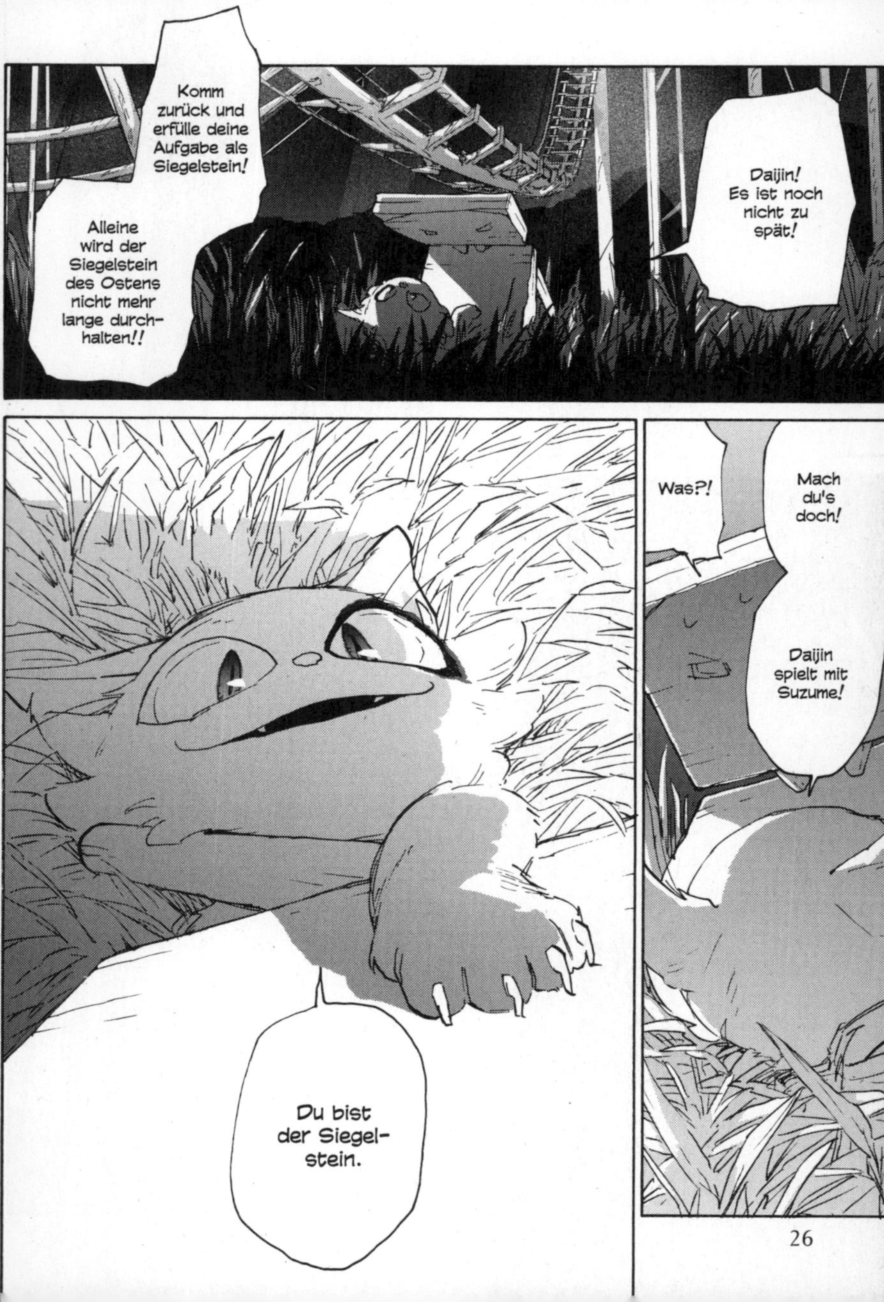
Daijin! Es ist noch nicht zu spät!
Komm zurück und erfülle deine Aufgabe als Siegelstein!
Alleine wird der Siegelstein des Ostens nicht mehr lange durchhalten!!
Mach du's doch!
Daijin spielt mit Suzume!
Was?!
Du bist der Siegelstein.

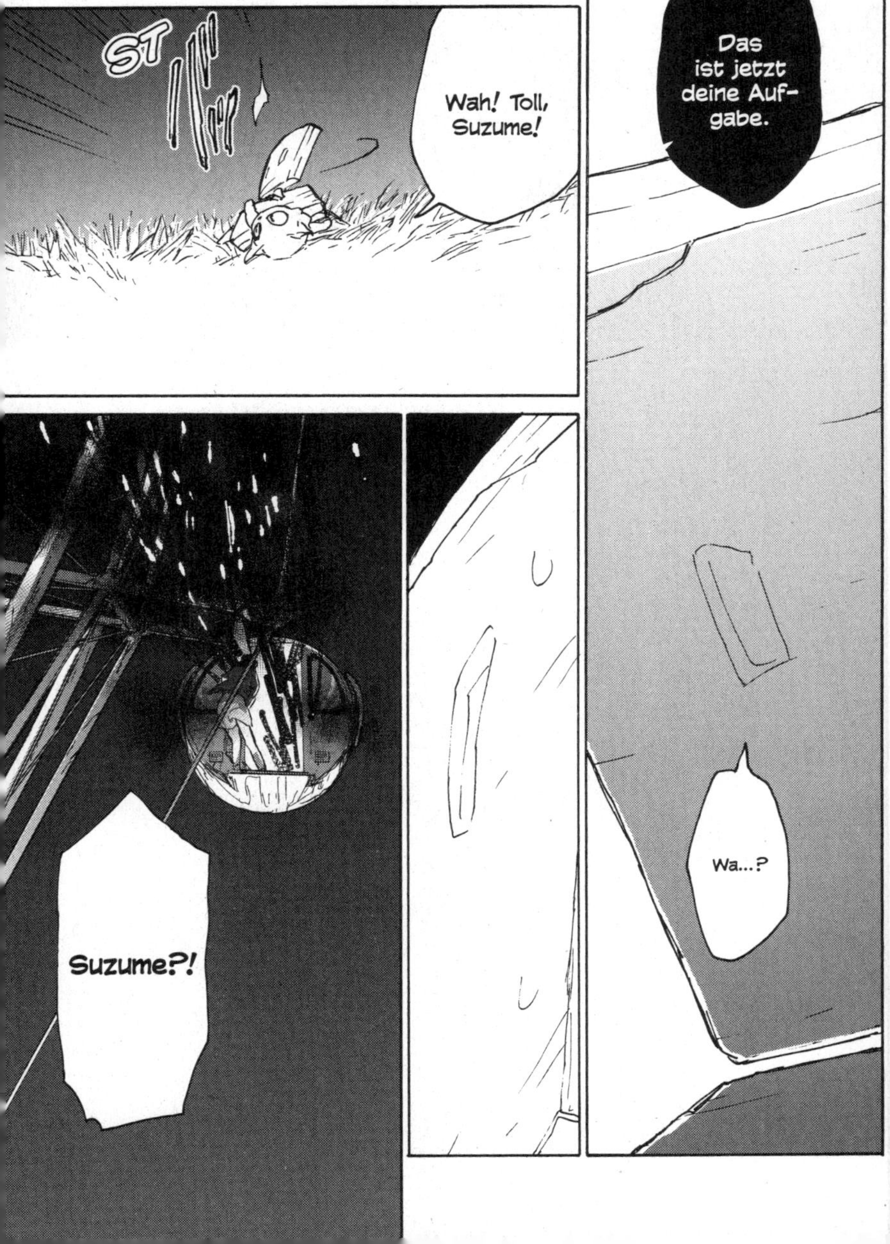
Das ist jetzt deine Auf-gabe.
ST
Wah! Toll, Suzume!
Wa...?
Suzume?!

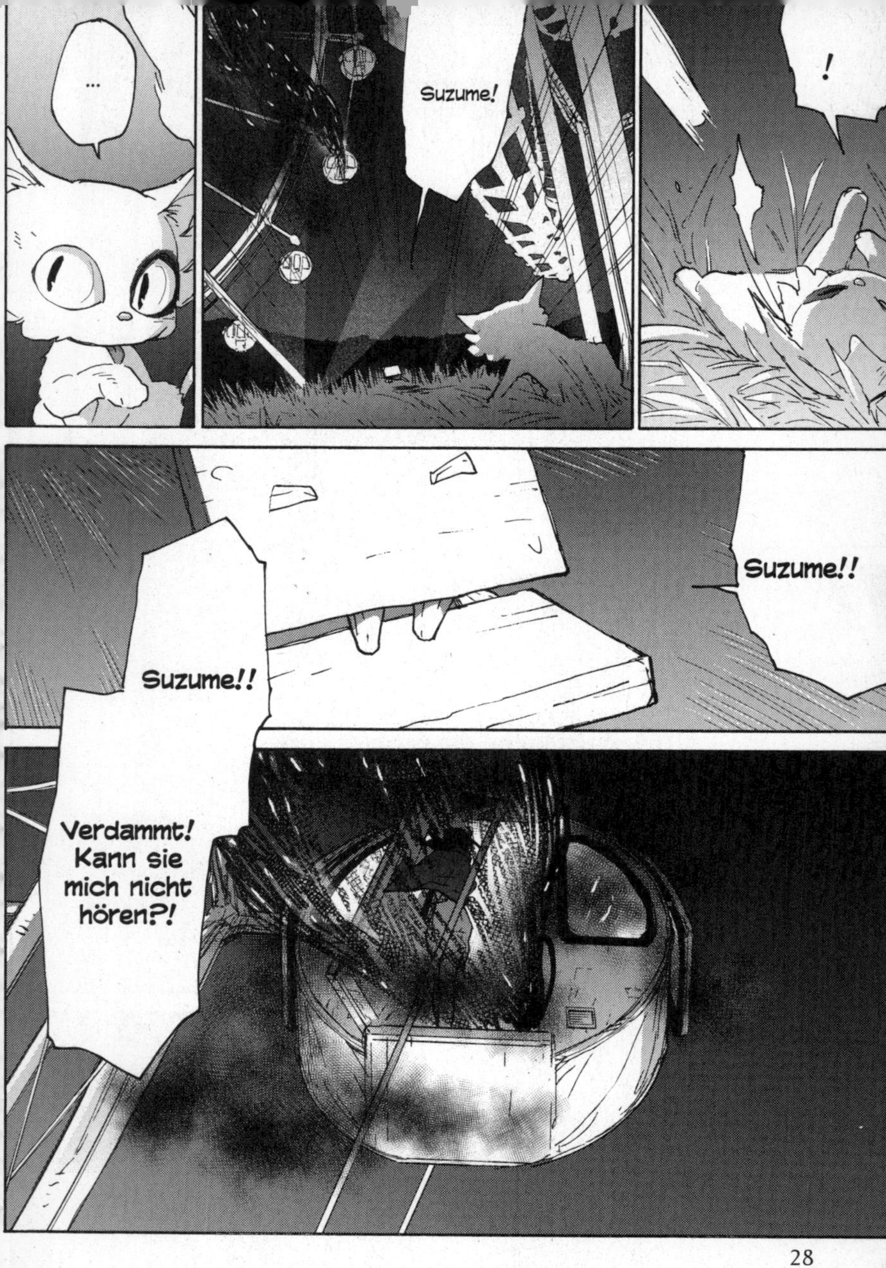
!
Suzume!
...
Suzume!!
Suzume!!
Verdammt! Kann sie mich nicht hören?!

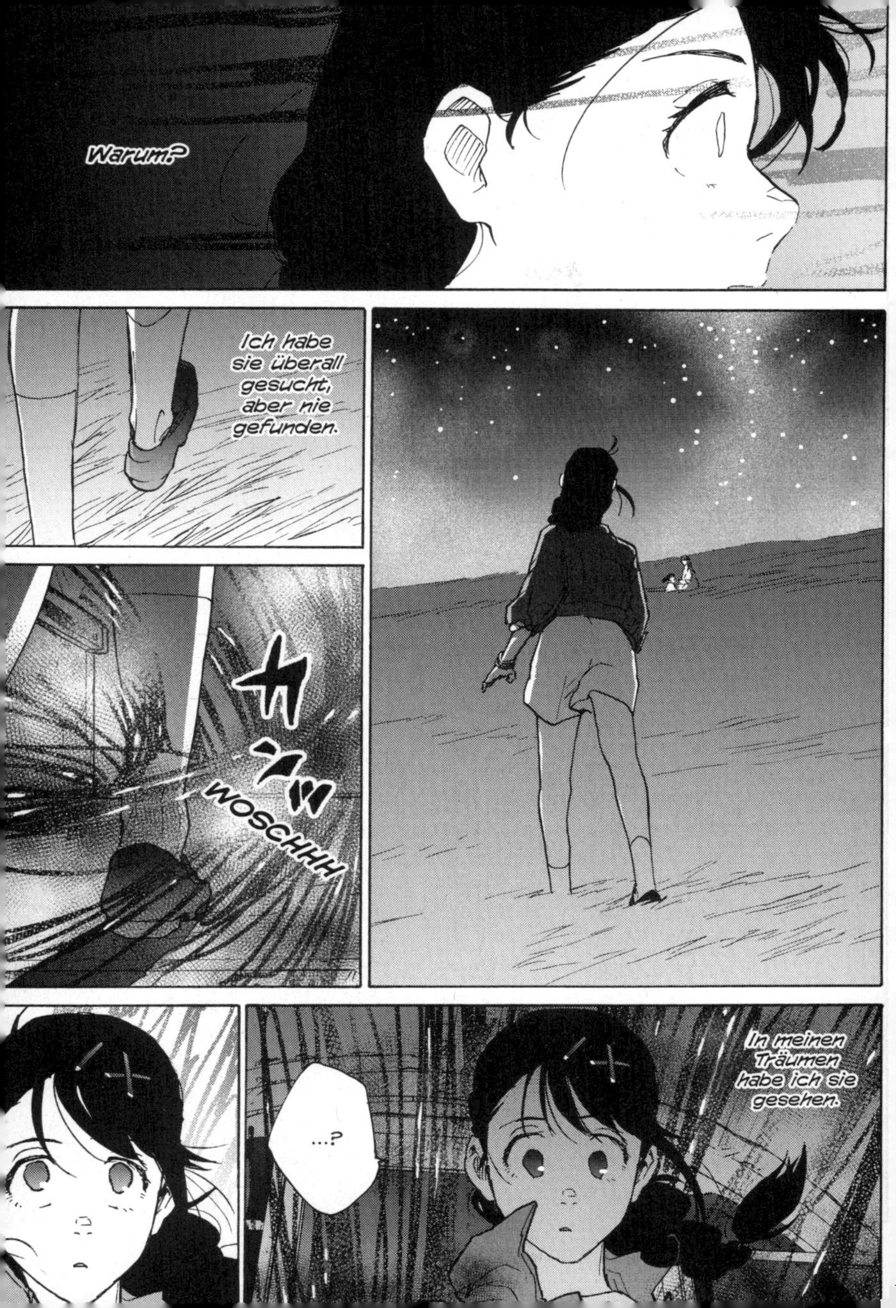

Warum?
Ich habe sie überall gesucht, aber nie gefunden.
WOSCHHH
In meinen Träumen habe ich sie gesehen.
...?

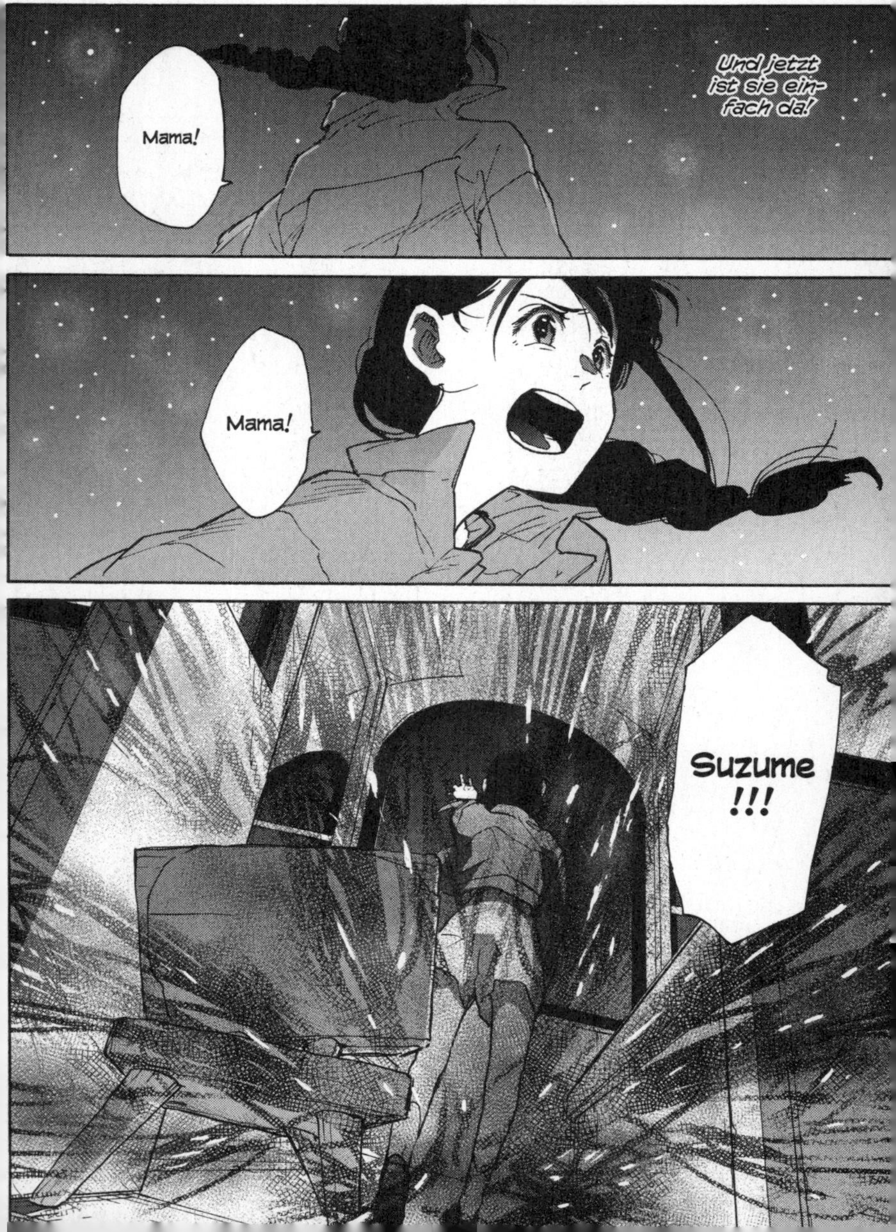
Und jetzt ist sie ein-fach da!
Mama!
Mama!
Suzume !!!

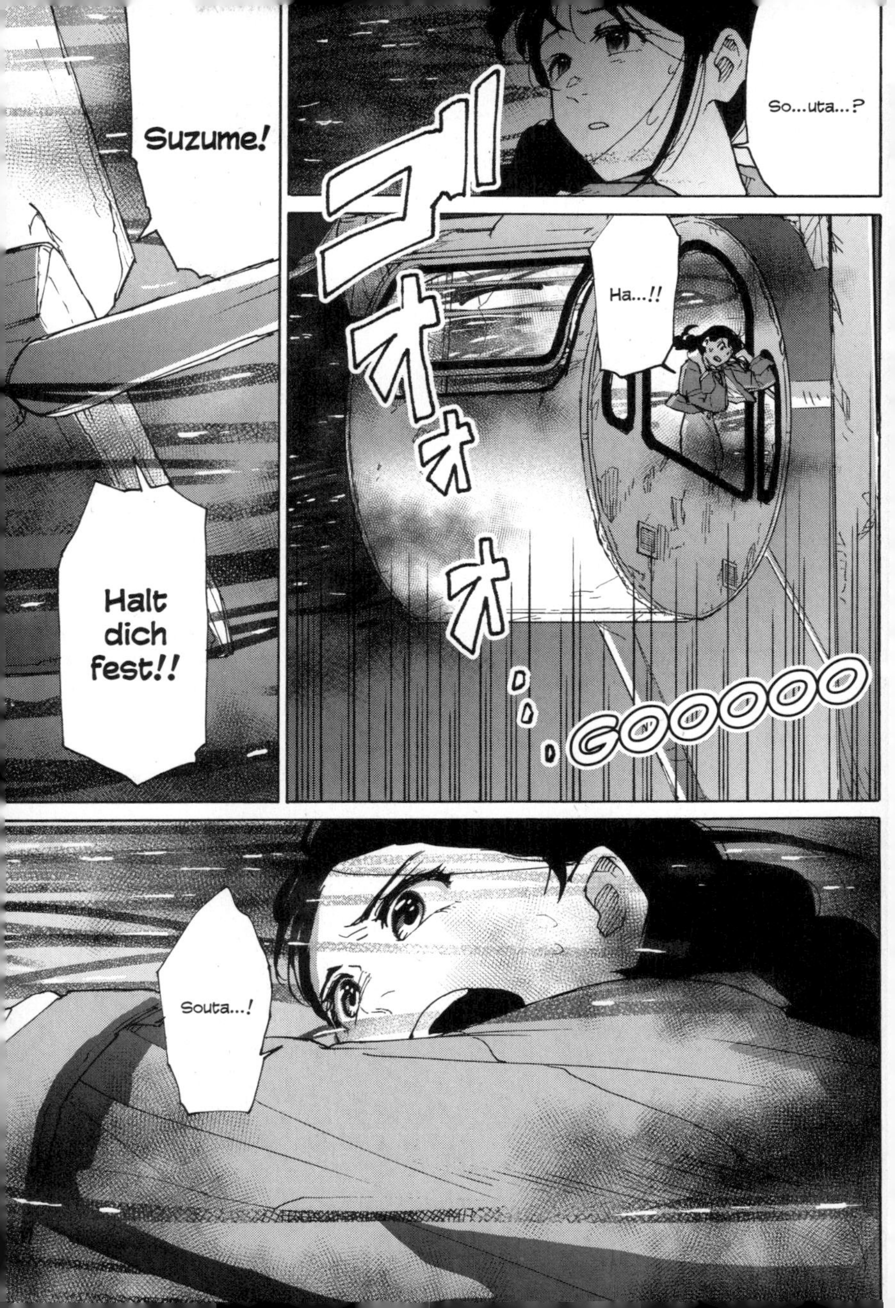
So...uta...?
Ha...!!
ゴオオオ
GOOOOOO
Suzume!
Halt dich fest!!
Souta...!

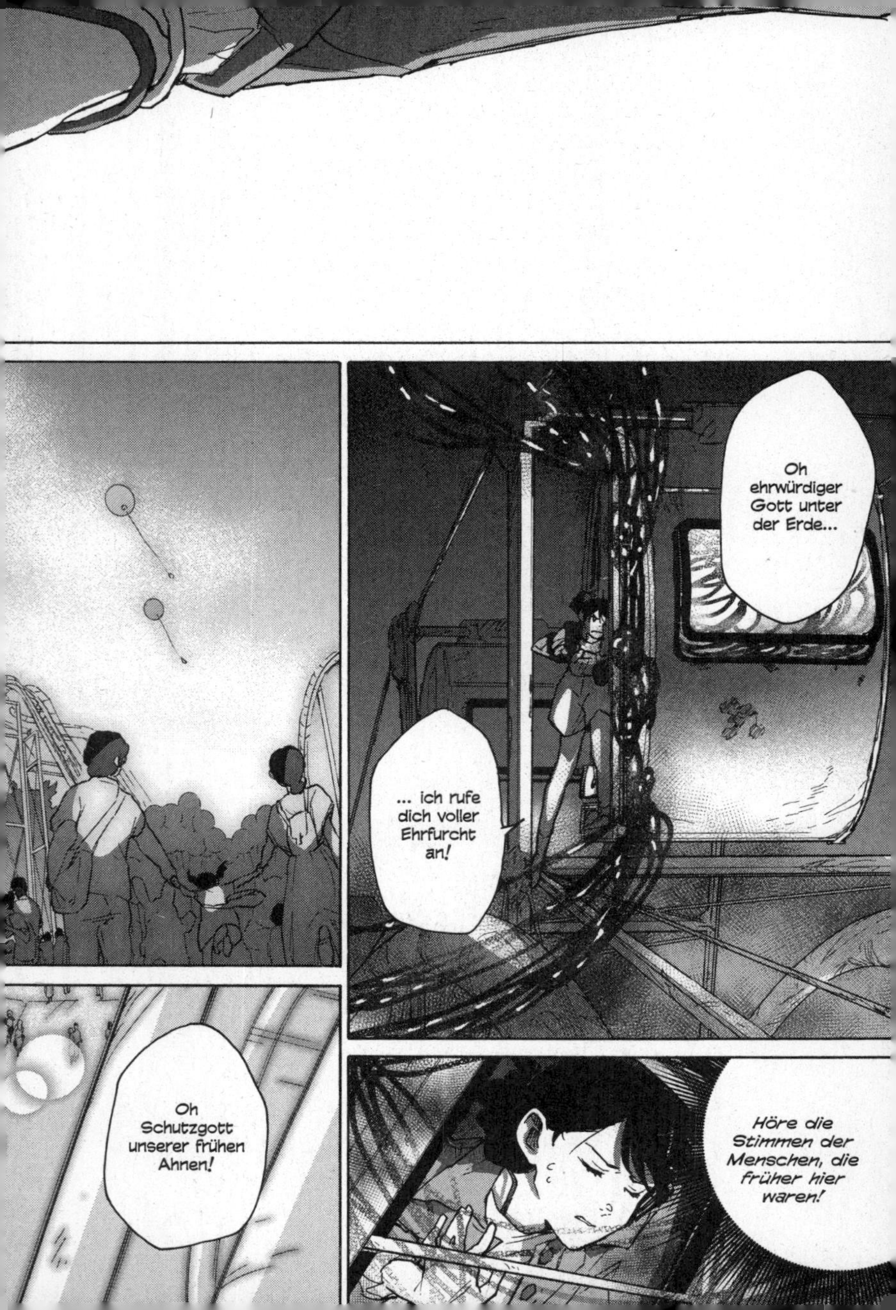
Oh ehrwürdiger Gott unter der Erde...
... ich rufe dich voller Ehrfurcht an!
Höre die Stimmen der Menschen, die früher hier waren!
Oh Schutzgott unserer frühen Ahnen!

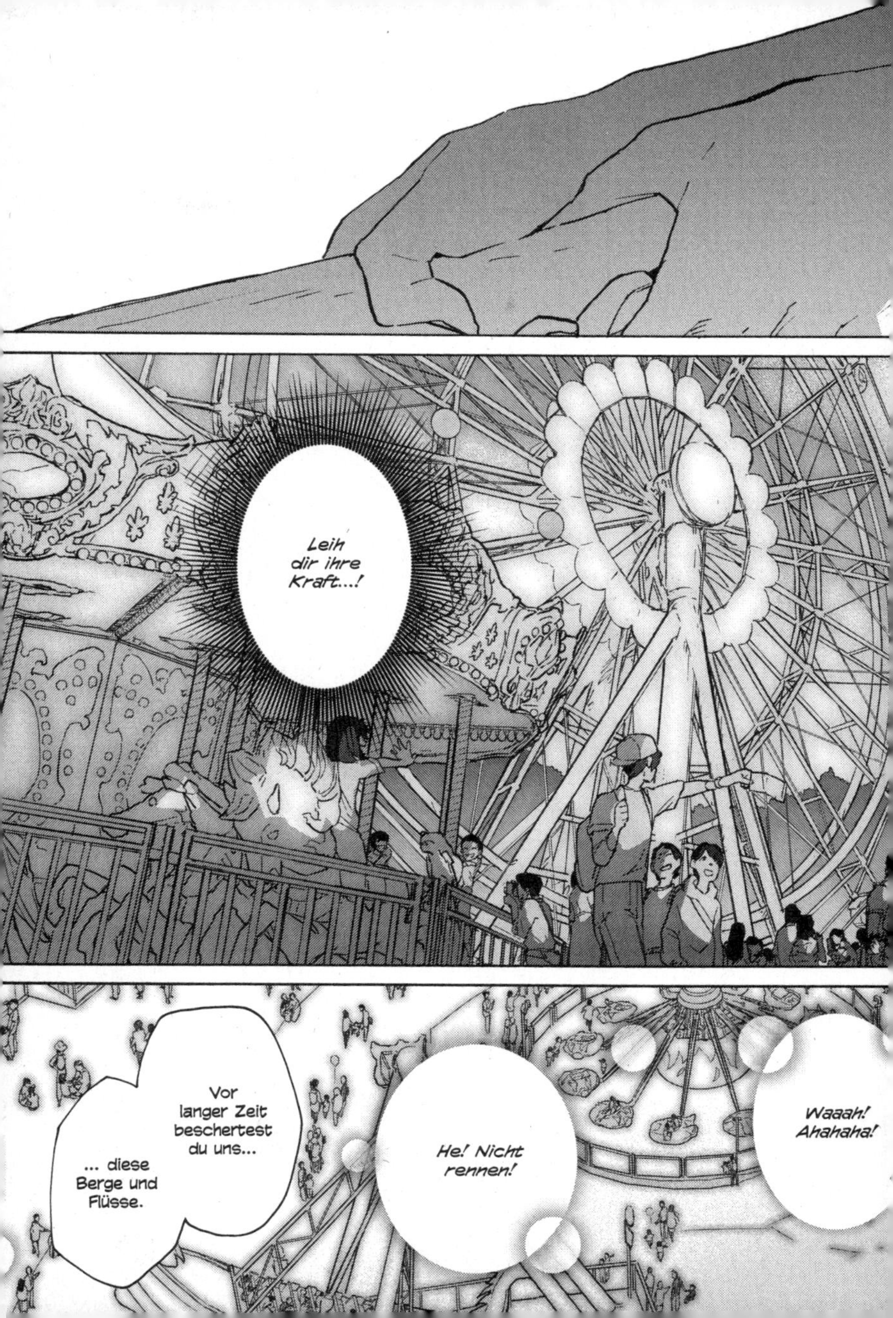
Leih dir ihre Kraft...!
Waaah! Ahahaha!
He! Nicht rennen!
Vor langer Zeit beschertest du uns...
... diese Berge und Flüsse.

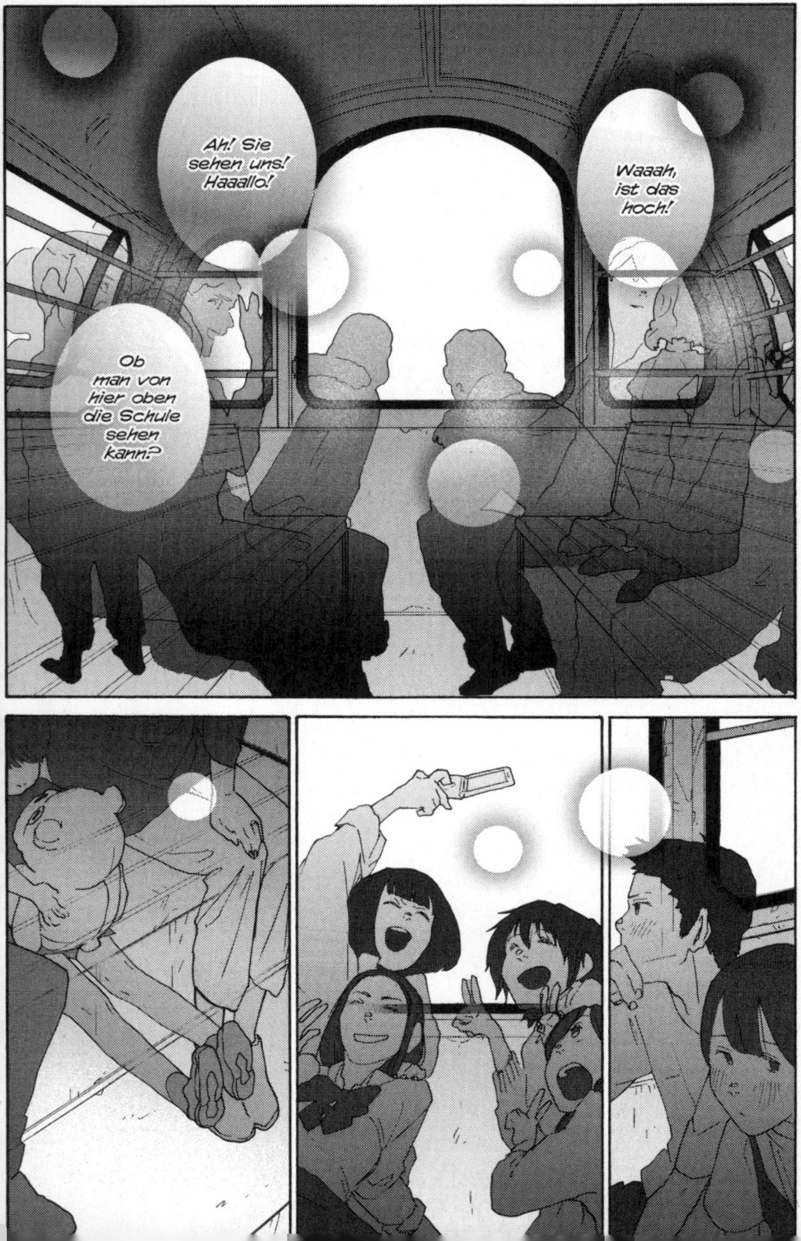
Waaah, ist das hoch!
Ah! Sie sehen uns! Haaallo!
Ob man von hier oben die Schule sehen kann?

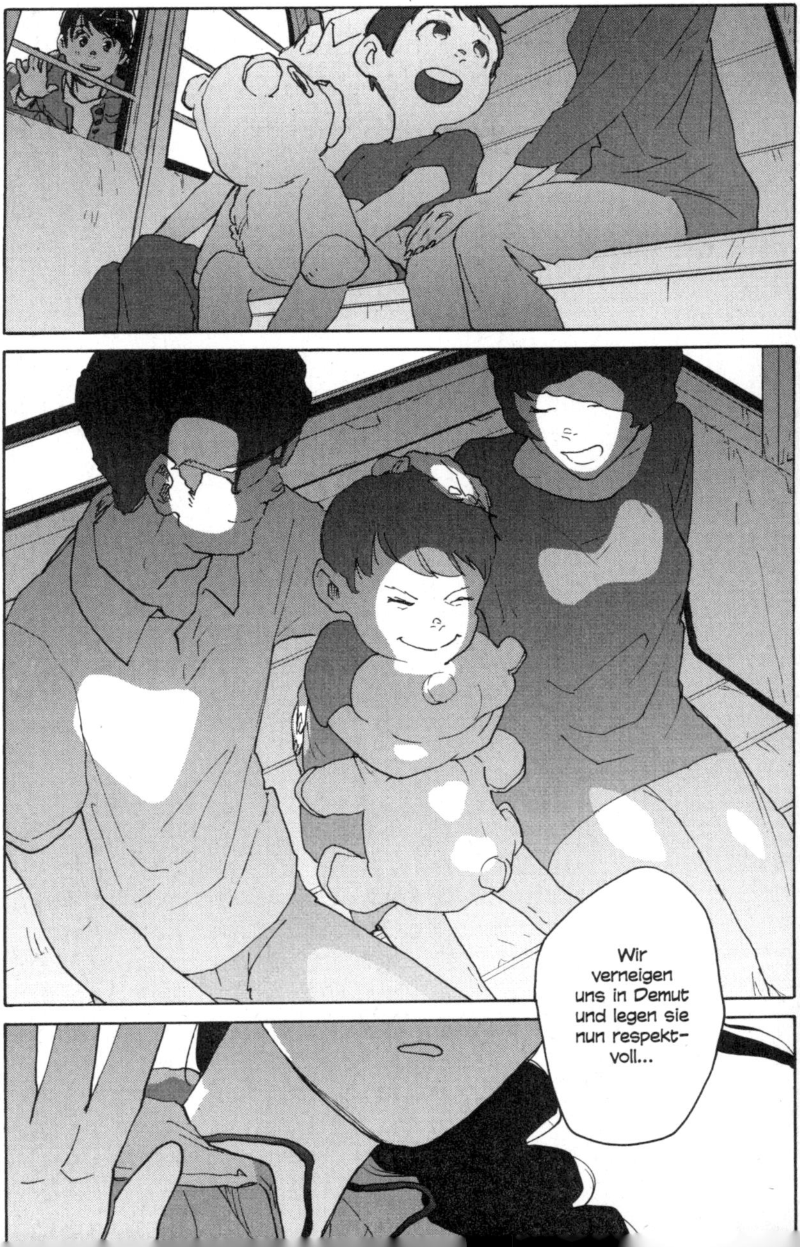

Wir verneigen uns in Demut und legen sie nun respekt-voll...

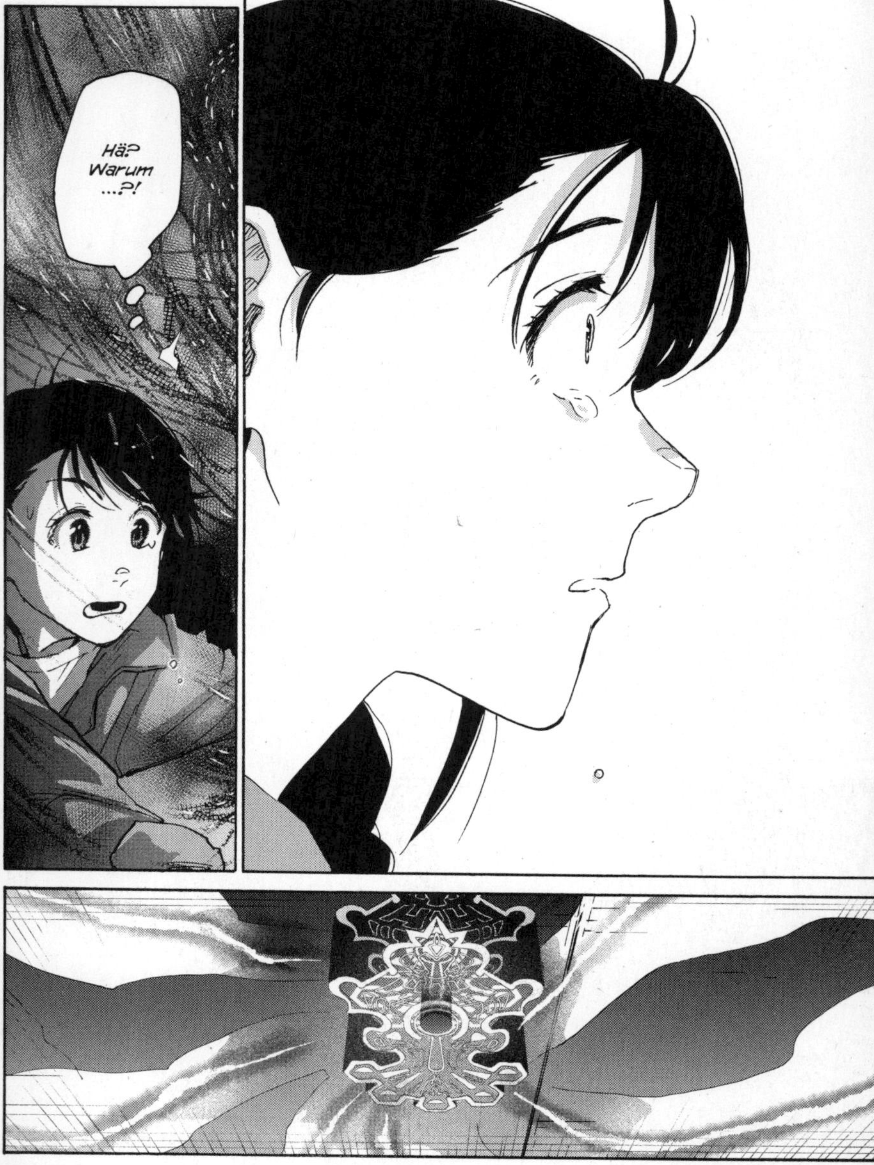
Hä? Warum ...?!

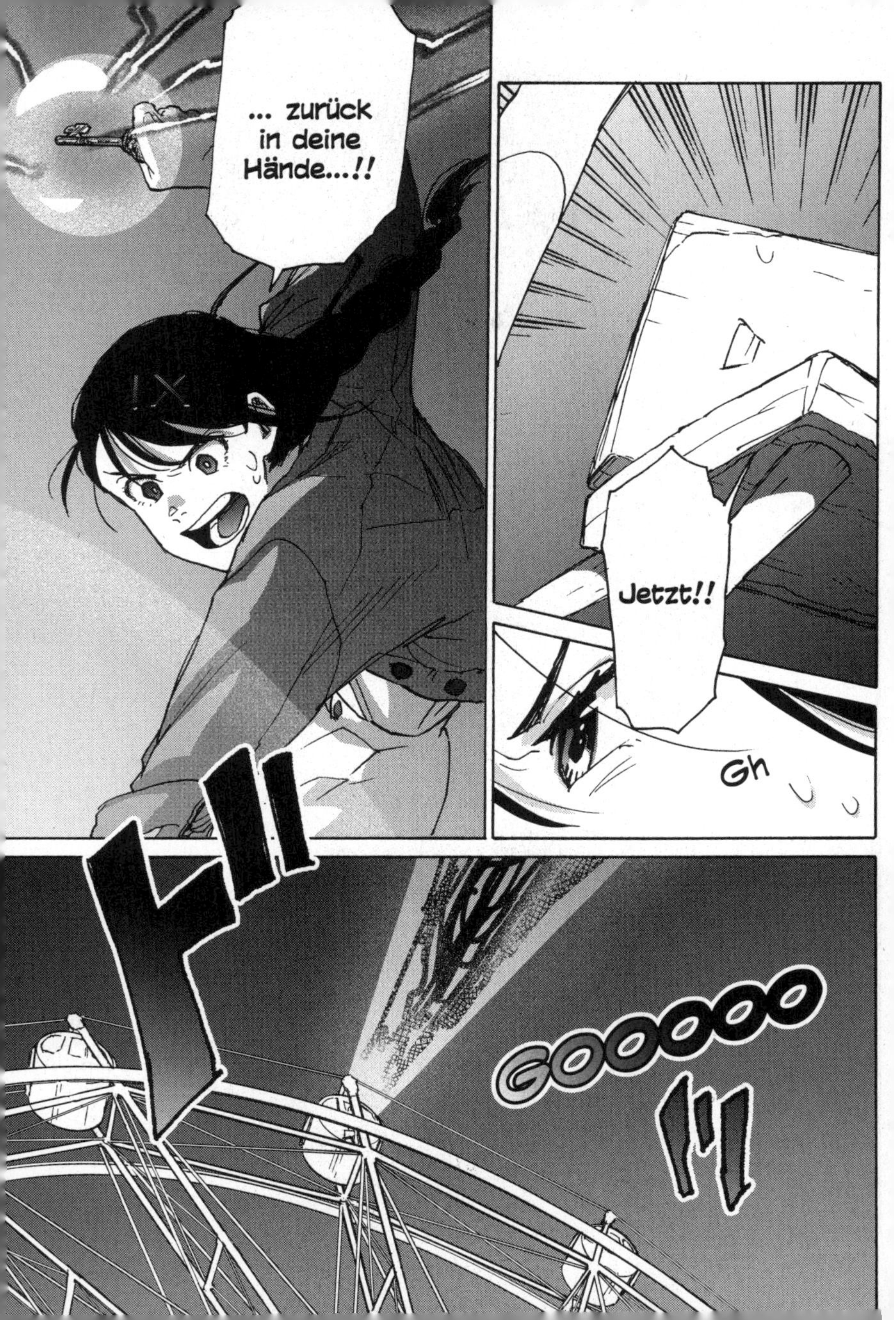
Jetzt!!
Gh
... zurück in deine Hände...!!
ド!!
GOOOOO!!

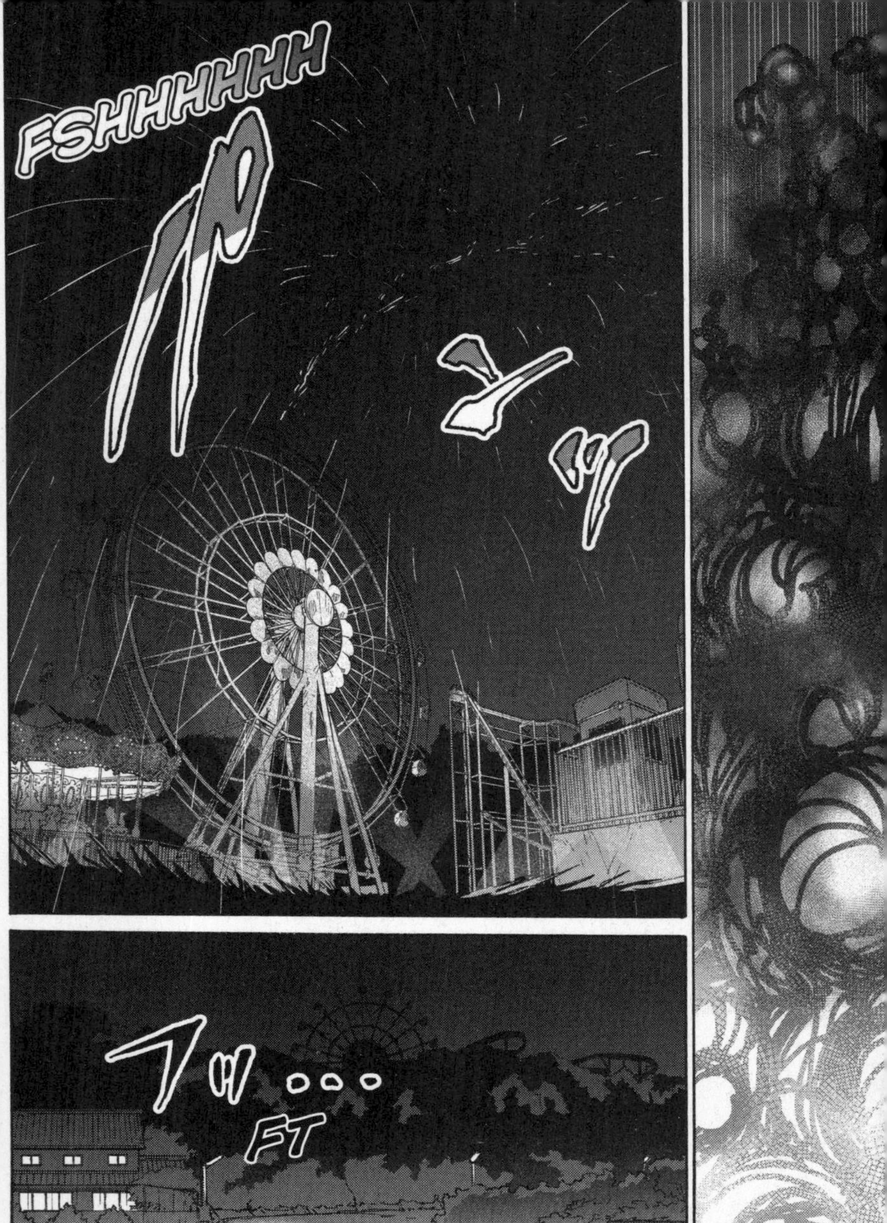
FSHHHHHH
FT

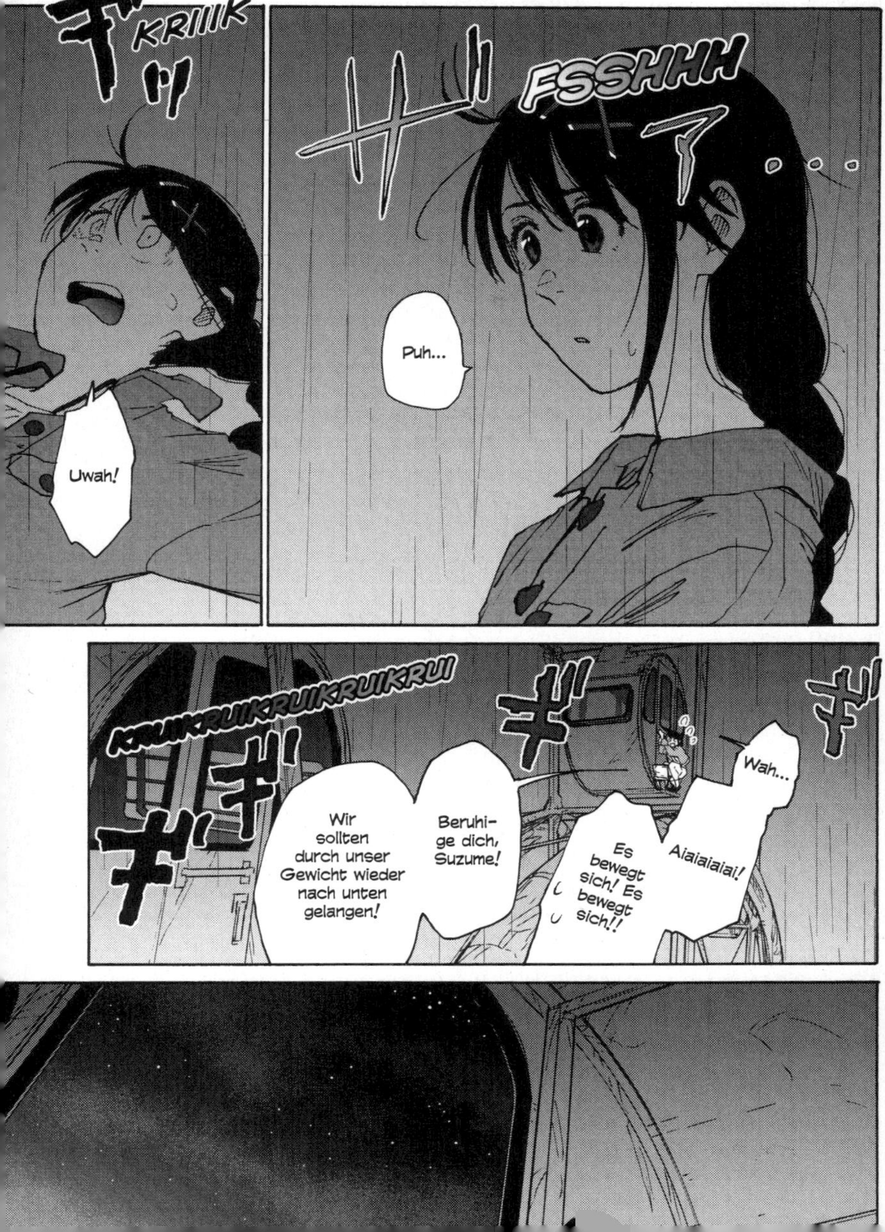
FSSHHH
Puh...
KRIIIK
Uwah!
Wah...
Aiaiaiaiai!
Es bewegt sich! Es bewegt sich!!
Beruhige dich, Suzume!
Wir sollten durch unser Gewicht wieder nach unten gelangen!
KRUIKRUIKRUIKRUIKRUI

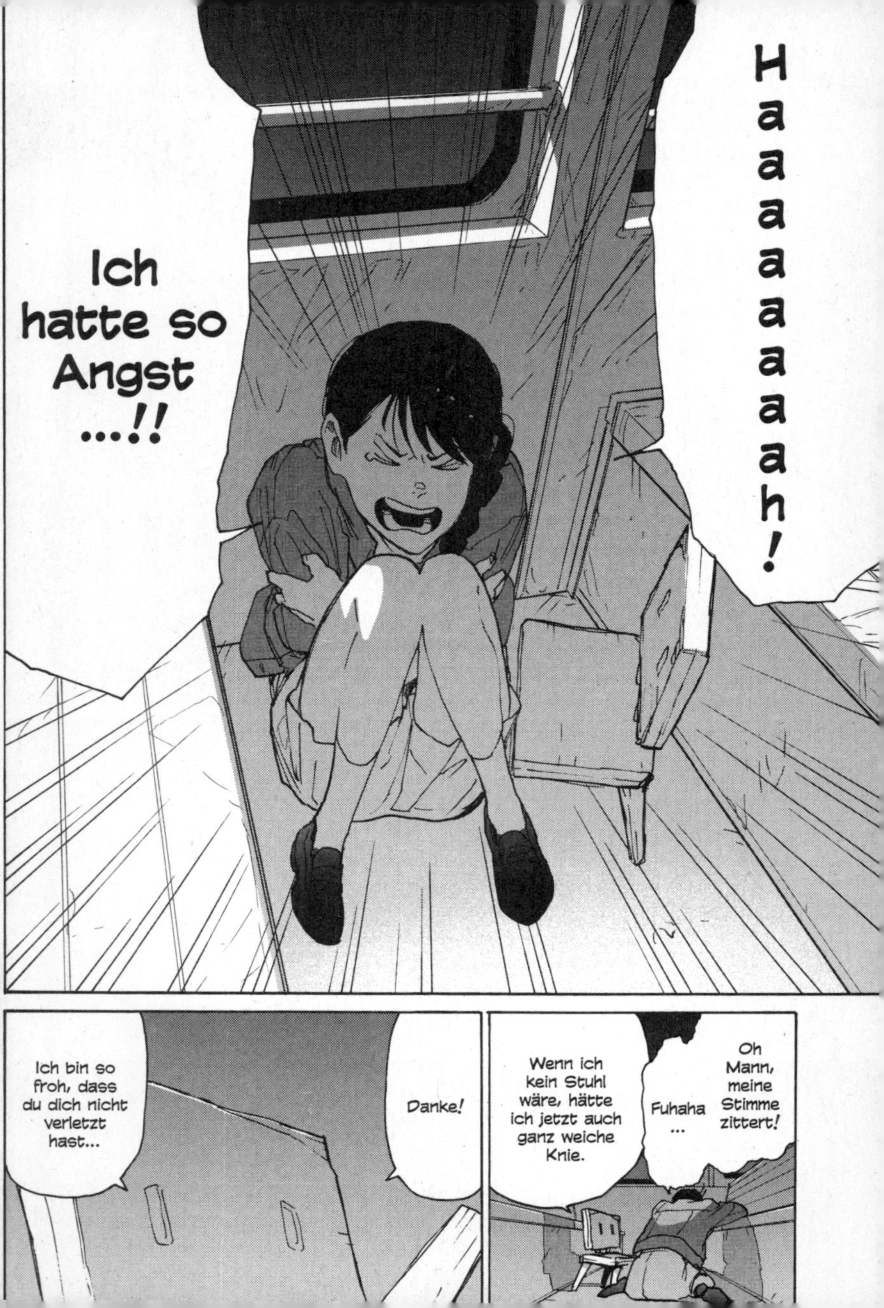
Haaaaaaaaah!
Ich hatte so Angst ...!!
Oh Mann, meine Stimme zittert!
Fuhaha ...
Wenn ich kein Stuhl wäre, hätte ich jetzt auch ganz weiche Knie.
Danke!
Ich bin so froh, dass du dich nicht verletzt hast...

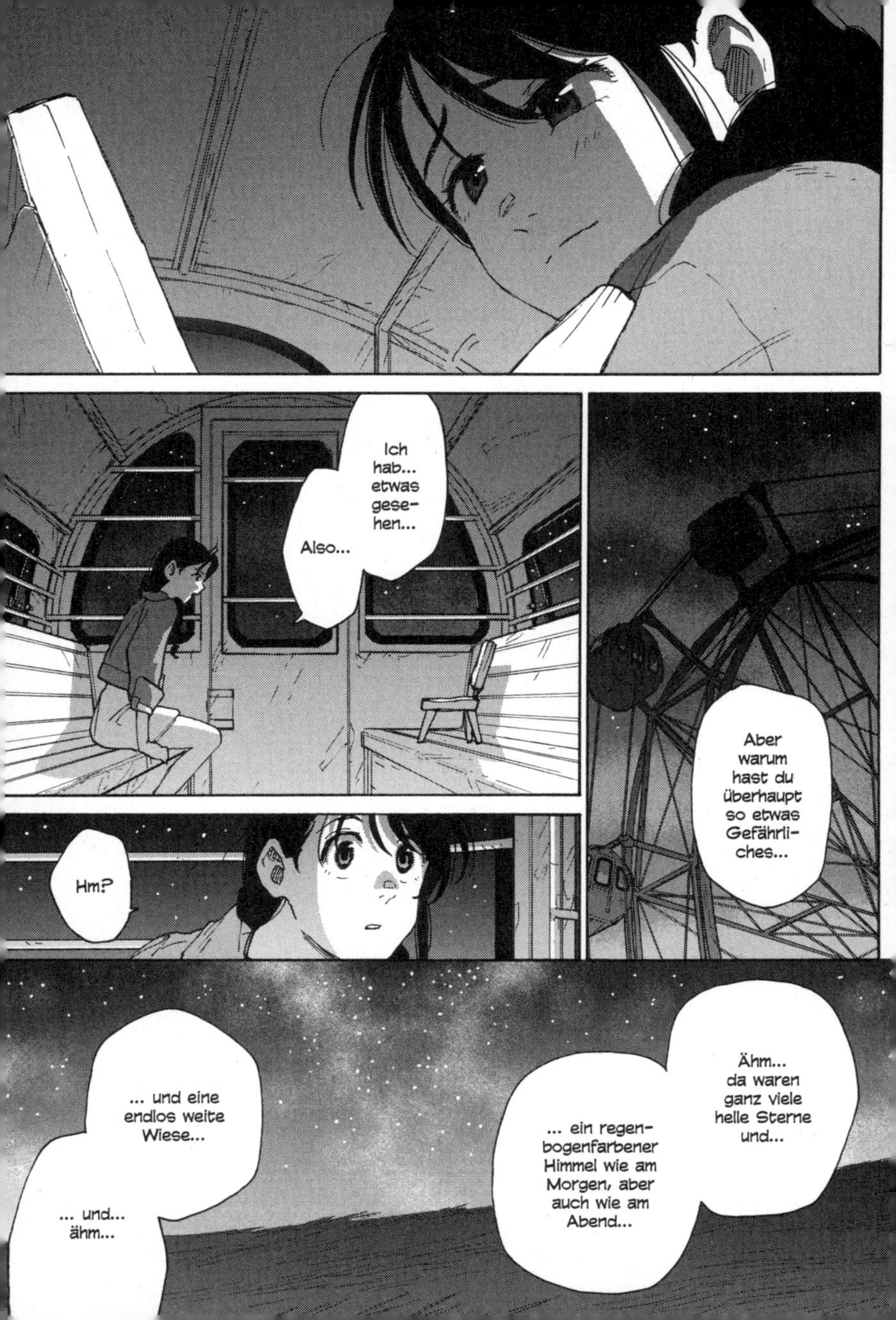
Aber warum hast du überhaupt so etwas Gefährliches...
Ich hab... etwas gesehen...
Also...
Hm?
Ähm... da waren ganz viele helle Sterne und...
... ein regenbogenfarbener Himmel wie am Morgen, aber auch wie am Abend...
... und eine endlos weite Wiese...
... und... ähm...

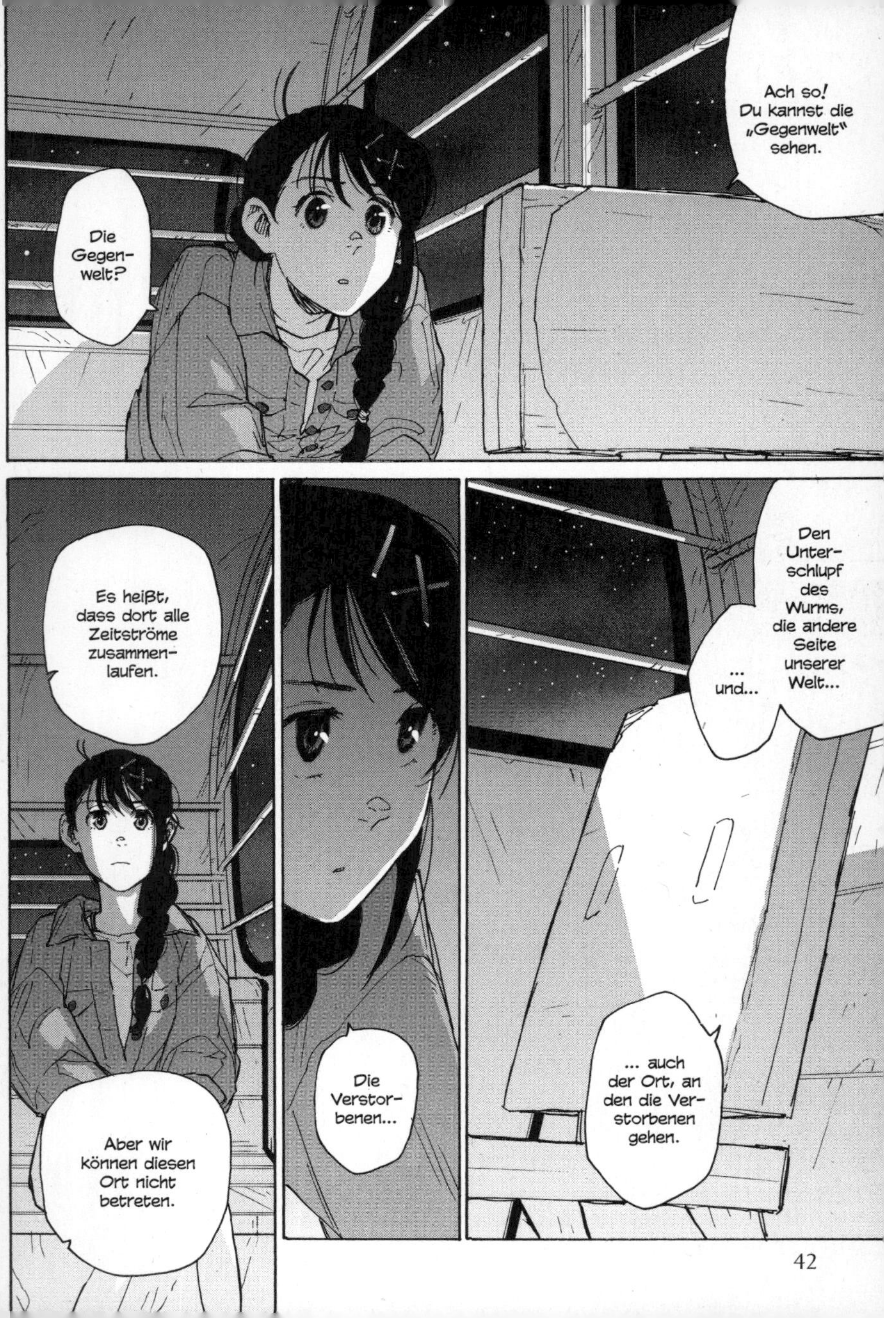
Ach so! Du kannst die „Gegenwelt" sehen.
Die Gegenwelt?
Den Unterschlupf des Wurms, die andere Seite unserer Welt...
... und...
... auch der Ort, an den die Verstorbenen gehen.
Die Verstorbenen...
Es heißt, dass dort alle Zeitströme zusammenlaufen.
Aber wir können diesen Ort nicht betreten.

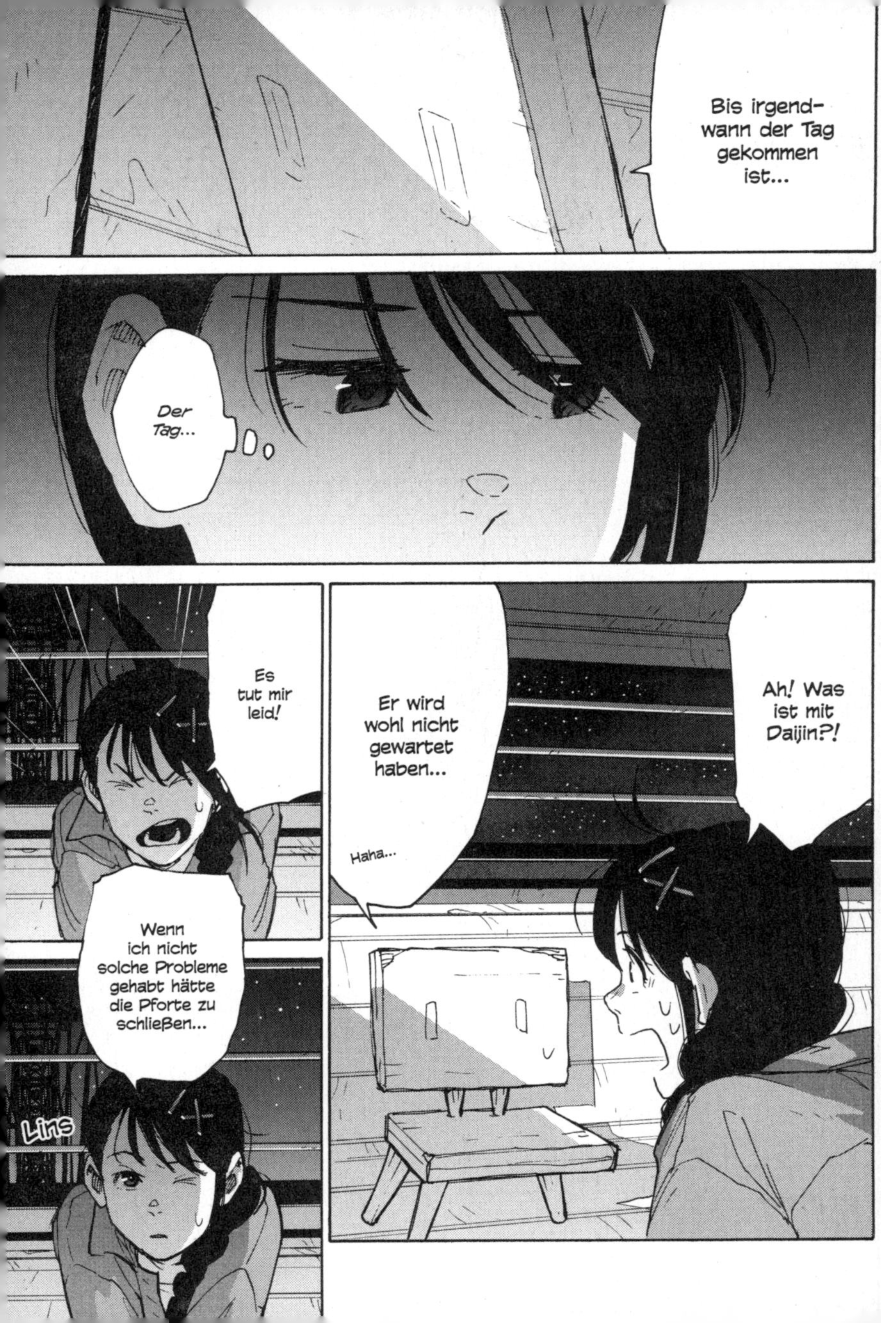
Bis irgendwann der Tag gekommen ist...
Der Tag...
Ah! Was ist mit Daijin?!
Er wird wohl nicht gewartet haben...
Haha...
Es tut mir leid!
Wenn ich nicht solche Probleme gehabt hätte die Pforte zu schließen...
Lins

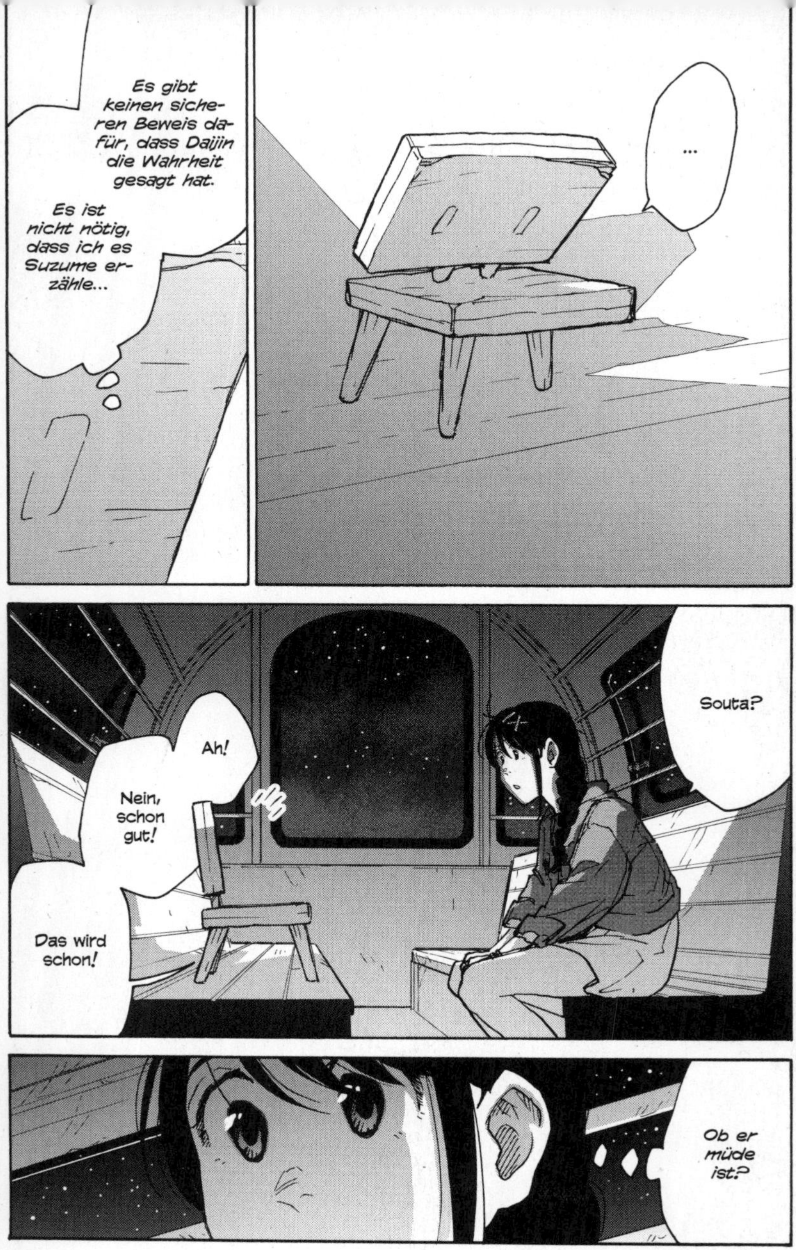
...
Es gibt keinen sicheren Beweis dafür, dass Daijin die Wahrheit gesagt hat.
Es ist nicht nötig, dass ich es Suzume erzähle...
Souta?
Ah!
Nein, schon gut!
Das wird schon!
Ob er müde ist?

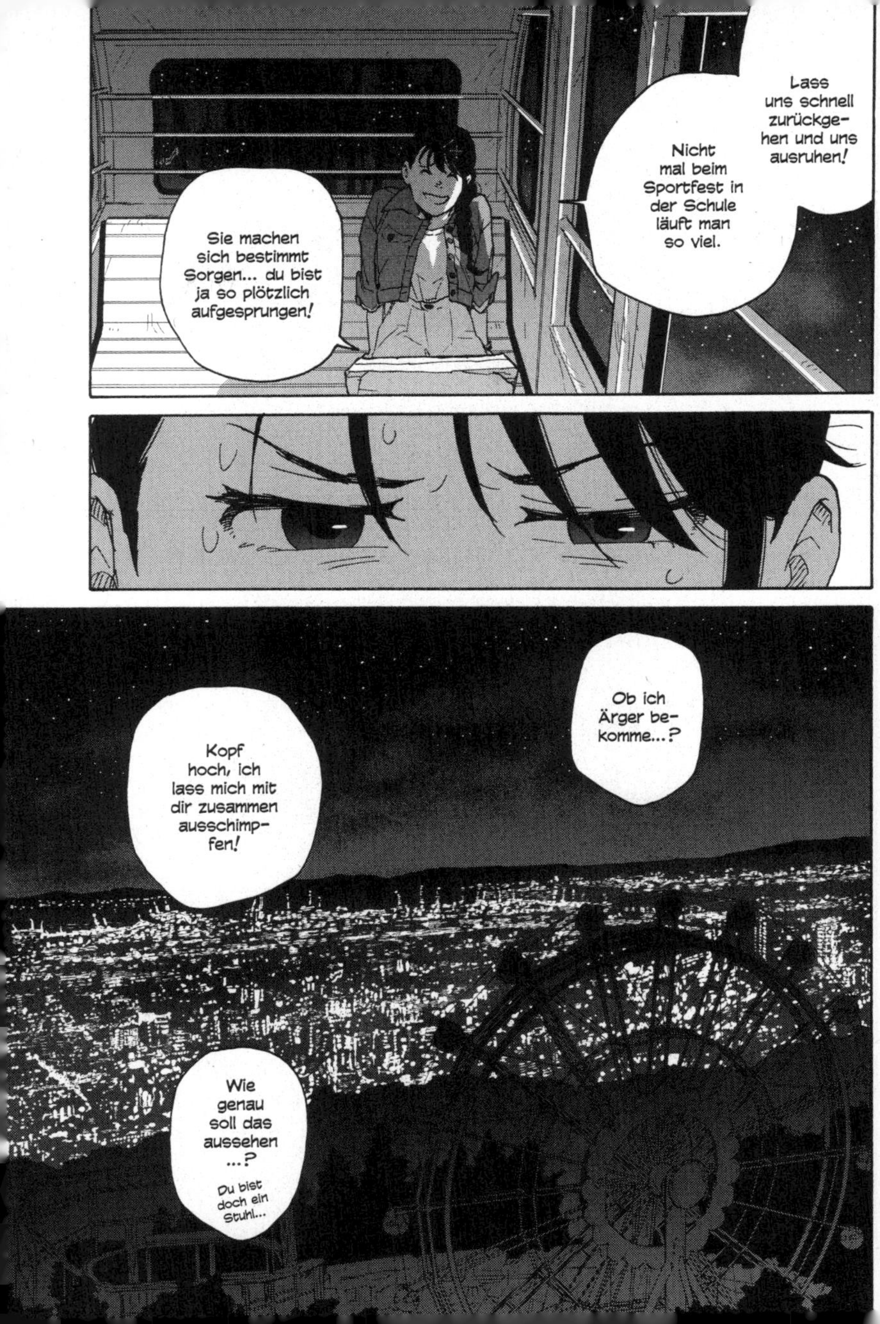
Lass uns schnell zurückgehen und uns ausruhen!
Nicht mal beim Sportfest in der Schule läuft man so viel.
Sie machen sich bestimmt Sorgen... du bist ja so plötzlich aufgesprungen!
Ob ich Ärger bekomme...?
Kopf hoch, ich lass mich mit dir zusammen ausschimpfen!
Wie genau soll das aussehen ...?
Du bist doch ein Stuhl...

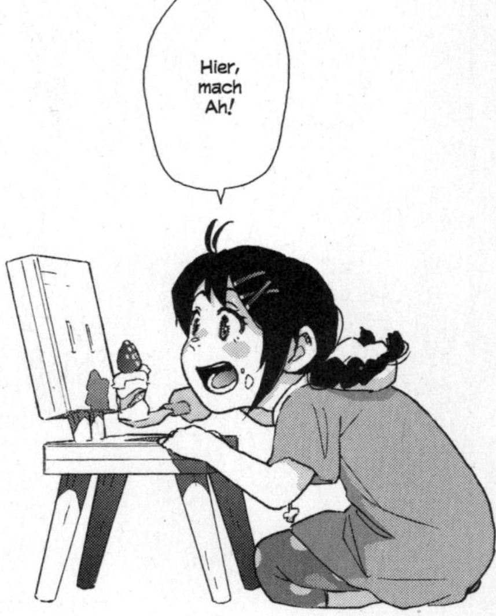
Hier, mach Ah!

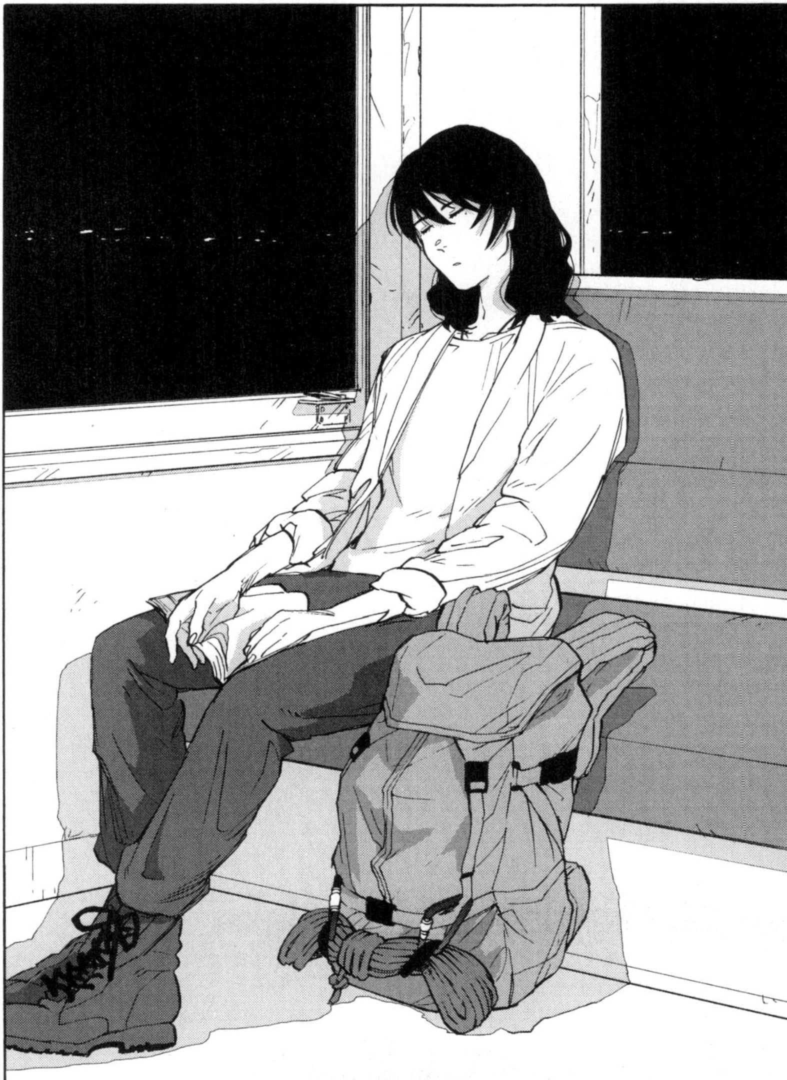

Kapitel 7 – Jeder hat seine Aufgabe

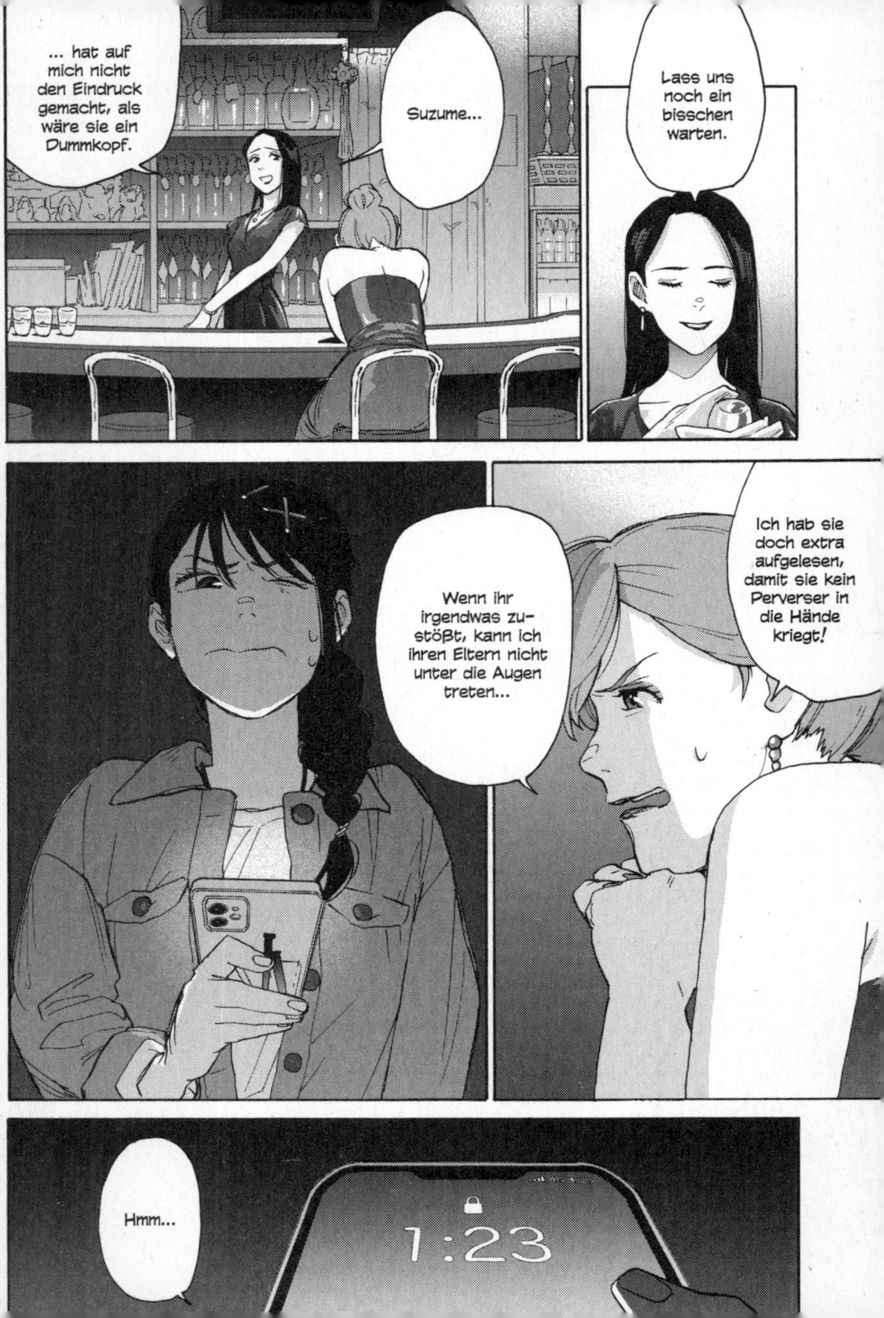
Lass uns noch ein bisschen warten.
Suzume...
... hat auf mich nicht den Eindruck gemacht, als wäre sie ein Dummkopf.
Ich hab sie doch extra aufgelesen, damit sie kein Perverser in die Hände kriegt!
Wenn ihr irgendwas zustößt, kann ich ihren Eltern nicht unter die Augen treten...
Hmm...
1:23

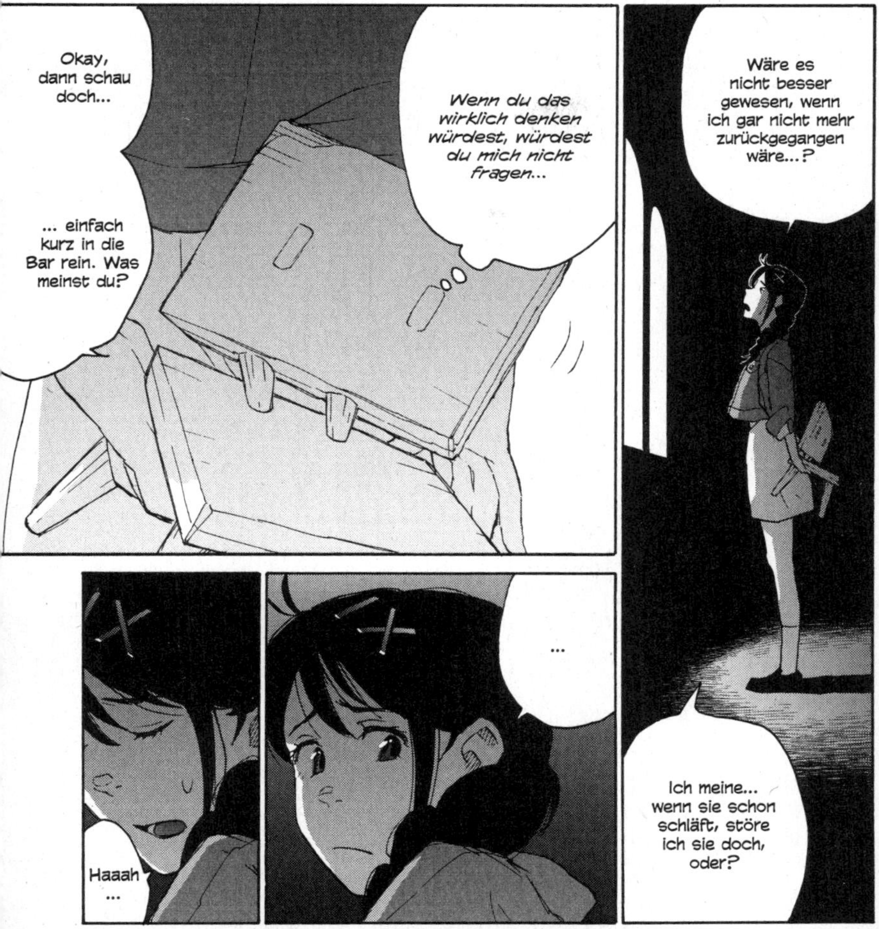
Wäre es nicht besser gewesen, wenn ich gar nicht mehr zurückgegangen wäre...?
Okay, dann schau doch...
... einfach kurz in die Bar rein. Was meinst du?
Wenn du das wirklich denken würdest, würdest du mich nicht fragen...
Ich meine... wenn sie schon schläft, störe ich sie doch, oder?
...
Haaah ...

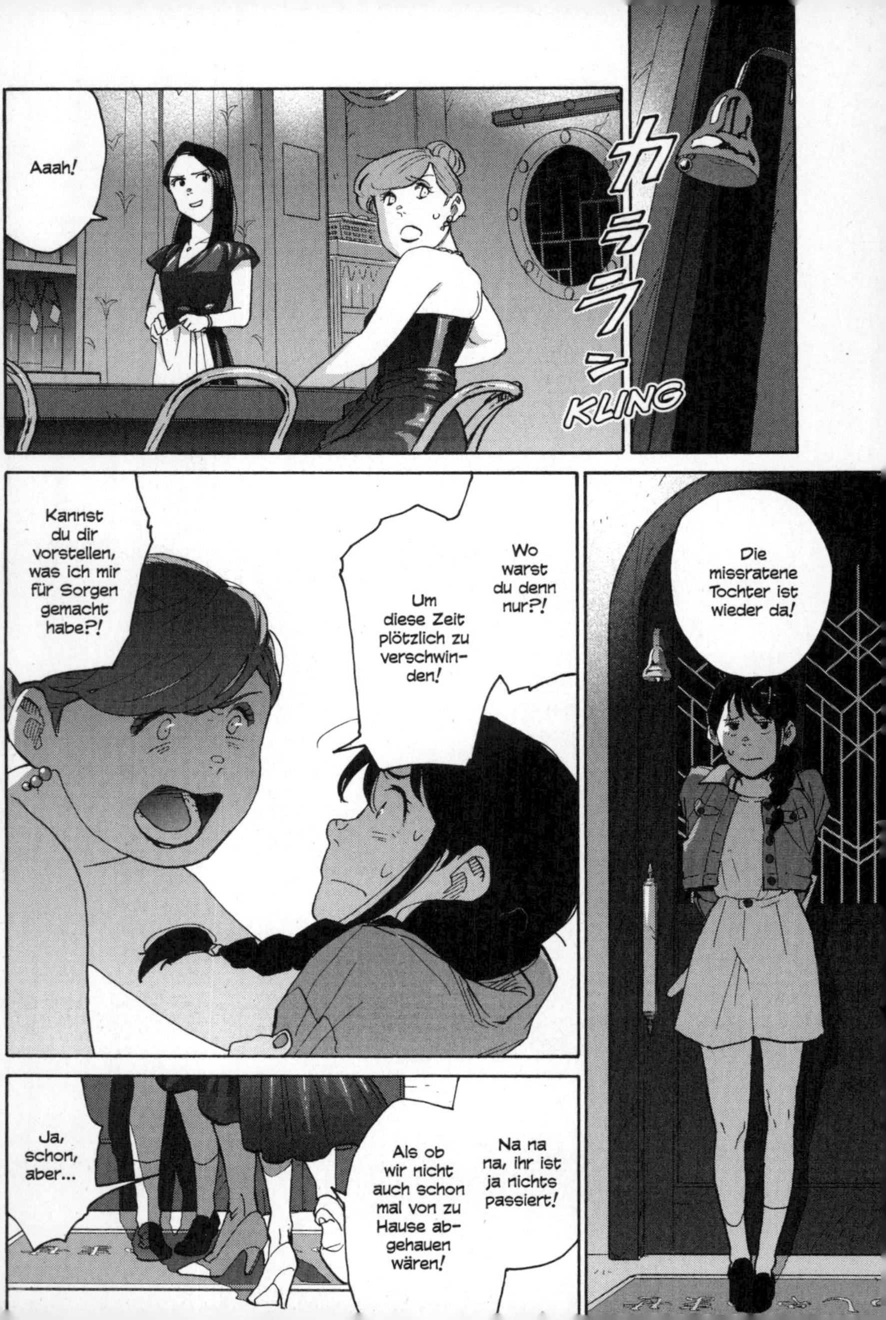
カラララン
KLING
Aaah!
Die missratene Tochter ist wieder da!
Wo warst du denn nur?!
Um diese Zeit plötzlich zu verschwin-den!
Kannst du dir vorstellen, was ich mir für Sorgen gemacht habe?!
Na na na, ihr ist ja nichts passiert!
Als ob wir nicht auch schon mal von zu Hause ab-gehauen wären!
Ja, schon, aber...

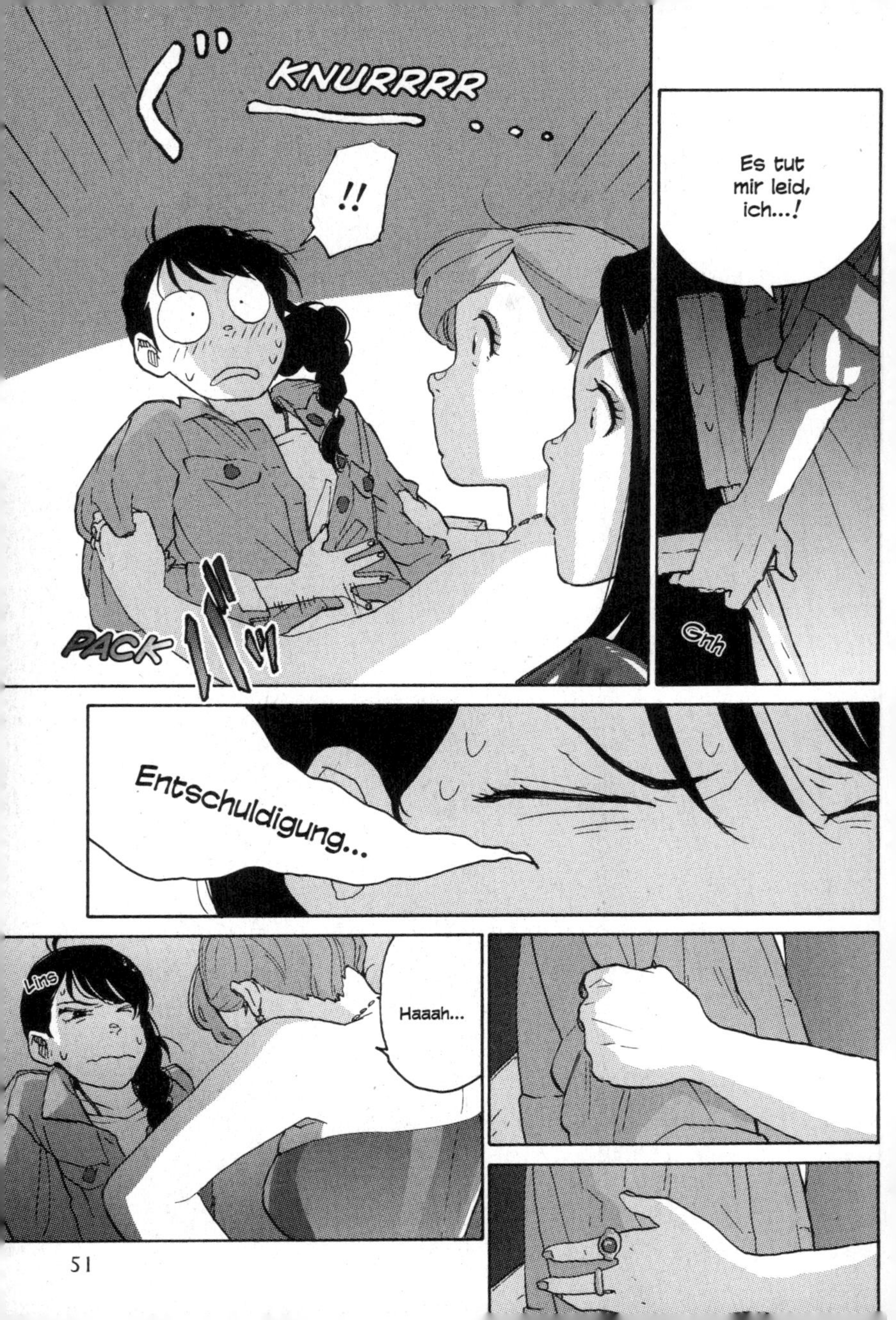
KNURRRR
!!
Es tut mir leid, ich...!
PACK
Grrh
Entschuldigung...
Lins
Haaah...

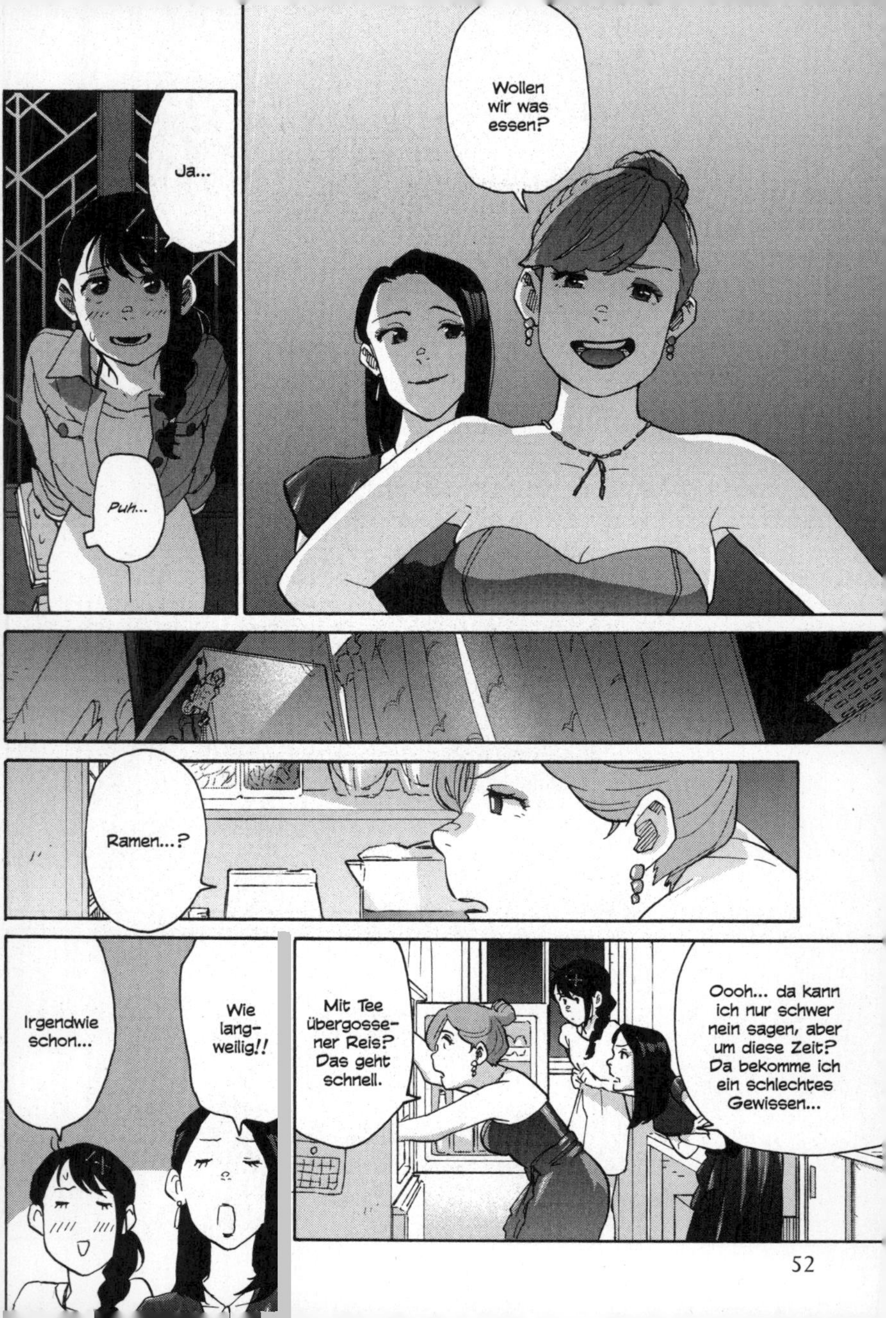
Wollen wir was essen?
Ja...
Puh...
Ramen...?
Oooh... da kann ich nur schwer nein sagen, aber um diese Zeit? Da bekomme ich ein schlechtes Gewissen...
Mit Tee übergossener Reis? Das geht schnell.
Wie lang-weilig!!
Irgendwie schon...

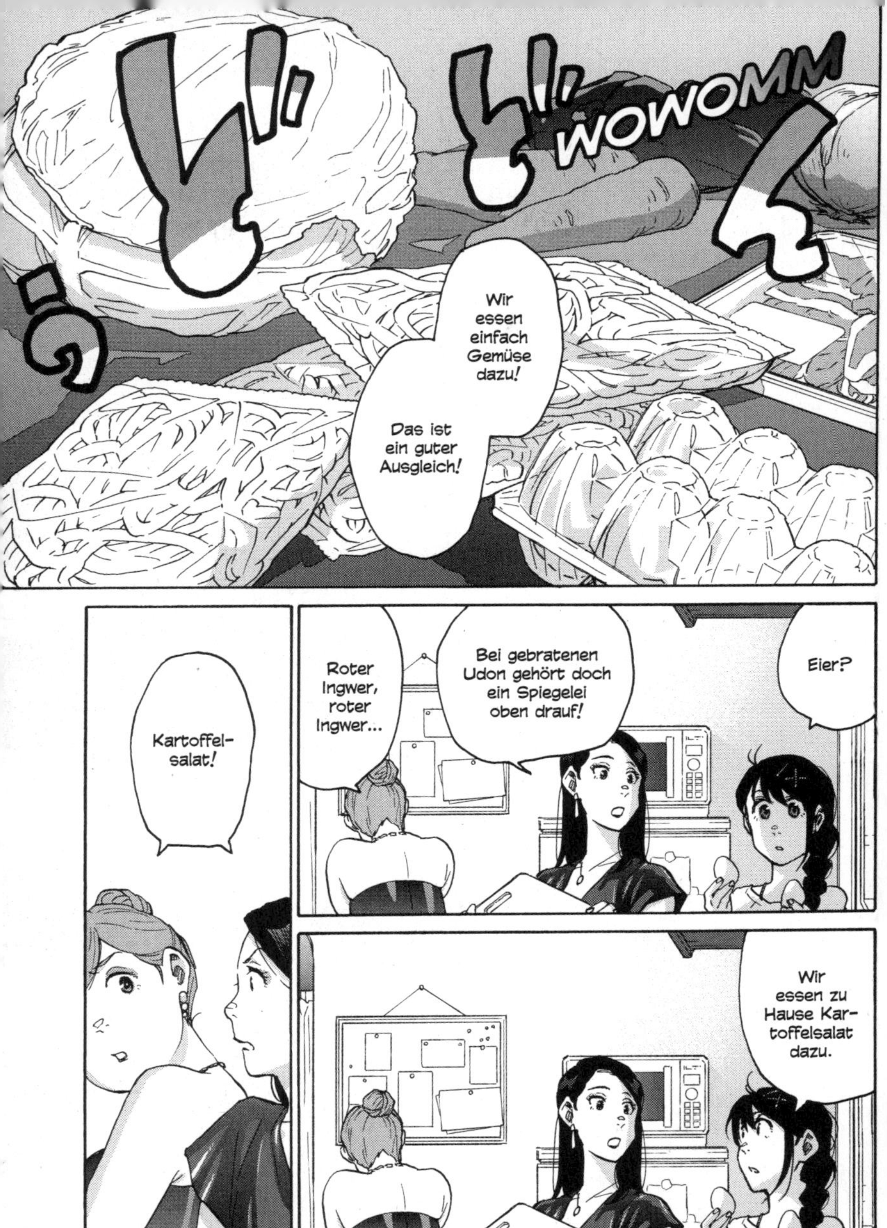
WOWOMM
Wir essen einfach Gemüse dazu!
Das ist ein guter Ausgleich!
Eier?
Bei gebratenen Udon gehört doch ein Spiegelei oben drauf!
Roter Ingwer, roter Ingwer...
Wir essen zu Hause Kartoffelsalat dazu.
Kartoffelsalat!

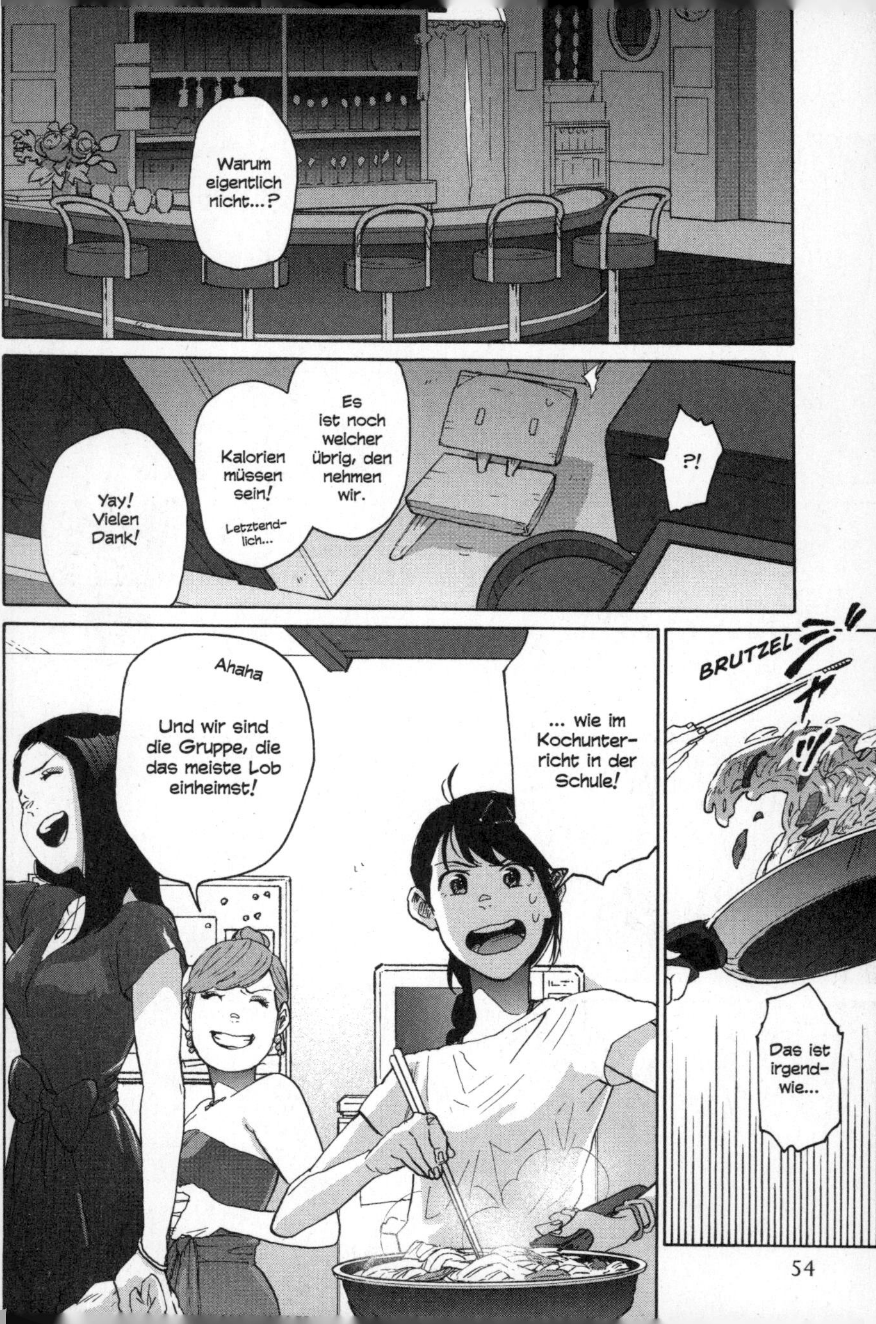
Warum eigentlich nicht...?
?!
Es ist noch welcher übrig, den nehmen wir.
Kalorien müssen sein!
Letztendlich...
Yay! Vielen Dank!
BRUTZEL
Das ist irgendwie...
... wie im Kochunterricht in der Schule!
Ahaha
Und wir sind die Gruppe, die das meiste Lob einheimst!

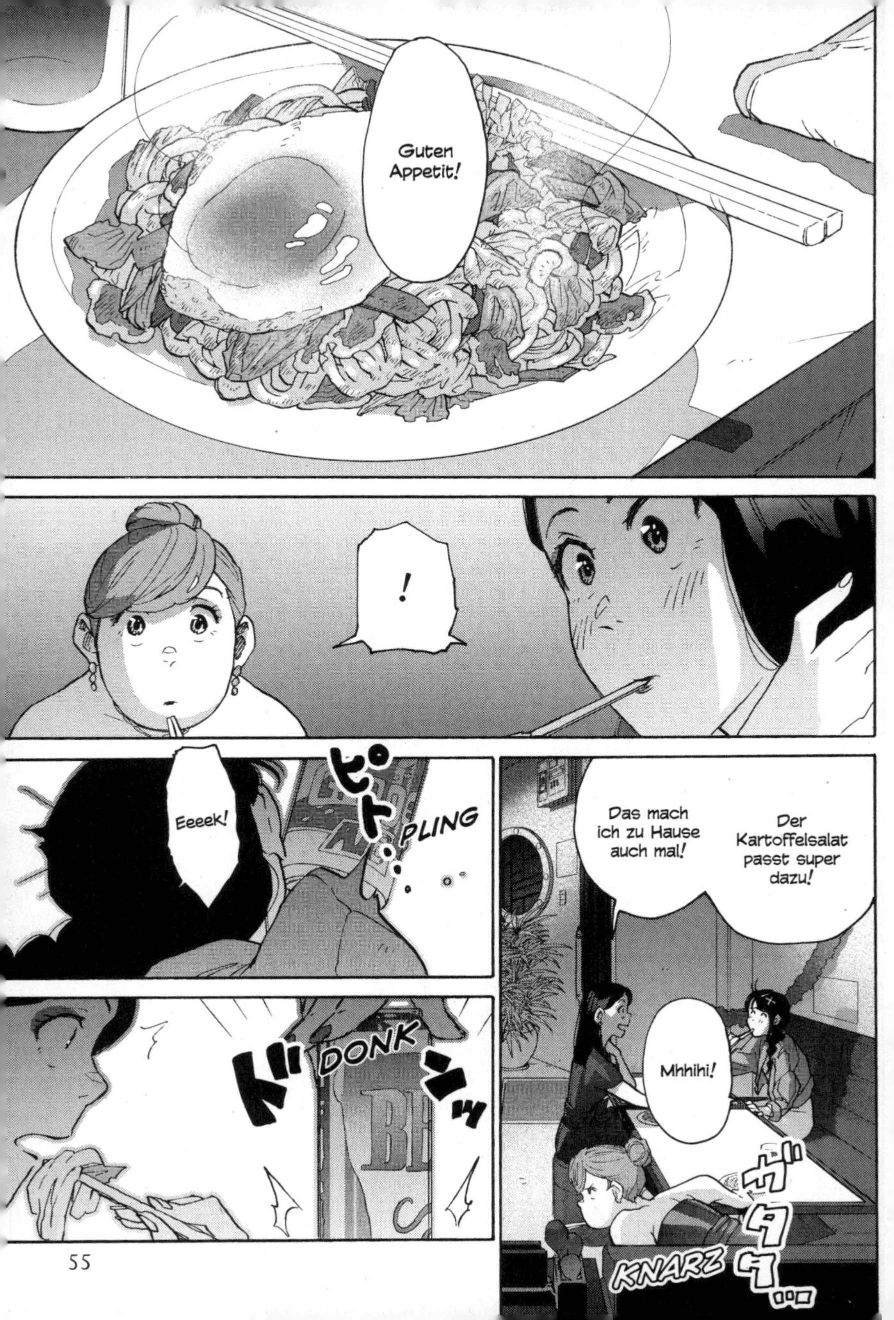

Guten Appetit!
!
Der Kartoffelsalat passt super dazu!
Das mach ich zu Hause auch mal!
Mhhihi!
KNARZ
Eeeek!
PLING
DONK

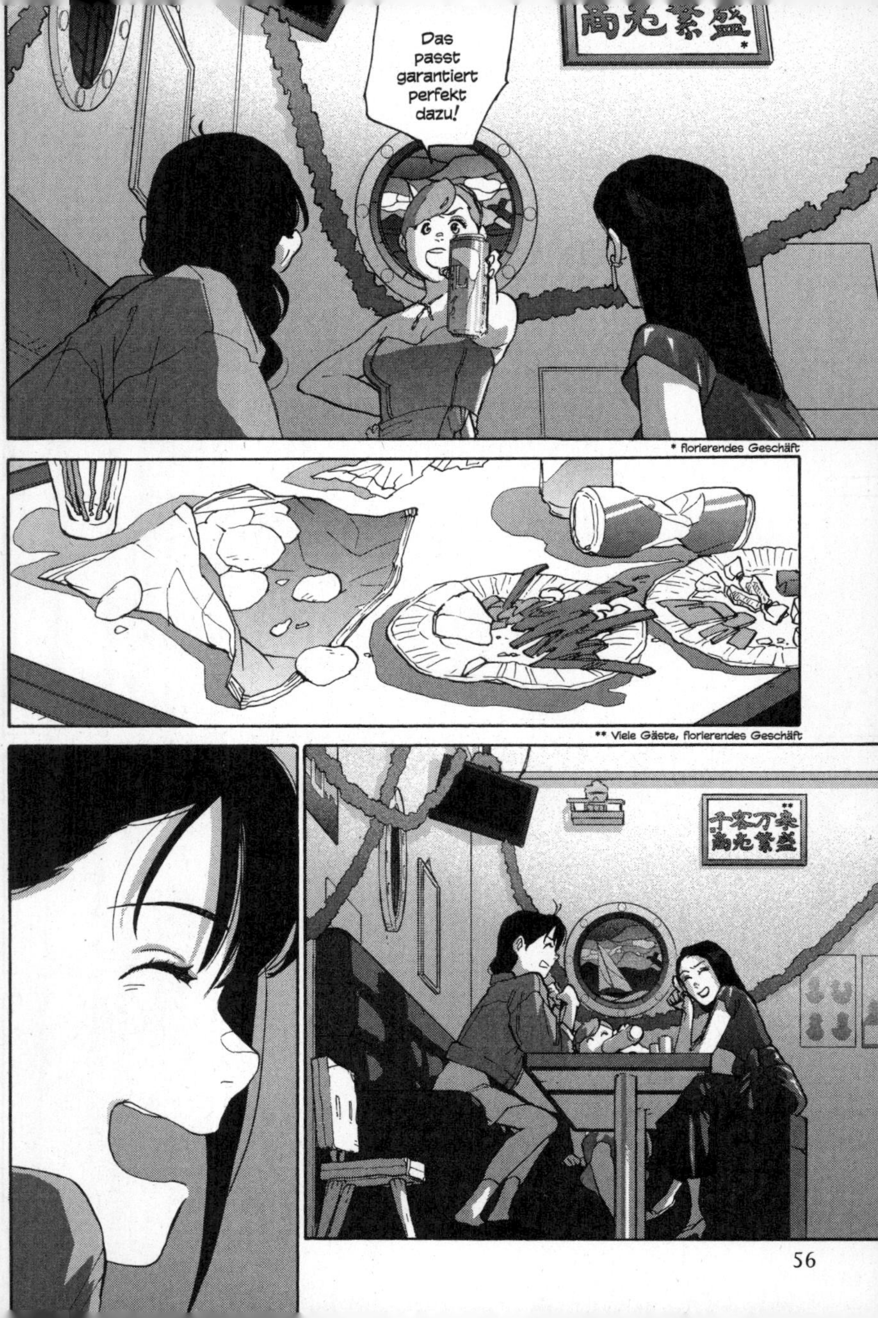

* florierendes Geschäft

** Viele Gäste, florierendes Geschäft

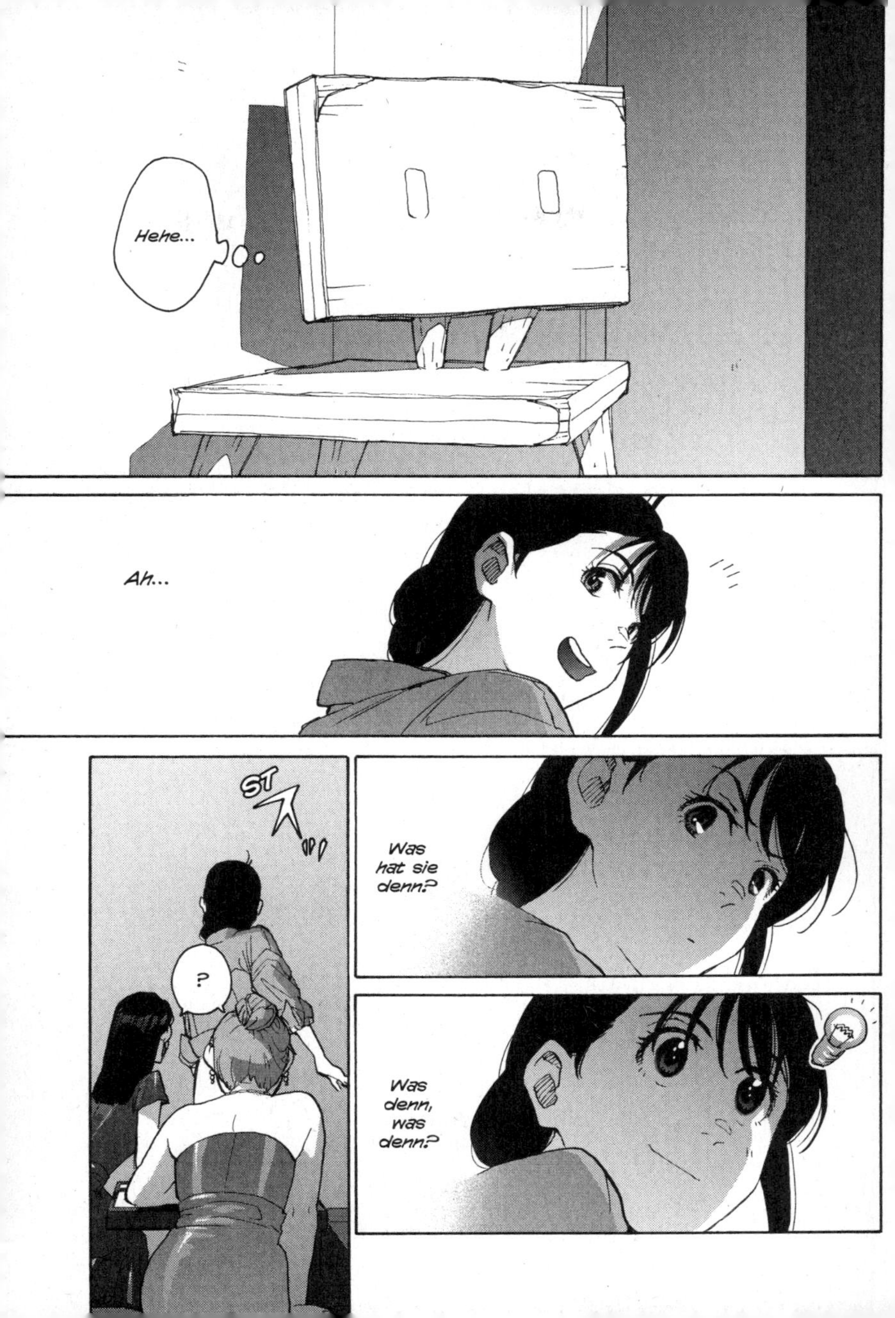

Hehe...
Ah...
Was hat sie denn?
Was denn, was denn?
ST
?

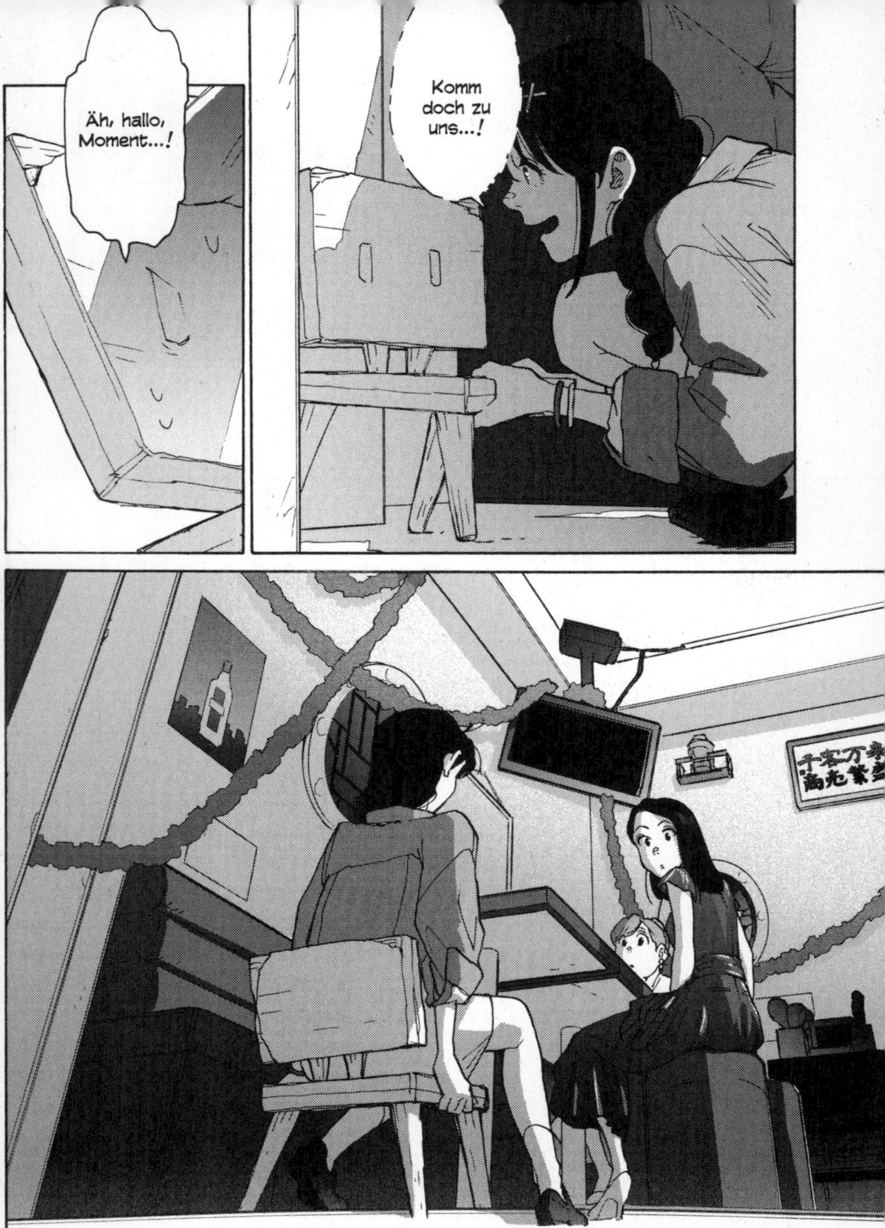
Komm doch zu uns...!
Äh, hallo, Moment...!

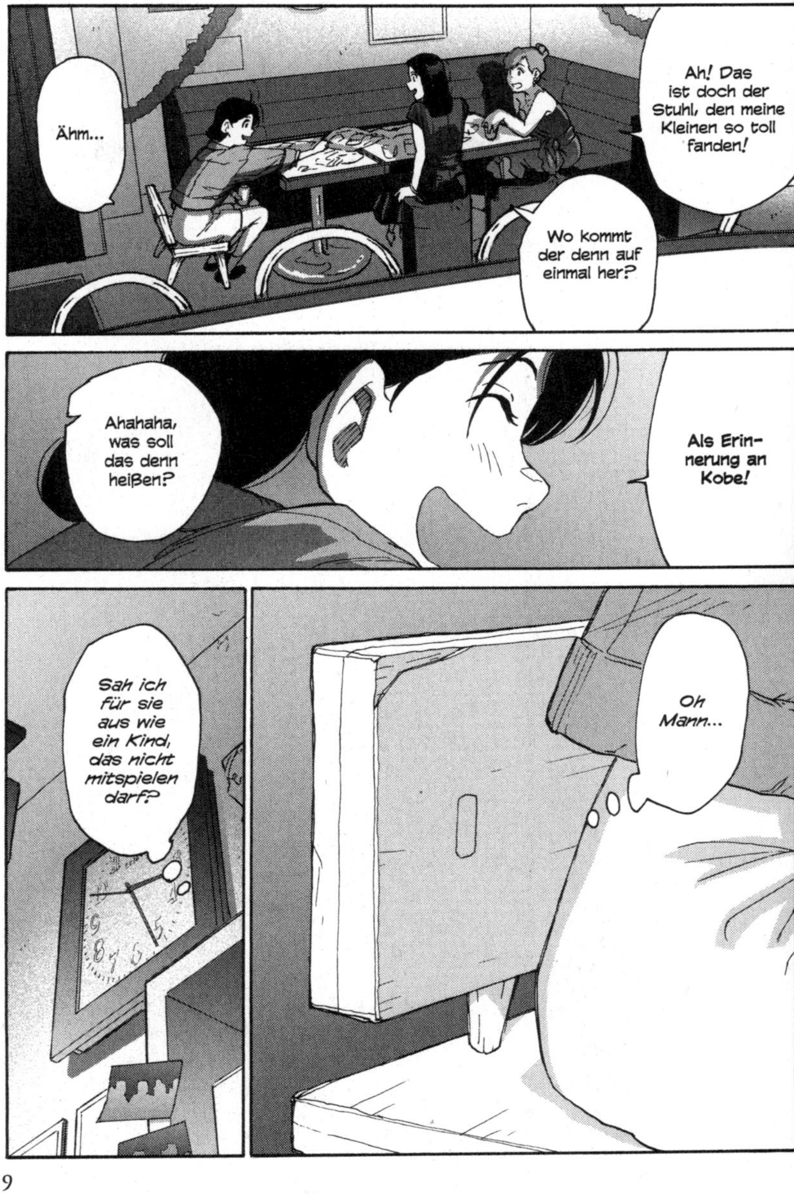

Ah! Das ist doch der Stuhl, den meine Kleinen so toll fanden!
Wo kommt der denn auf einmal her?
Ähm...
Als Erinnerung an Kobe!
Ahahaha, was soll das denn heißen?
Oh Mann...
Sah ich für sie aus wie ein Kind, das nicht mitspielen darf?

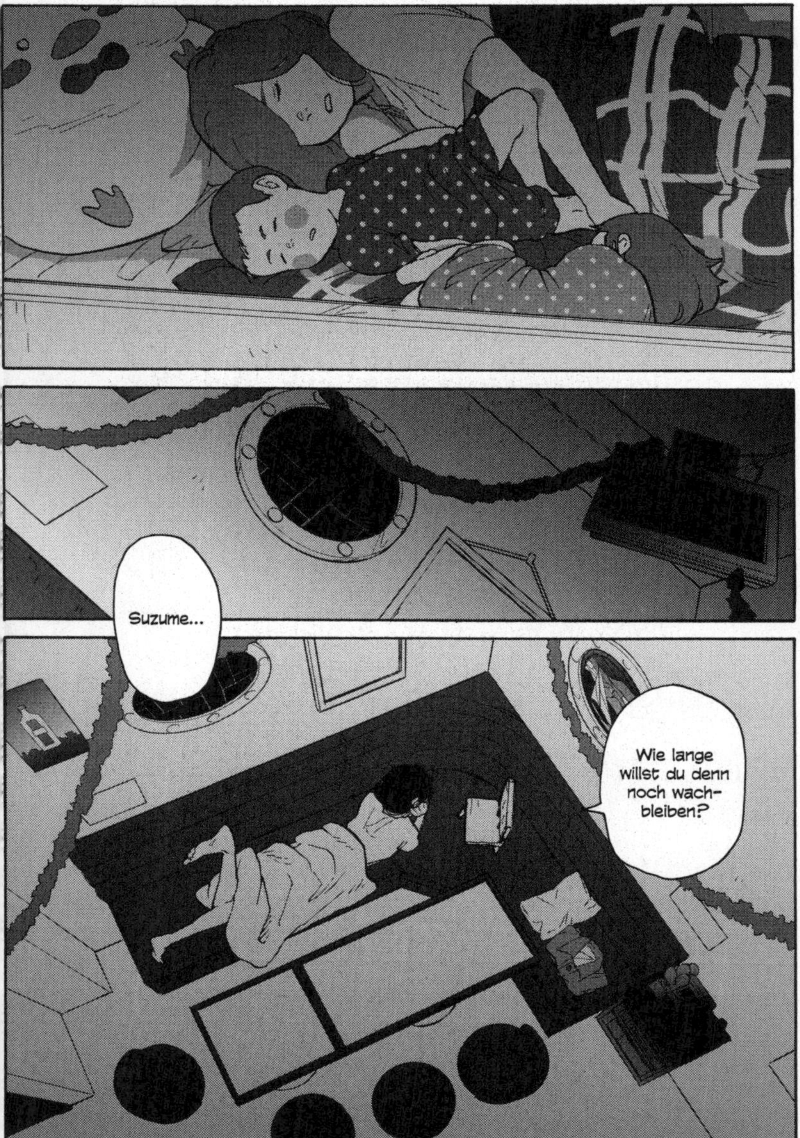
Suzume...
Wie lange willst du denn noch wach-bleiben?

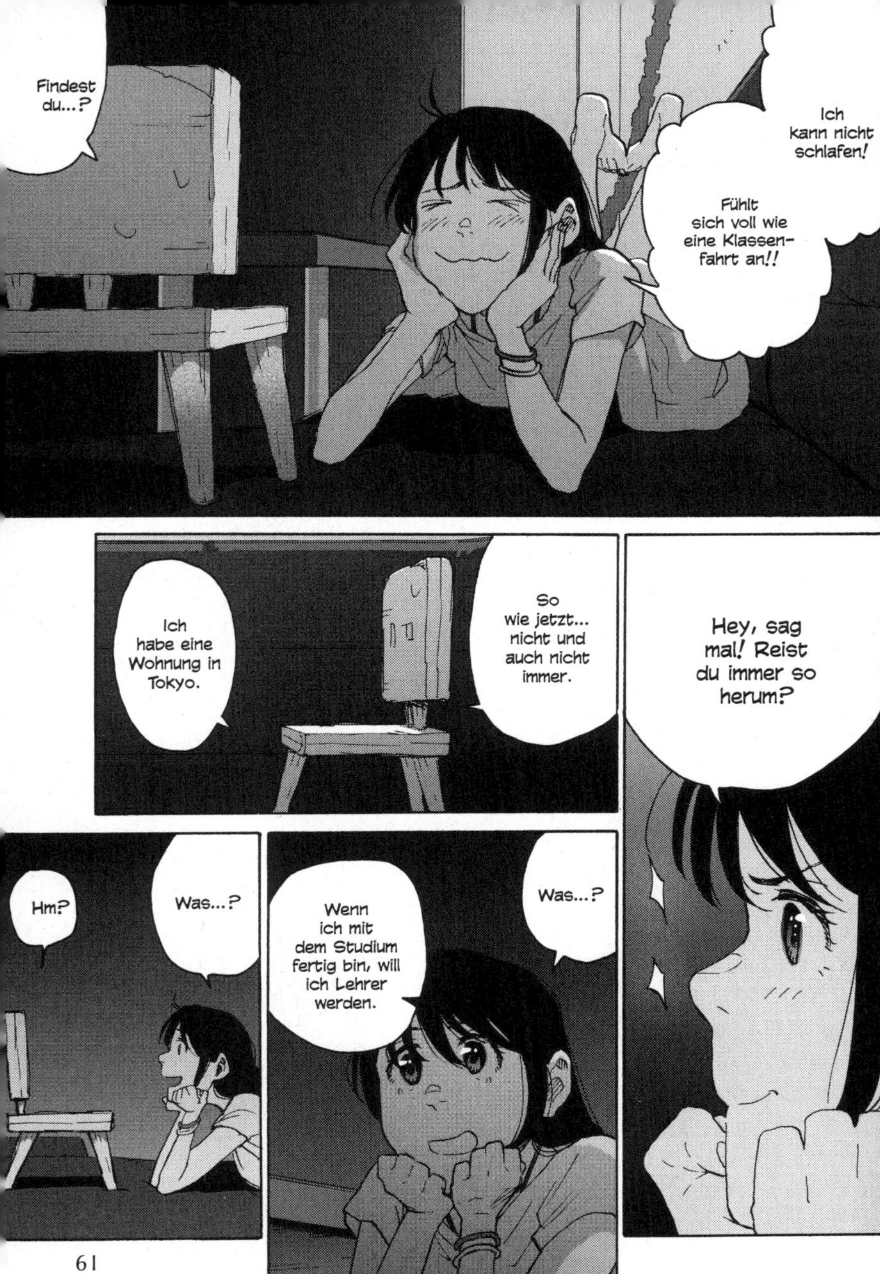
Ich kann nicht schlafen!
Fühlt sich voll wie eine Klassenfahrt an!!
Findest du...?
Hey, sag mal! Reist du immer so herum?
So wie jetzt... nicht und auch nicht immer.
Ich habe eine Wohnung in Tokyo.
Was...?
Wenn ich mit dem Studium fertig bin, will ich Lehrer werden.
Was...?
Hm?

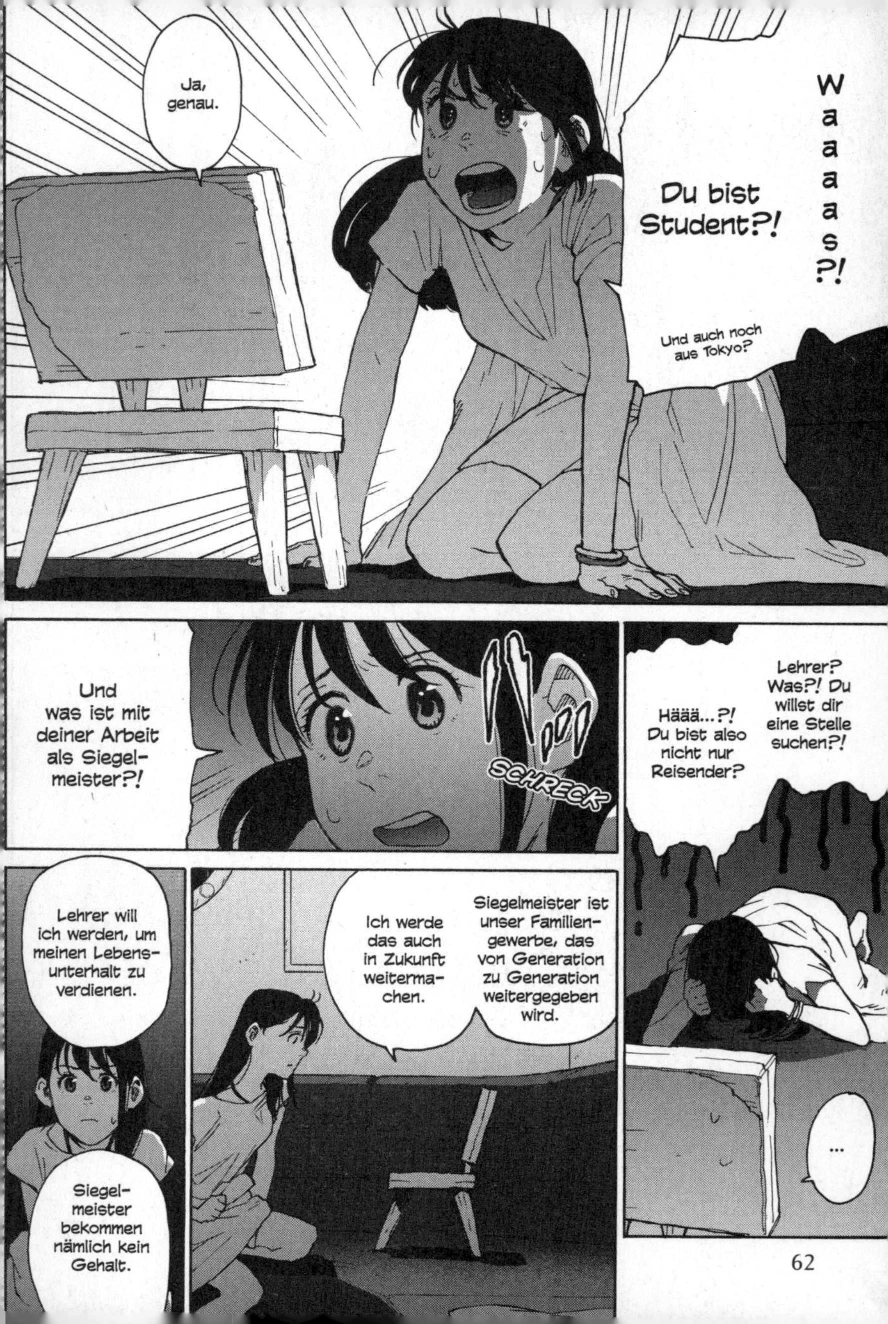
Waaaas?!
Du bist Student?!
Und auch noch aus Tokyo?
Ja, genau.
Lehrer? Was?! Du willst dir eine Stelle suchen?!
Häää...?! Du bist also nicht nur Reisender?
SCHRECK
Und was ist mit deiner Arbeit als Siegelmeister?!
...
Siegelmeister ist unser Familiengewerbe, das von Generation zu Generation weitergegeben wird.
Ich werde das auch in Zukunft weitermachen.
Lehrer will ich werden, um meinen Lebensunterhalt zu verdienen.
Siegelmeister bekommen nämlich kein Gehalt.

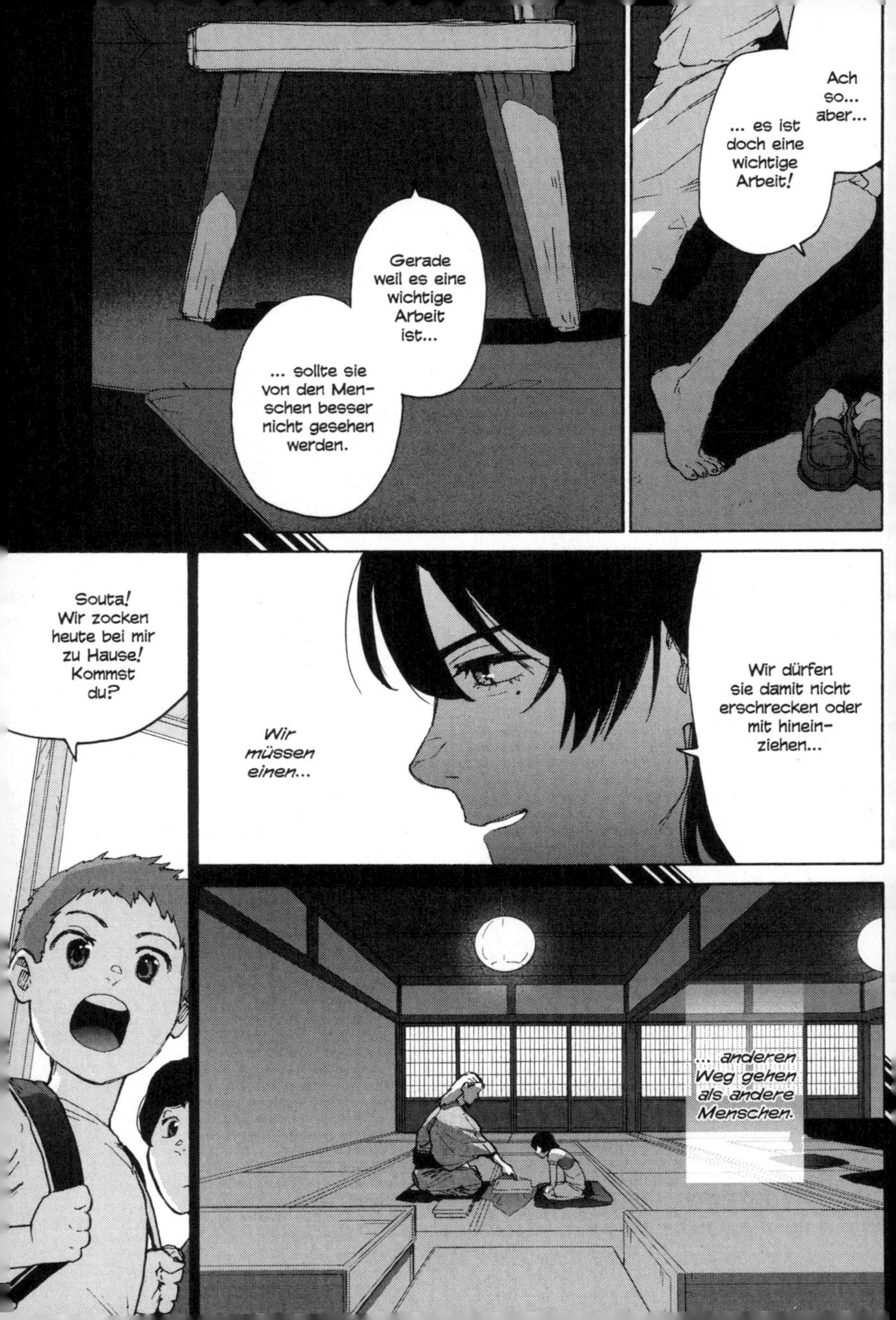
Ach so... aber...
... es ist doch eine wichtige Arbeit!
Gerade weil es eine wichtige Arbeit ist...
... sollte sie von den Menschen besser nicht gesehen werden.
Wir dürfen sie damit nicht erschrecken oder mit hineinziehen...
Wir müssen einen...
... anderen Weg gehen als andere Menschen.
Souta! Wir zocken heute bei mir zu Hause! Kommst du?

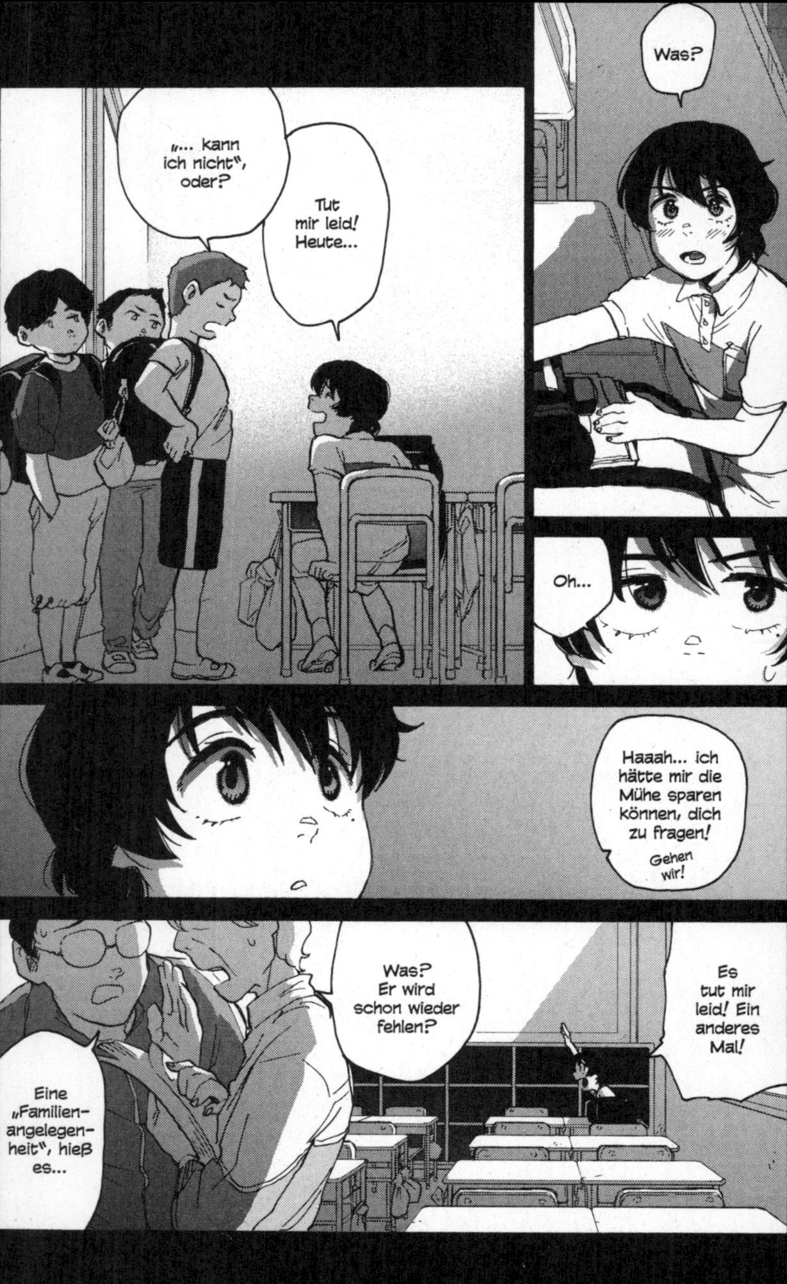
Was?
Tut mir leid! Heute...
„... kann ich nicht", oder?
Oh...
Haaah... ich hätte mir die Mühe sparen können, dich zu fragen!
Gehen wir!
Es tut mir leid! Ein anderes Mal!
Was? Er wird schon wieder fehlen?
Eine „Familienangelegenheit", hieß es...

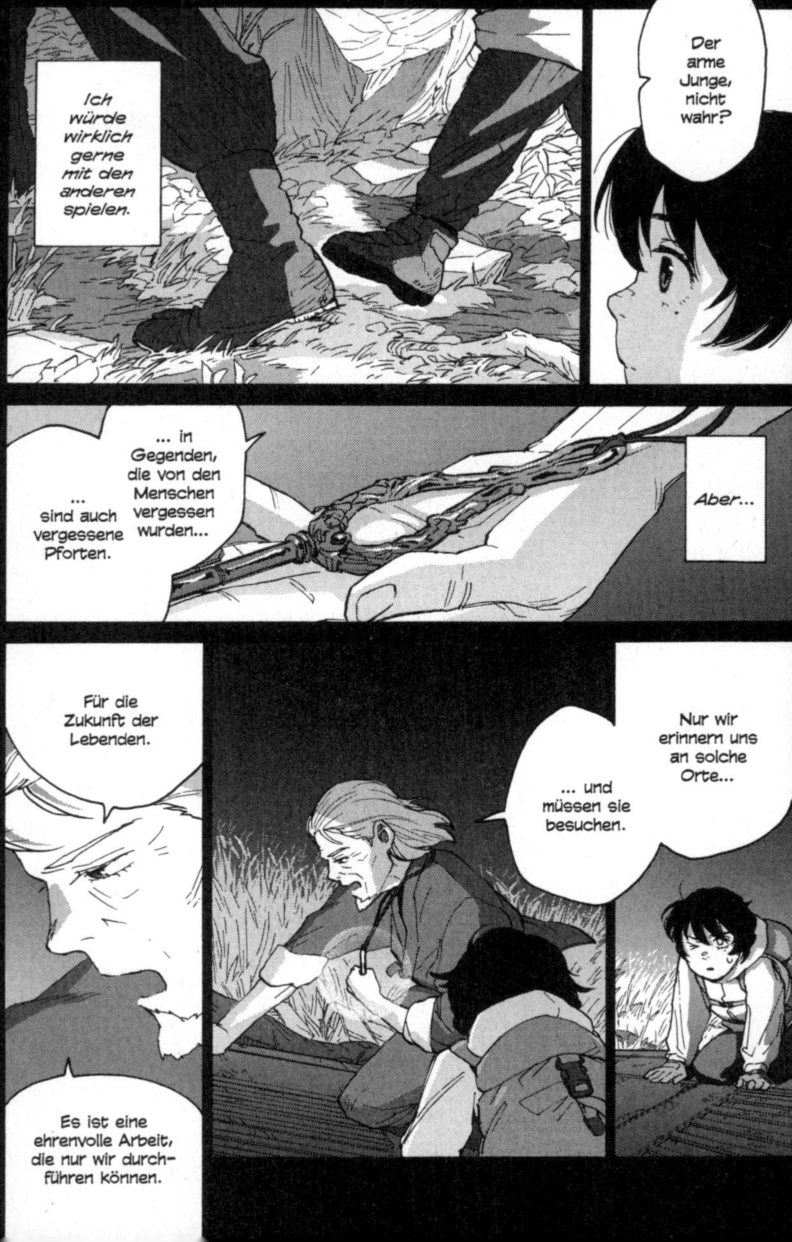

Der arme Junge, nicht wahr?
Ich würde wirklich gerne mit den anderen spielen.
Aber...
... in Gegenden, die von den Menschen vergessen wurden...
... sind auch vergessene Pforten.
Nur wir erinnern uns an solche Orte...
... und müssen sie besuchen.
Für die Zukunft der Lebenden.
Es ist eine ehrenvolle Arbeit, die nur wir durchführen können.

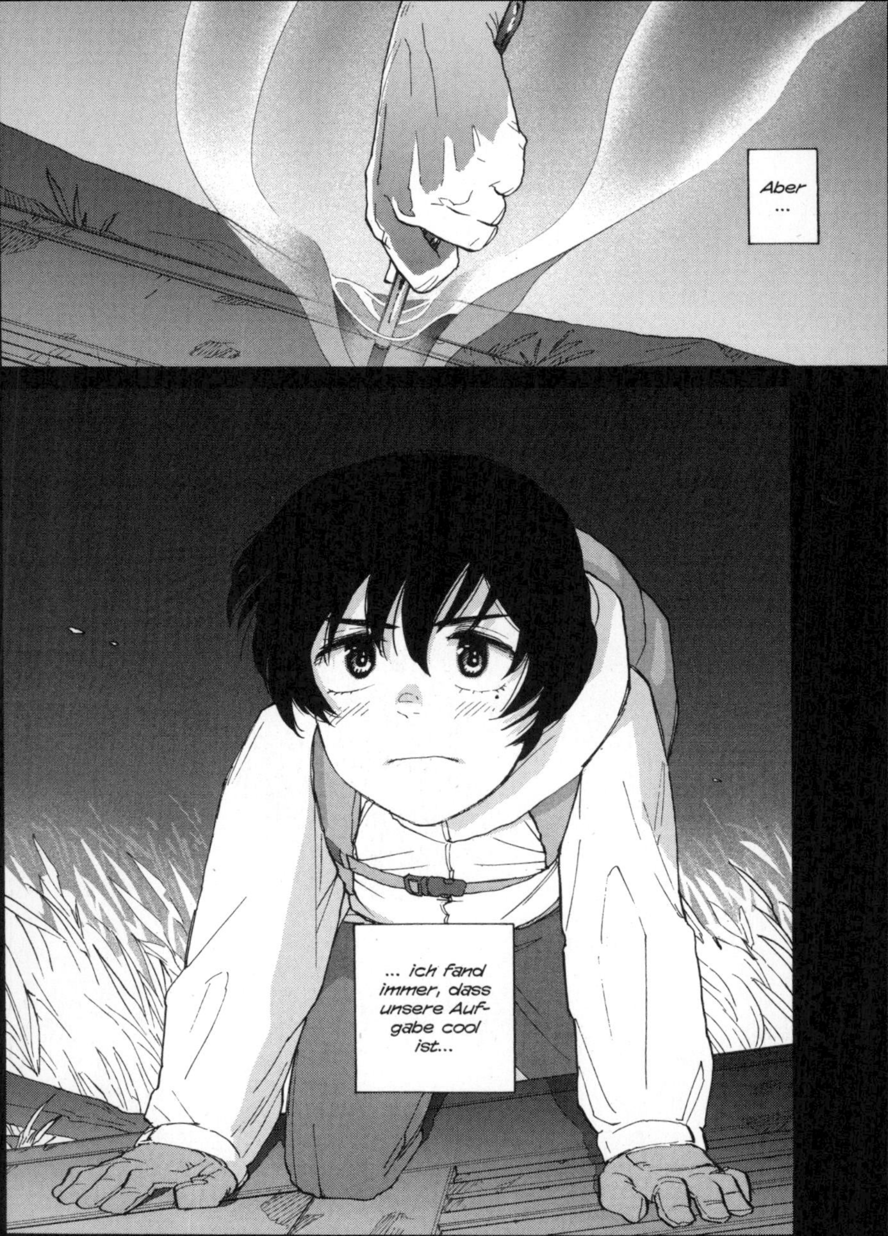
Aber ...
... ich fand immer, dass unsere Auf-gabe cool ist...

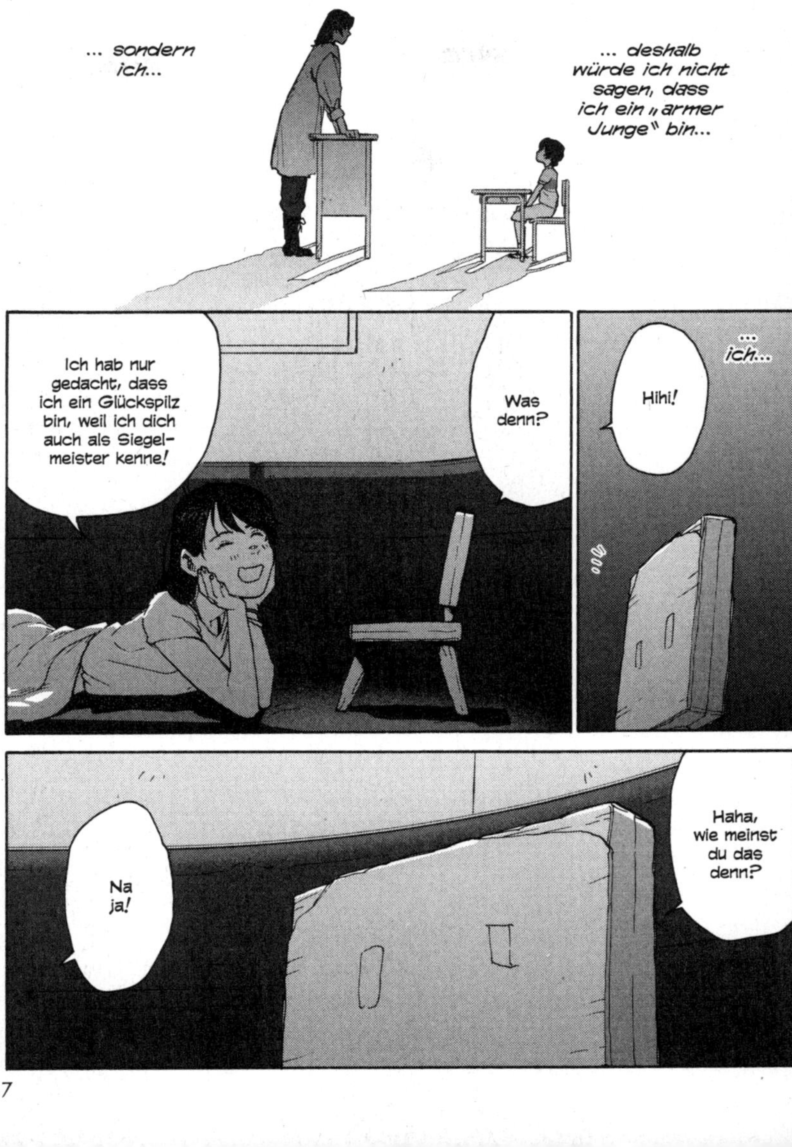
... deshalb würde ich nicht sagen, dass ich ein „armer Junge" bin...
... sondern ich...
... ich...
Hihi!
Was denn?
Ich hab nur gedacht, dass ich ein Glückspilz bin, weil ich dich auch als Siegelmeister kenne!
Haha, wie meinst du das denn?
Na ja!

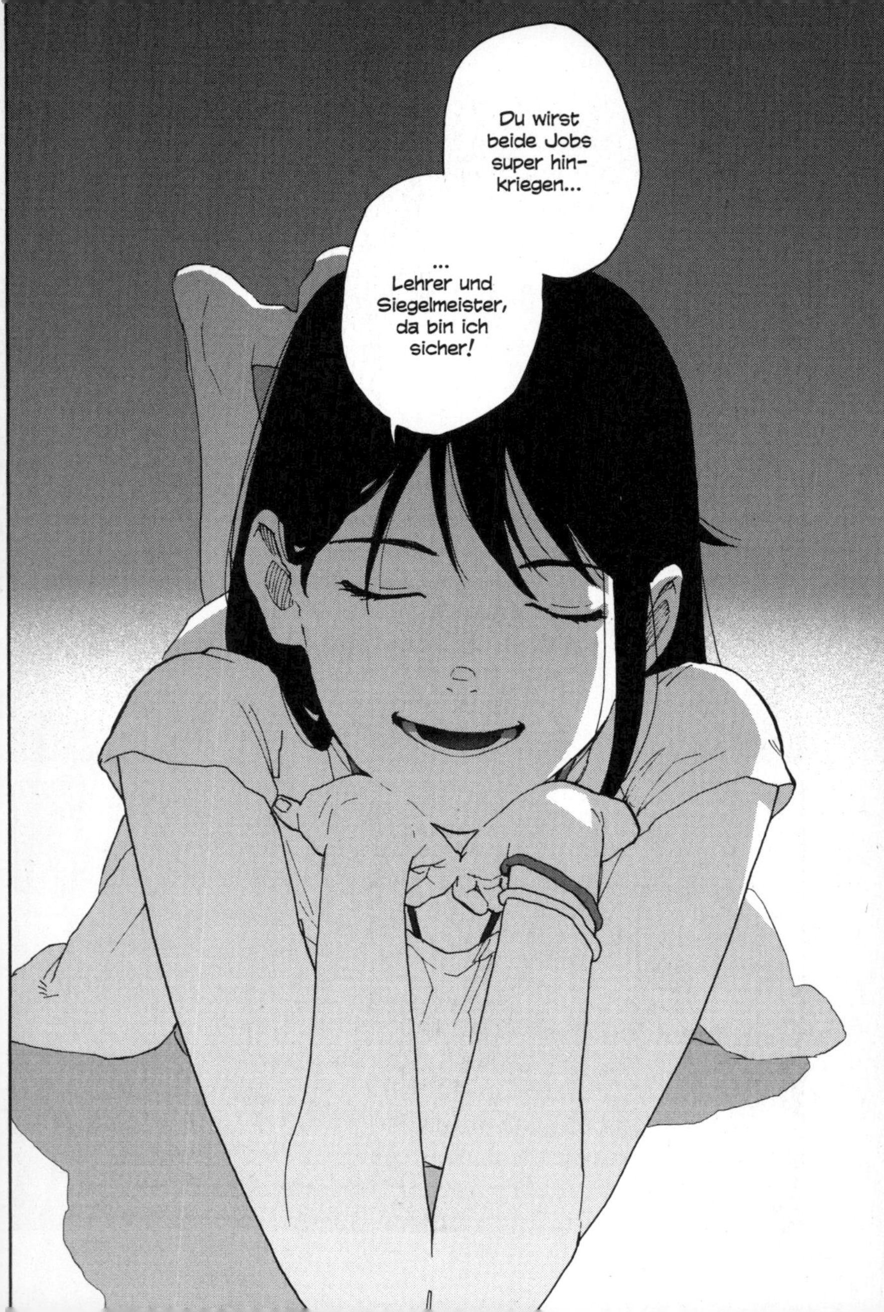
Du wirst beide Jobs super hin-kriegen...
... Lehrer und Siegelmeister, da bin ich sicher!

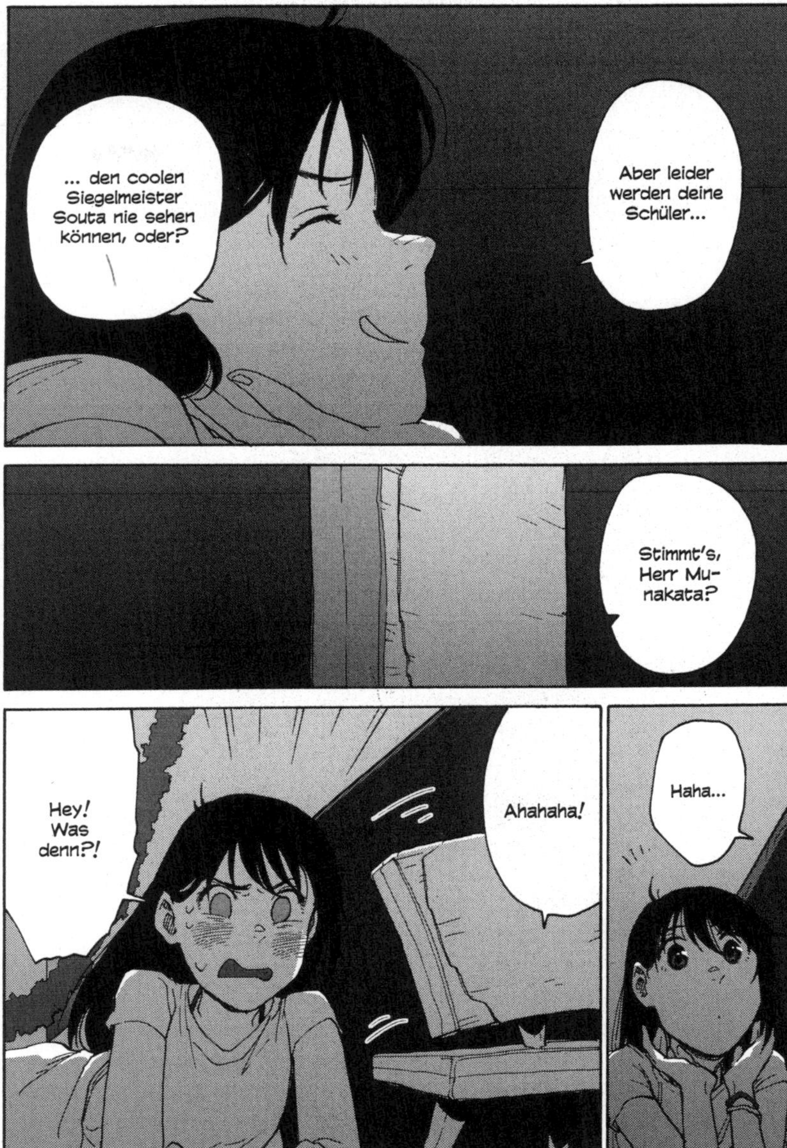
Aber leider werden deine Schüler...
... den coolen Siegelmeister Souta nie sehen können, oder?
Stimmt's, Herr Munakata?
Haha...
Ahahaha!
Hey! Was denn?!

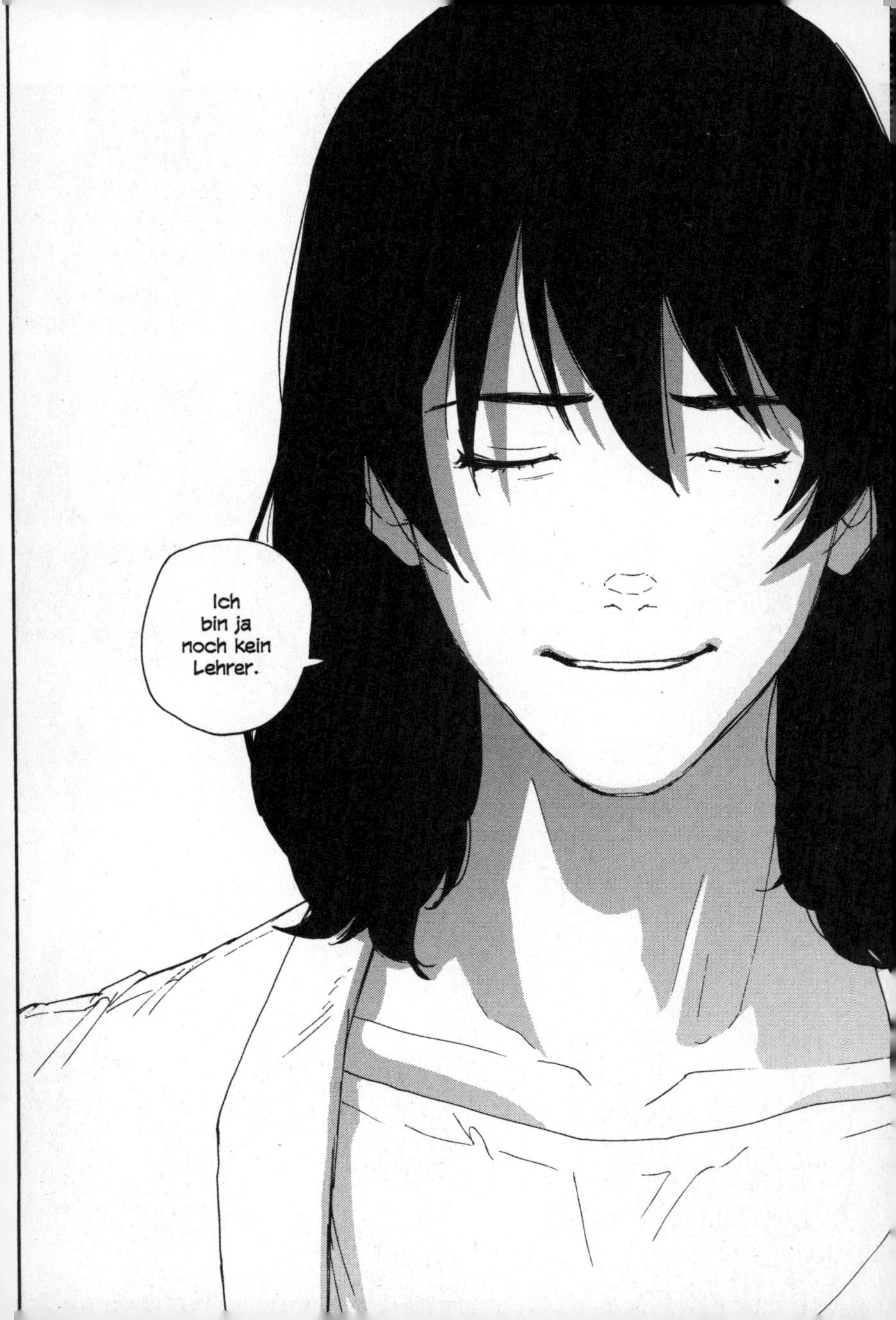
Ich bin ja noch kein Lehrer.

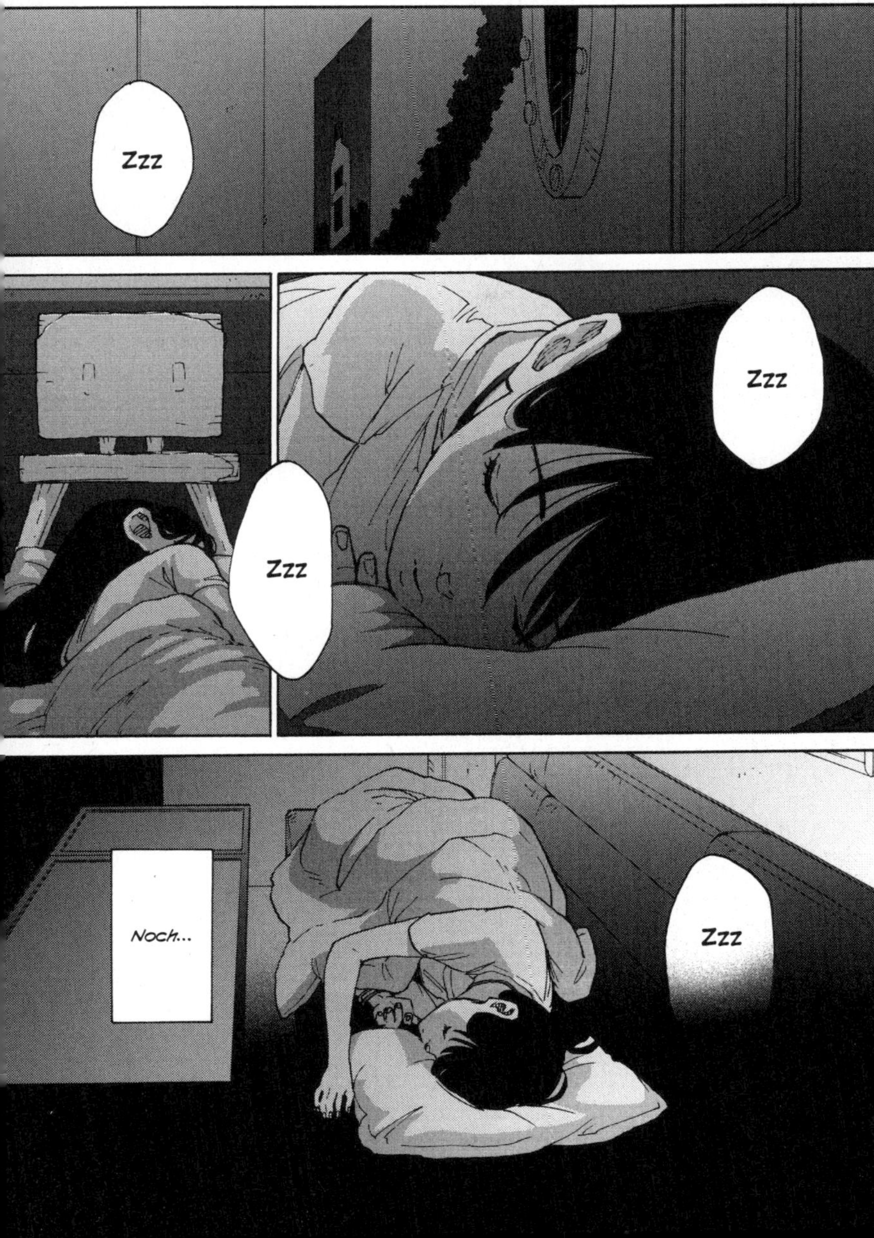
Zzz
Zzz
Zzz
Zzz
Noch...

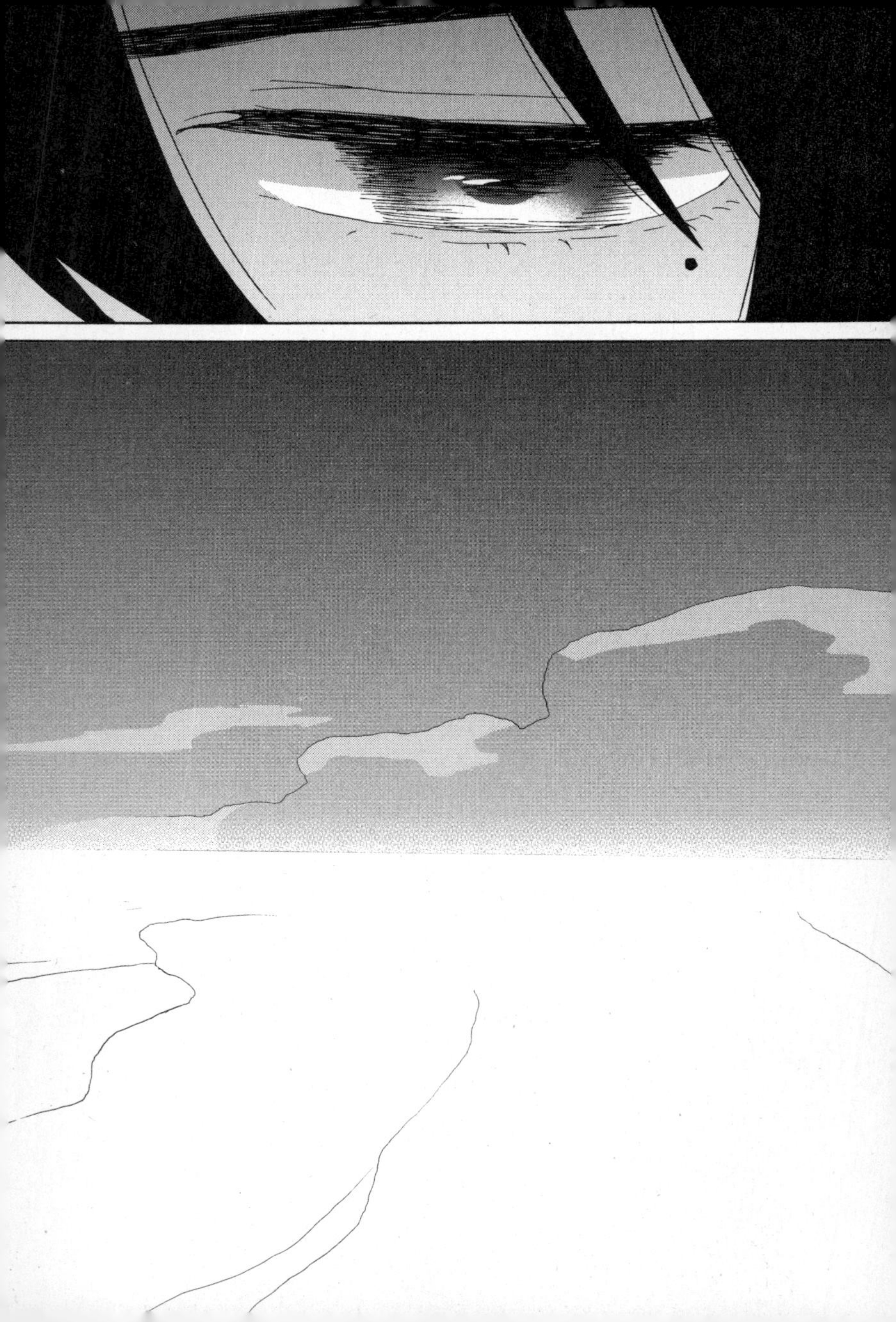

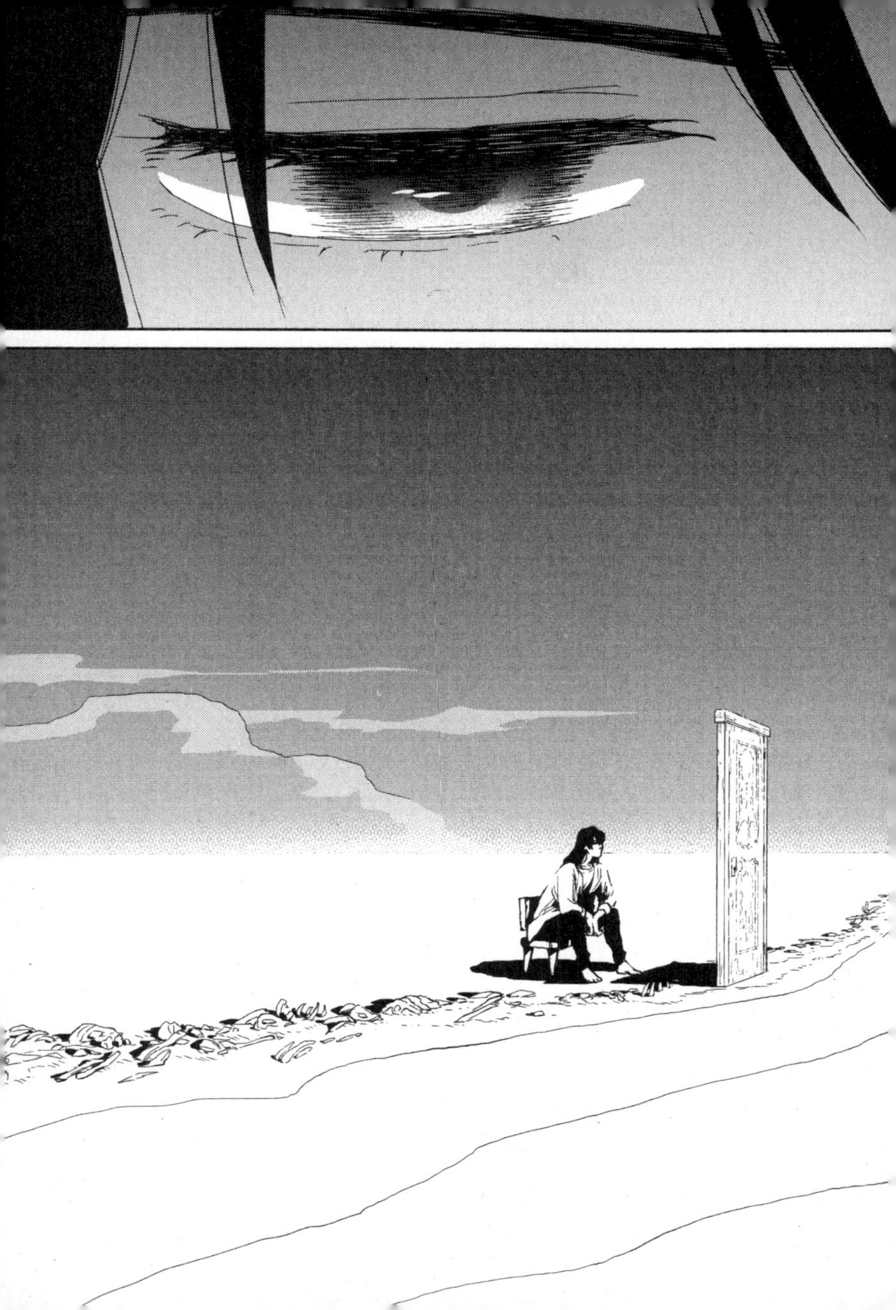

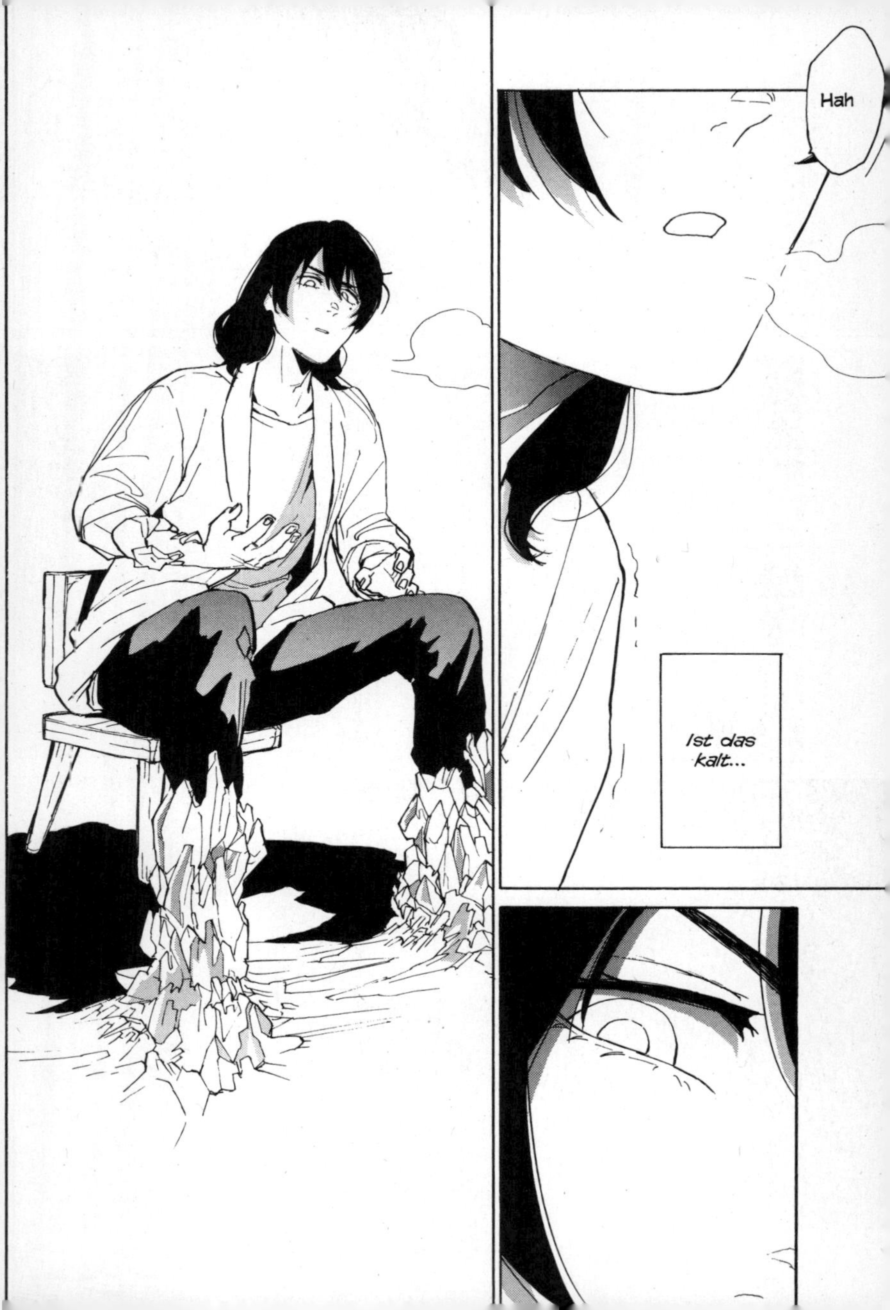
Hah
Ist das kalt...

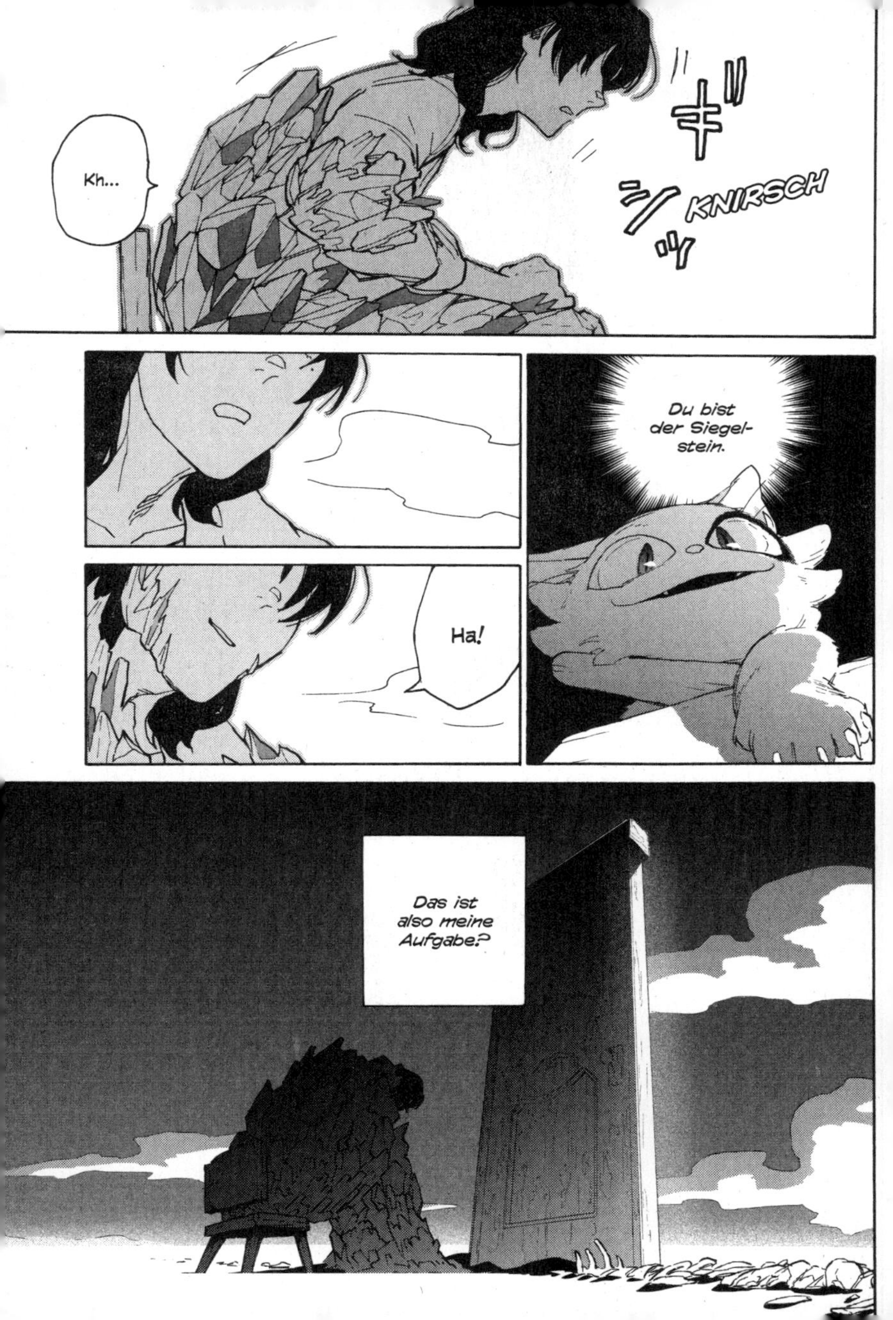

KNIRSCH
Kh...
Du bist der Siegelstein.
Ha!
Das ist also meine Aufgabe?

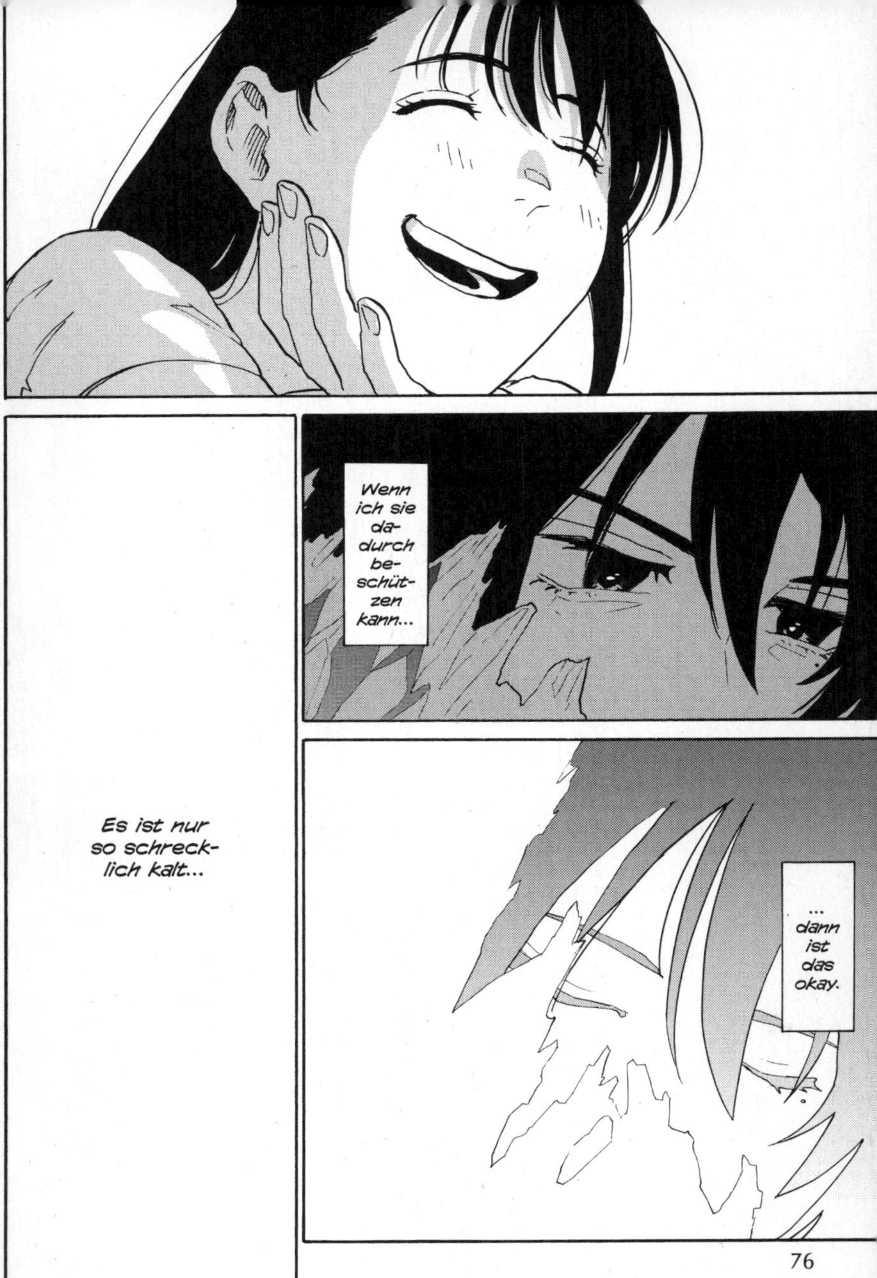
Wenn ich sie da-durch be-schüt-zen kann...
... dann ist das okay.
Es ist nur so schreck-lich kalt...

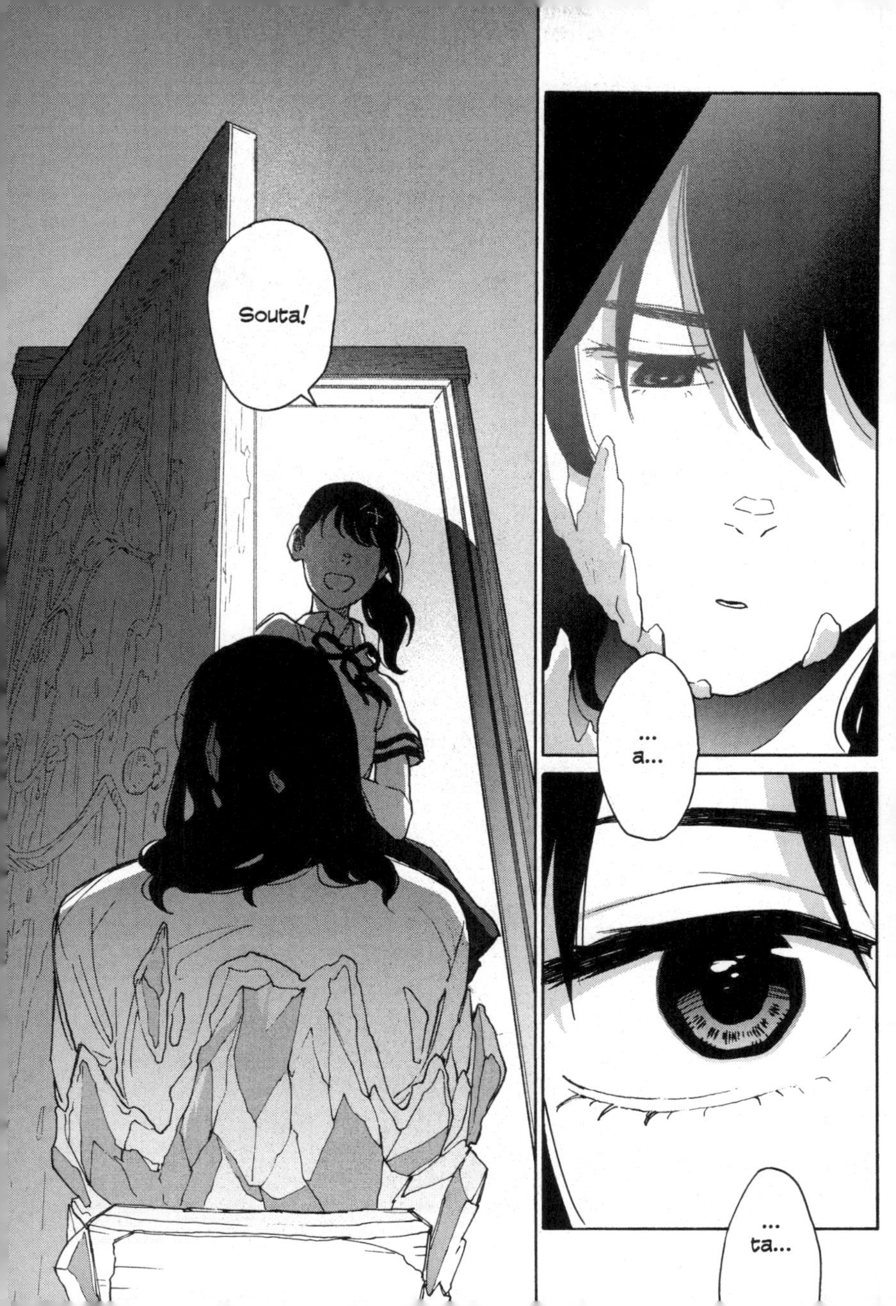
Souta!
... a...
... ta...

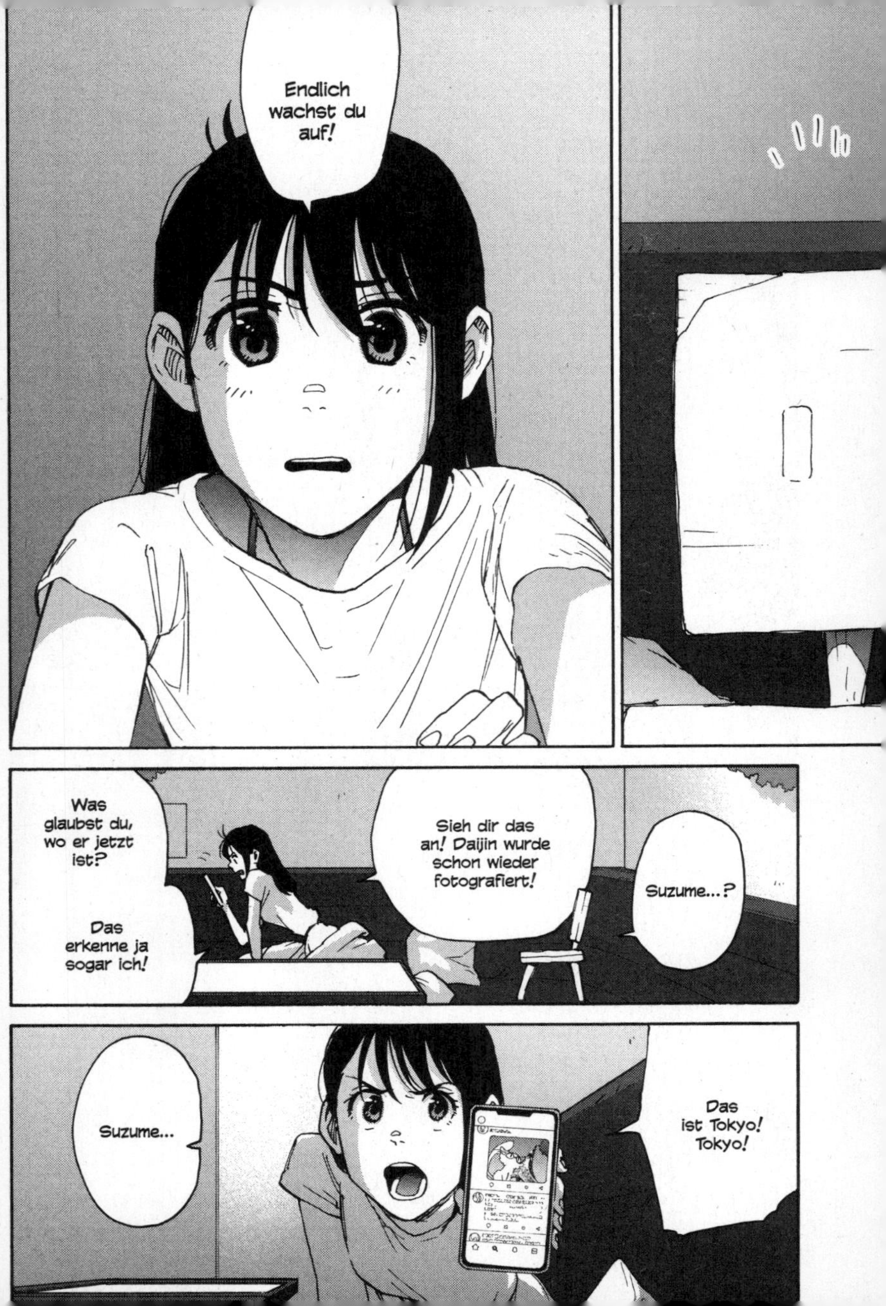

Endlich wachst du auf!
Suzume...?
Sieh dir das an! Daijin wurde schon wieder fotografiert!
Was glaubst du, wo er jetzt ist?
Das erkenne ja sogar ich!
Das ist Tokyo! Tokyo!
Suzume...

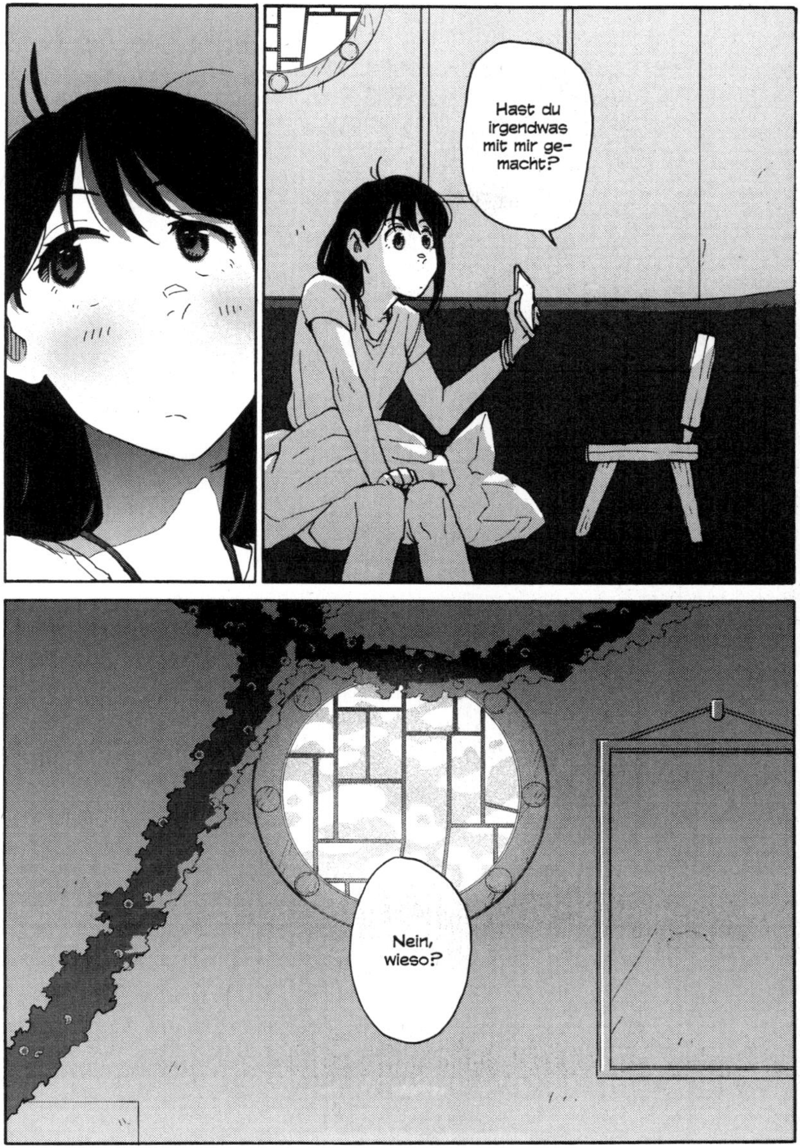
Hast du irgendwas mit mir ge-macht?
Nein, wieso?

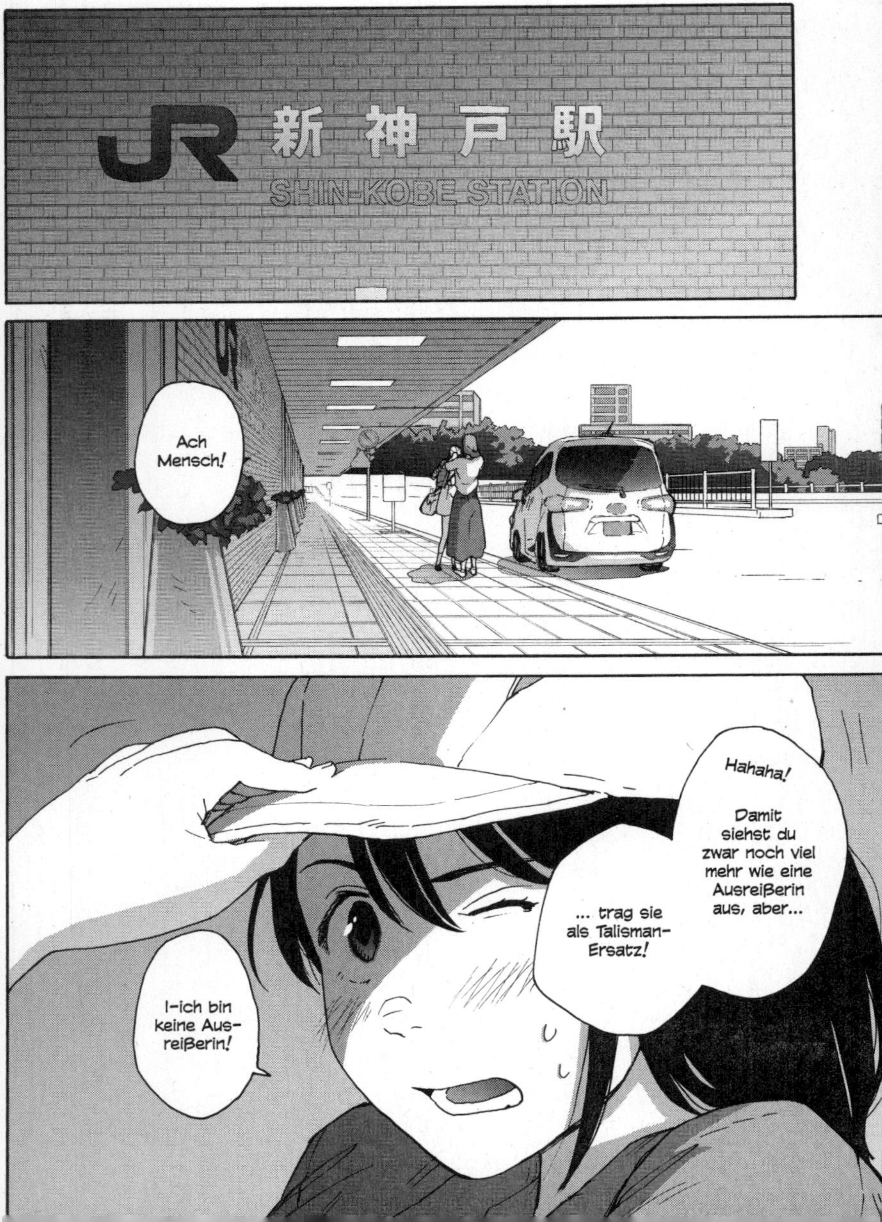
JR 新神戸駅
SHIN-KOBE STATION
Ach Mensch!
Hahaha! Damit siehst du zwar noch viel mehr wie eine Ausreißerin aus, aber...
... trag sie als Talisman-Ersatz!
I-ich bin keine Ausreißerin!

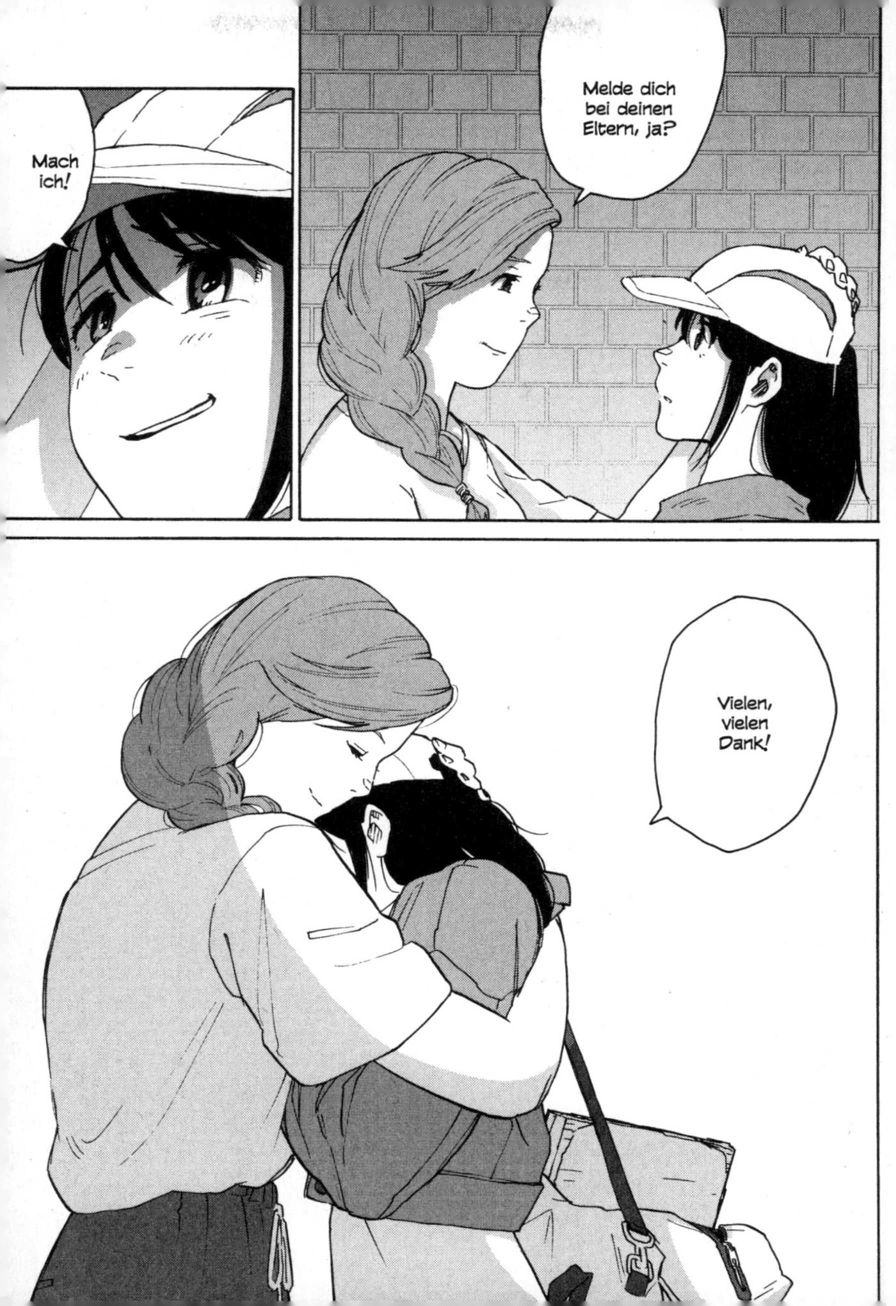
Melde dich bei deinen Eltern, ja?
Mach ich!
Vielen, vielen Dank!

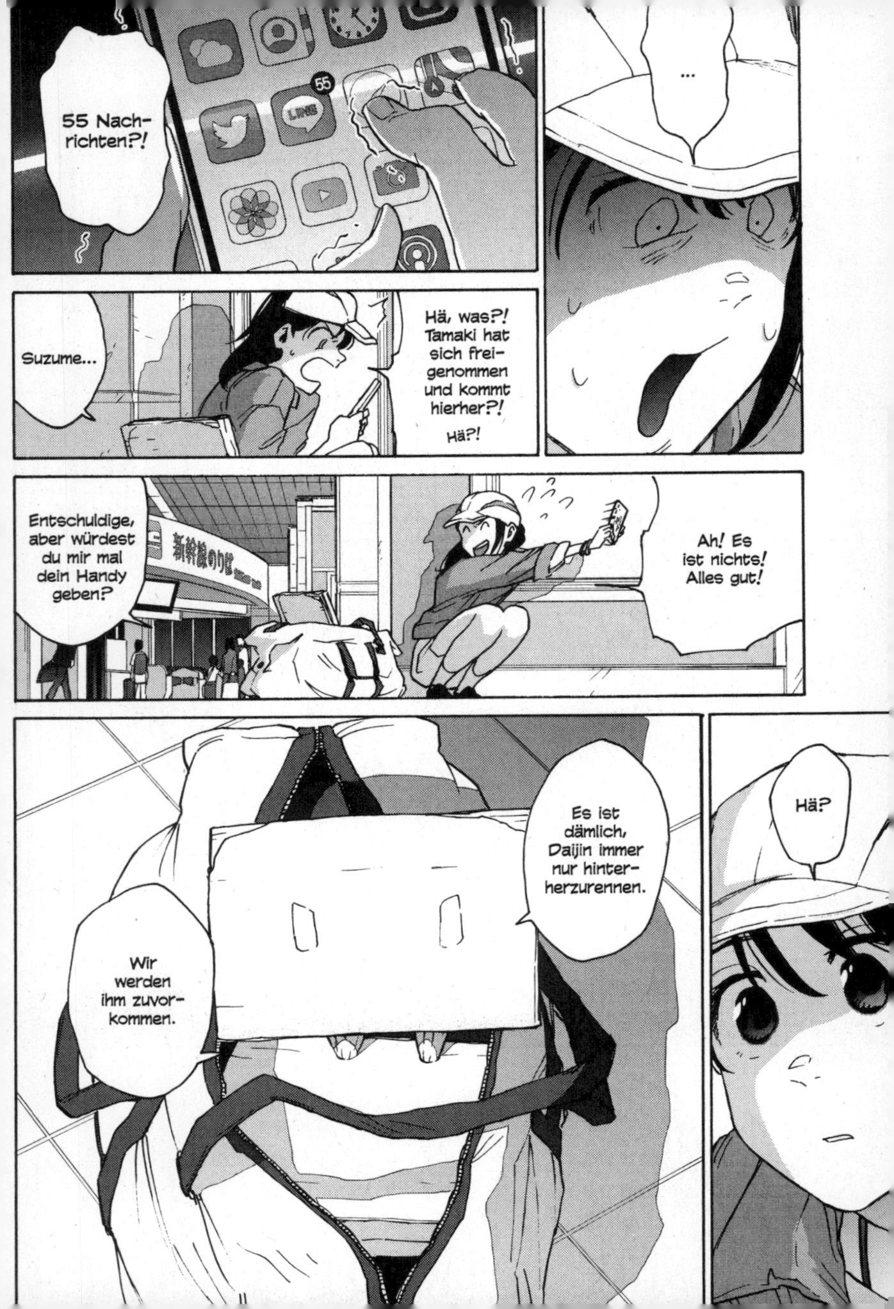
...
55 Nachrichten?!
Hä, was?! Tamaki hat sich freigenommen und kommt hierher?!
Hä?!
Suzume...
Ah! Es ist nichts! Alles gut!
Entschuldige, aber würdest du mir mal dein Handy geben?
Hä?
Es ist dämlich, Daijin immer nur hinterherzurennen.
Wir werden ihm zuvorkommen.

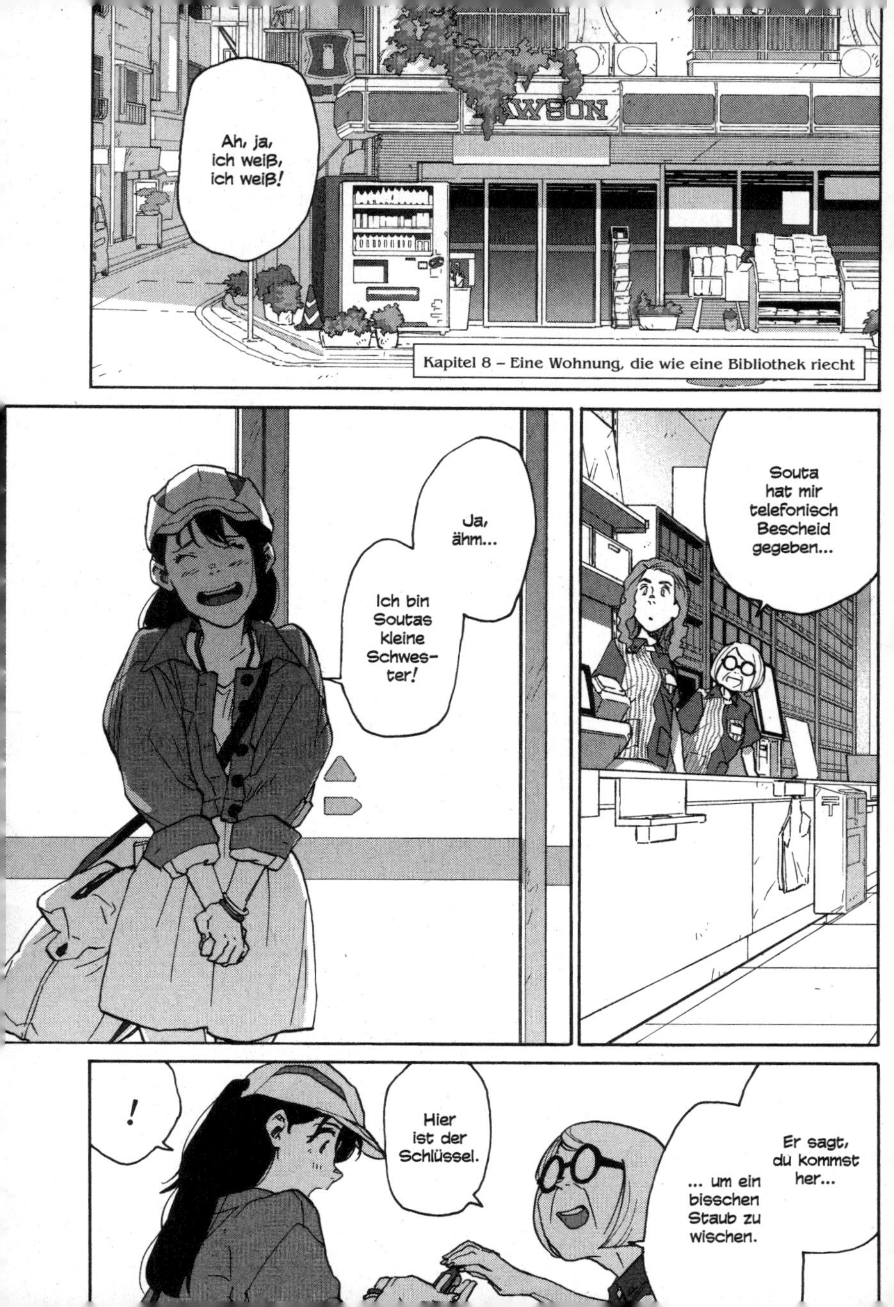
Ah, ja, ich weiß, ich weiß!
Kapitel 8 – Eine Wohnung, die wie eine Bibliothek riecht
Souta hat mir telefonisch Bescheid gegeben...
Ja, ähm...
Ich bin Soutas kleine Schwester!
Er sagt, du kommst her...
... um ein bisschen Staub zu wischen.
Hier ist der Schlüssel.
!

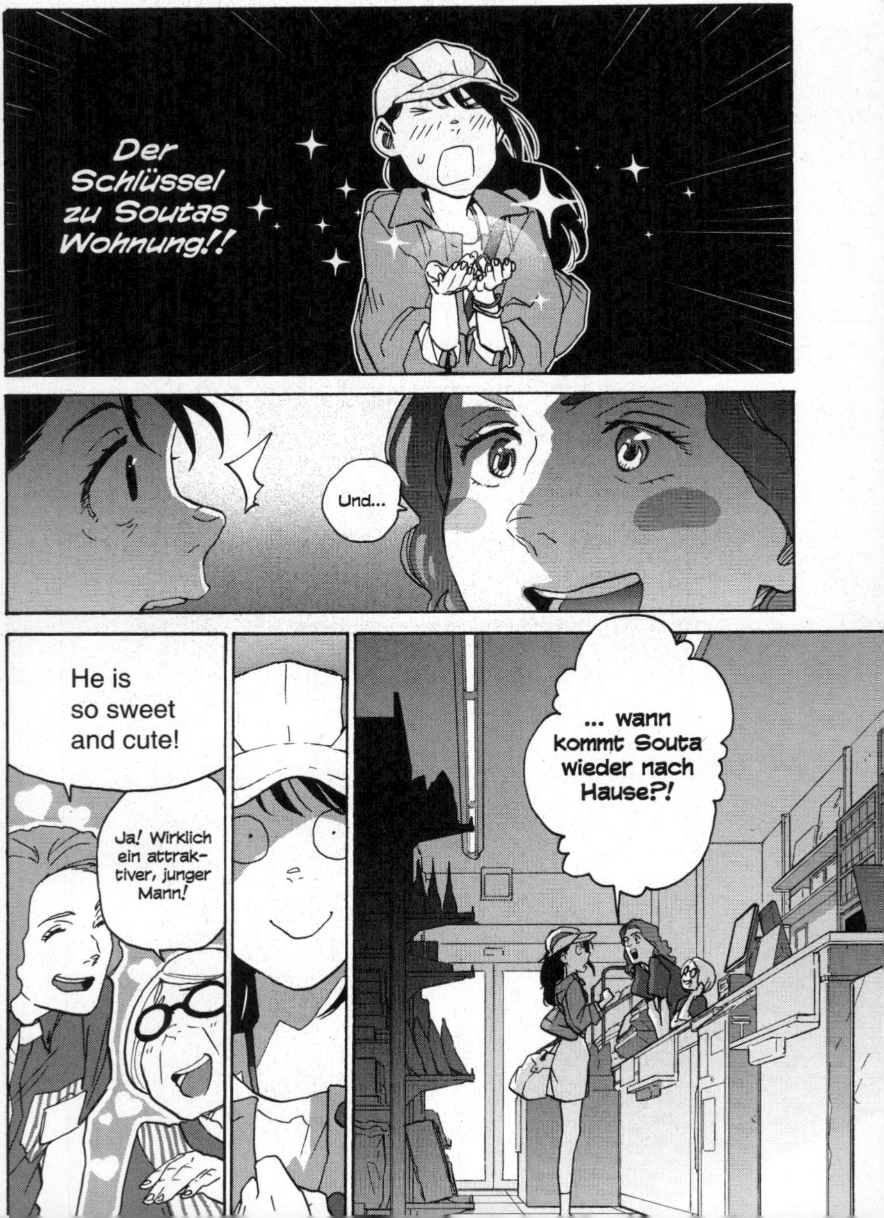
Der Schlüssel zu Soutas Wohnung!!
Und...
... wann kommt Souta wieder nach Hause?!
He is so sweet and cute!
Ja! Wirklich ein attrak-tiver, junger Mann!

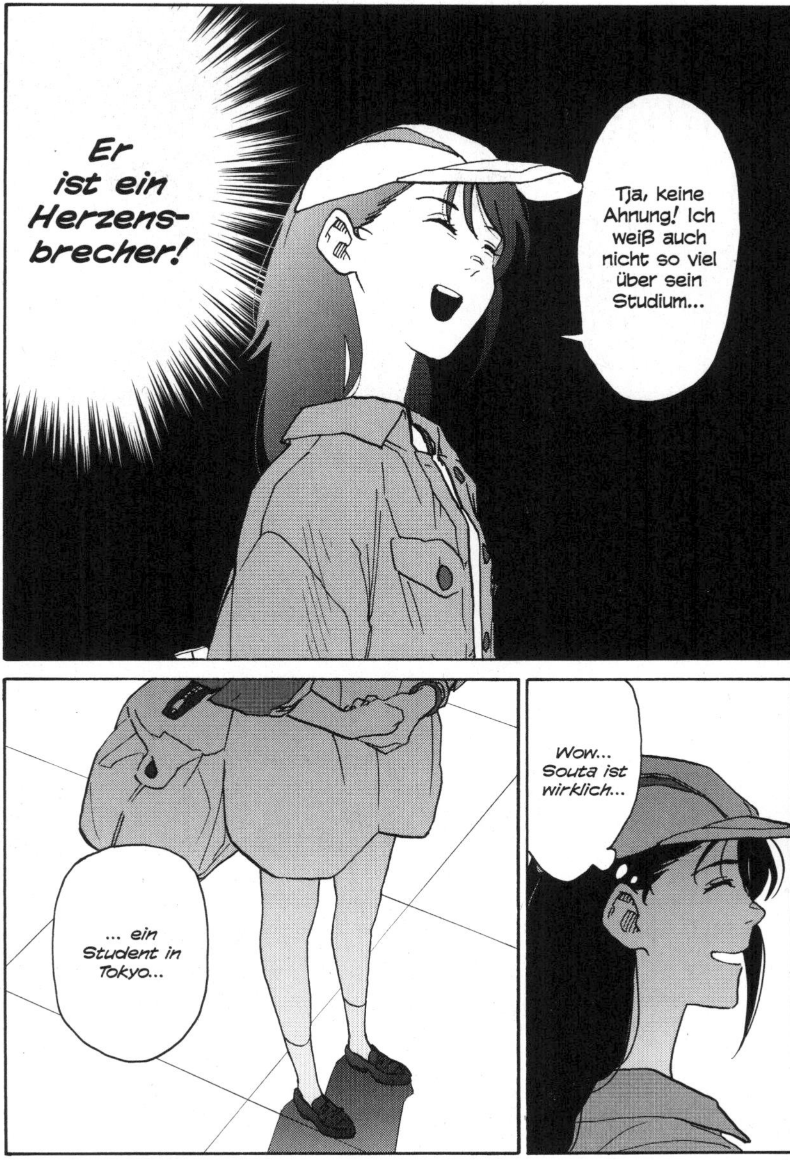
Tja, keine Ahnung! Ich weiß auch nicht so viel über sein Studium...
Er ist ein Herzensbrecher!
Wow... Souta ist wirklich...
... ein Student in Tokyo...

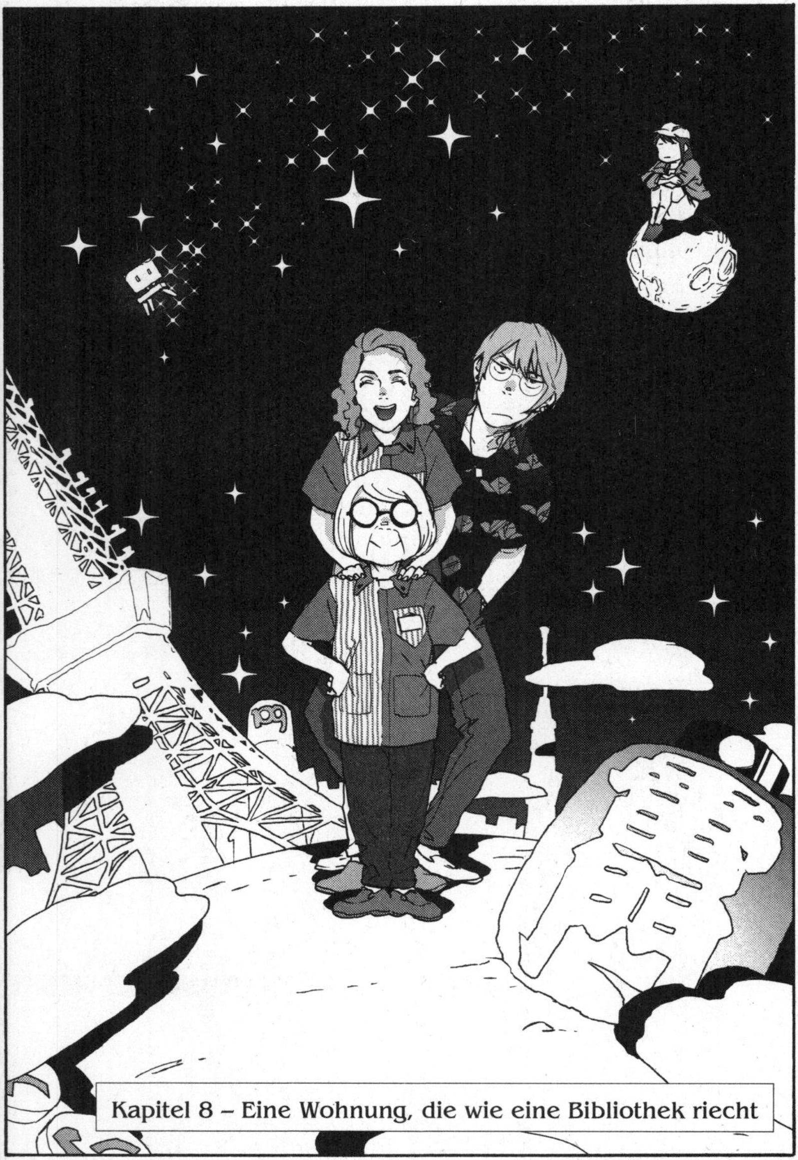

Kapitel 8 – Eine Wohnung, die wie eine Bibliothek riecht

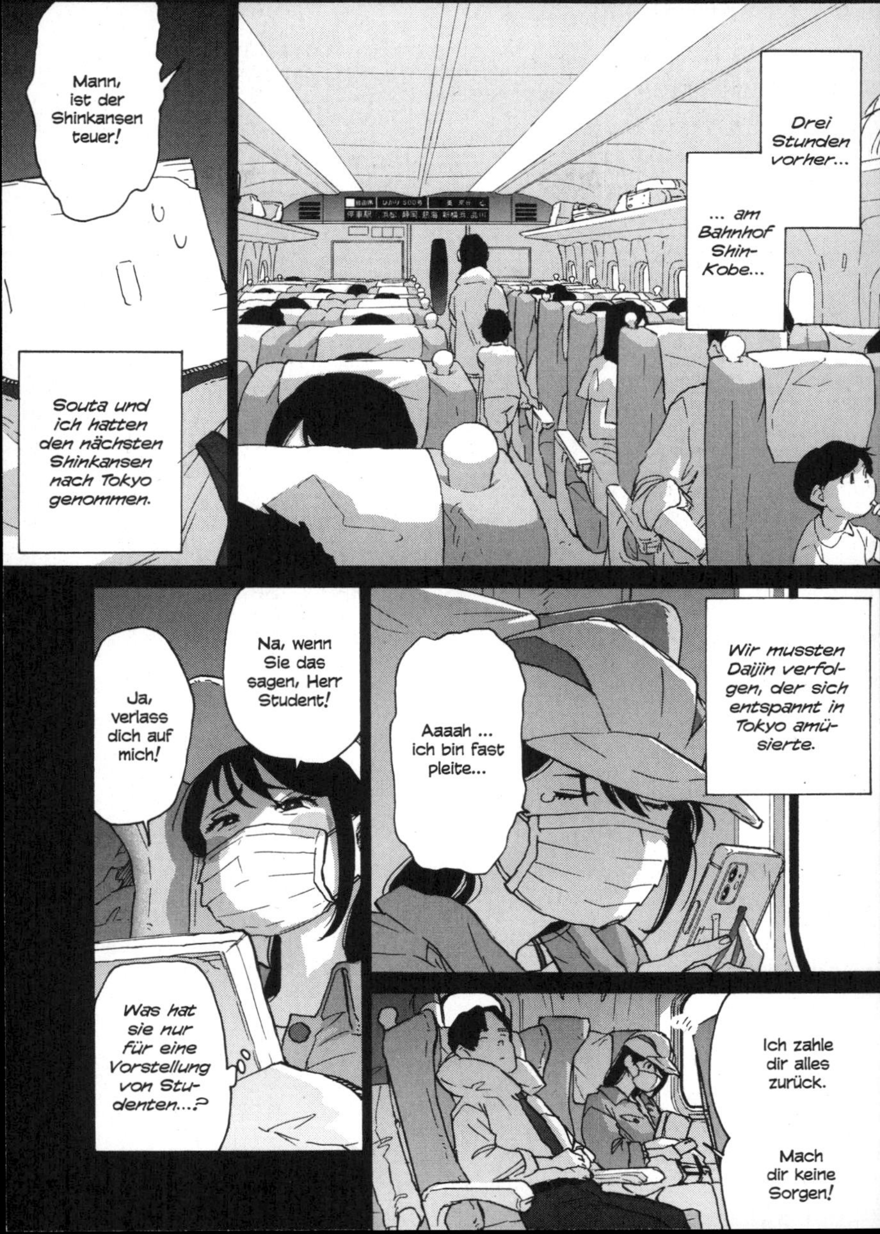
Drei Stunden vorher...
... am Bahnhof Shin-Kobe...
Mann, ist der Shinkansen teuer!
Souta und ich hatten den nächsten Shinkansen nach Tokyo genommen.
Wir mussten Daijin verfolgen, der sich entspannt in Tokyo amüsierte.
Aaaah ... ich bin fast pleite...
Ich zahle dir alles zurück.
Mach dir keine Sorgen!
Na, wenn Sie das sagen, Herr Student!
Ja, verlass dich auf mich!
Was hat sie nur für eine Vorstellung von Studenten...?

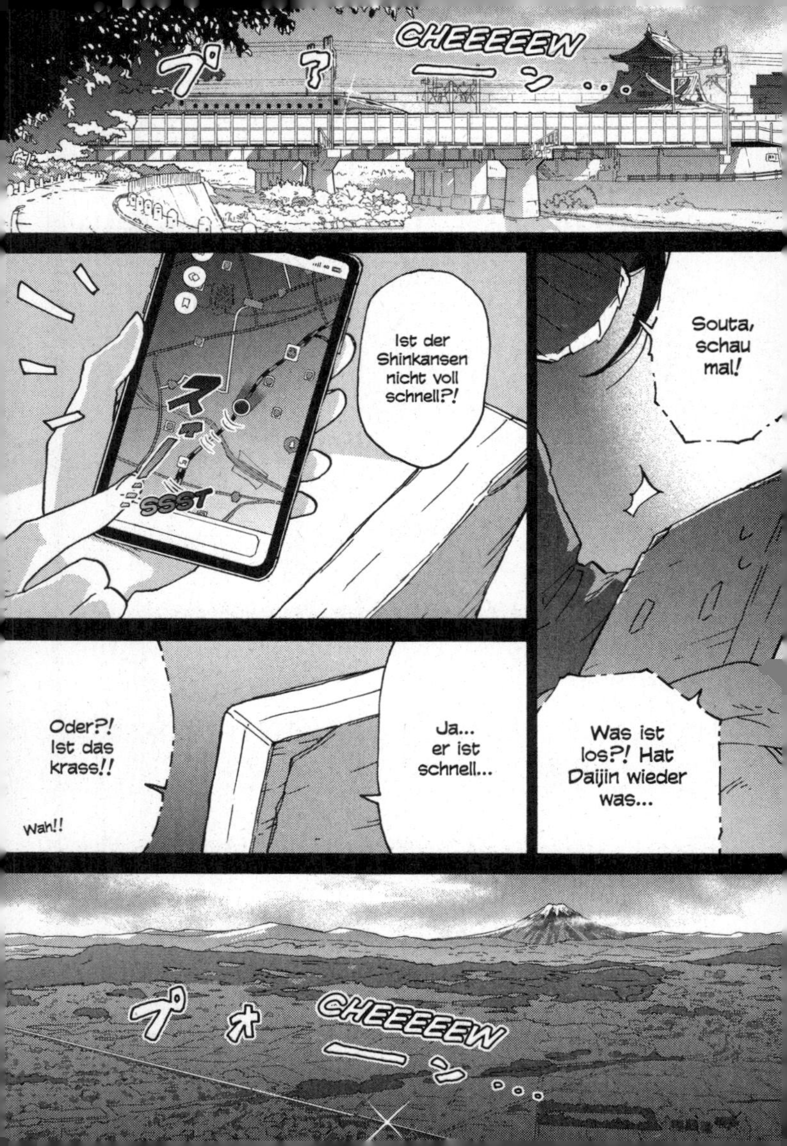
CHEEEEEEW
Souta, schau mal!
Ist der Shinkansen nicht voll schnell?!
SSST
Was ist los?! Hat Daijin wieder was...
Ja... er ist schnell...
Oder?! Ist das krass!!
Wah!!
CHEEEEEEW

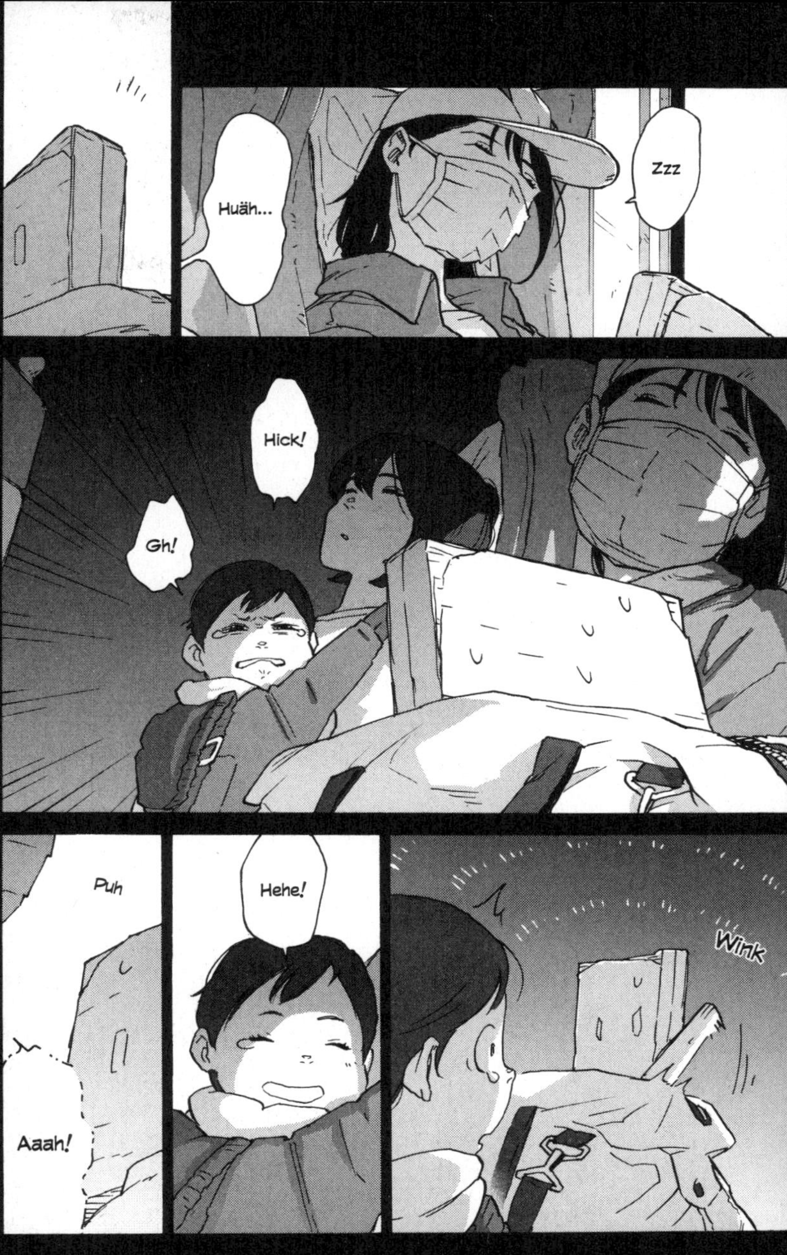
Zzz
Huäh...
Hick!
Gh!
Wink
Hehe!
Puh
Aaah!

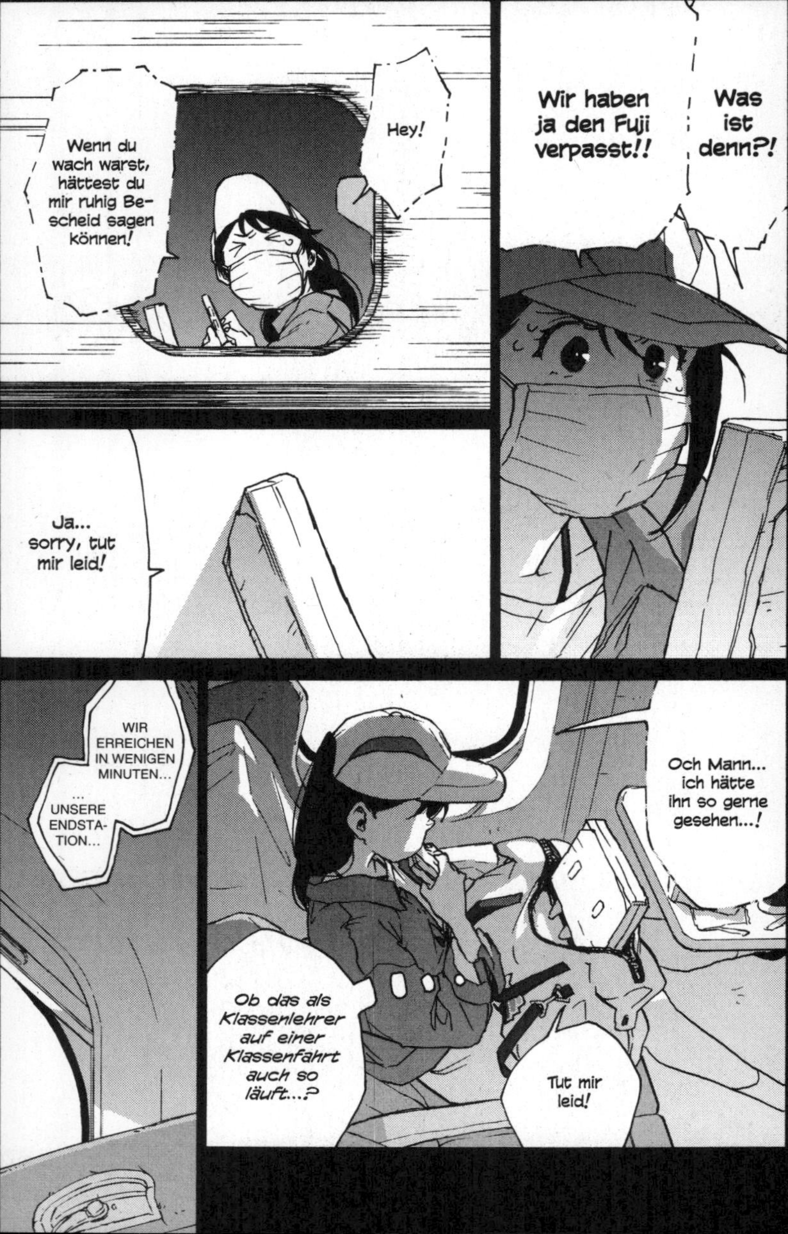
Was ist denn?!
Wir haben ja den Fuji verpasst!!
Hey!
Wenn du wach warst, hättest du mir ruhig Bescheid sagen können!
Ja... sorry, tut mir leid!
Och Mann... ich hätte ihn so gerne gesehen...!
Tut mir leid!
Ob das als Klassenlehrer auf einer Klassenfahrt auch so läuft...?
WIR ERREICHEN IN WENIGEN MINUTEN...
... UNSERE ENDSTATION...

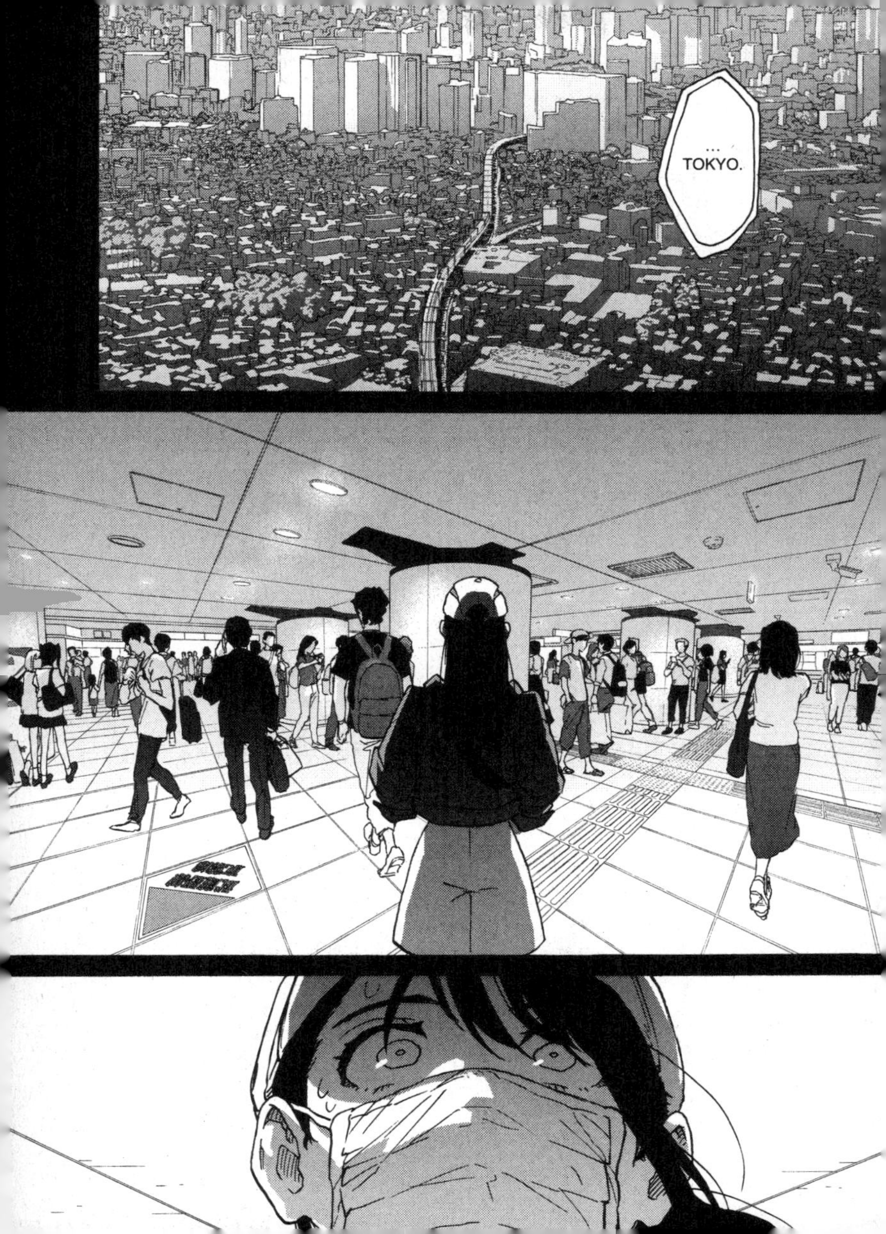
... TOKYO.

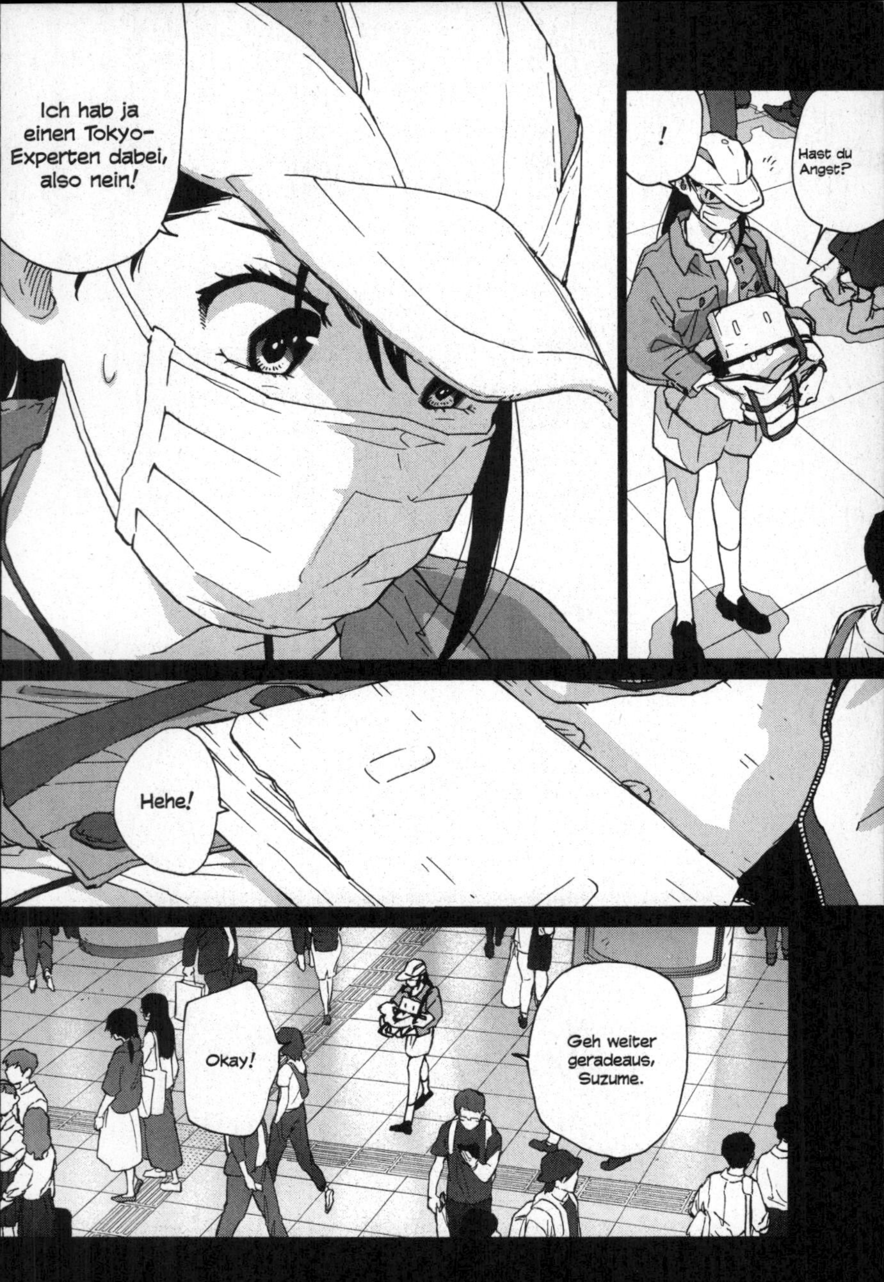
Hast du Angst?
!
Ich hab ja einen Tokyo-Experten dabei, also nein!
Hehe!
Geh weiter geradeaus, Suzume.
Okay!

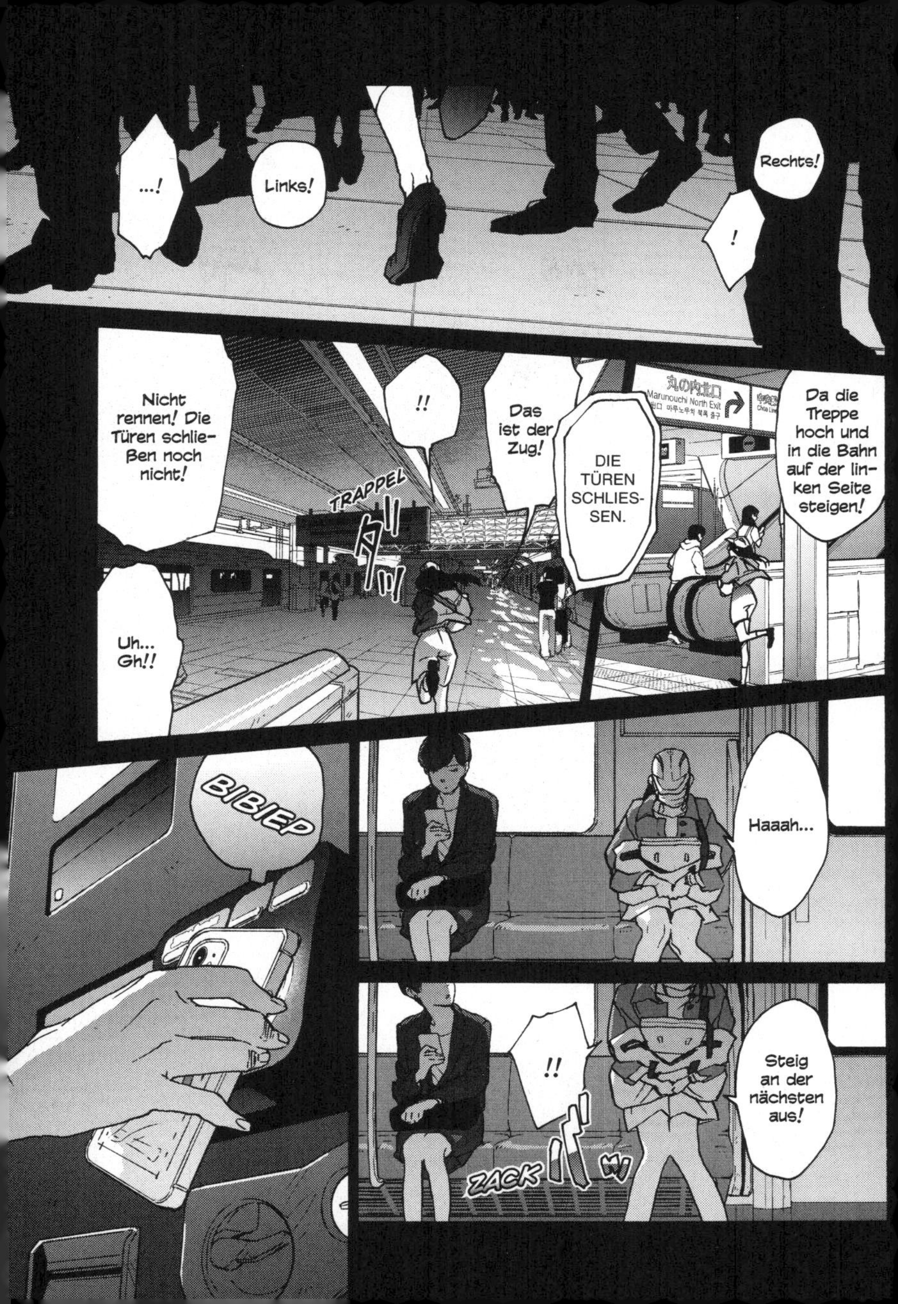
Rechts!
!
Links!
...!
Da die Treppe hoch und in die Bahn auf der linken Seite steigen!
DIE TÜREN SCHLIESSEN.
Das ist der Zug!
!!
Nicht rennen! Die Türen schließen noch nicht!
TRAPPEL
Uh... Gh!!
Haaah...
BIBIEP
Steig an der nächsten aus!
!!
ZACK

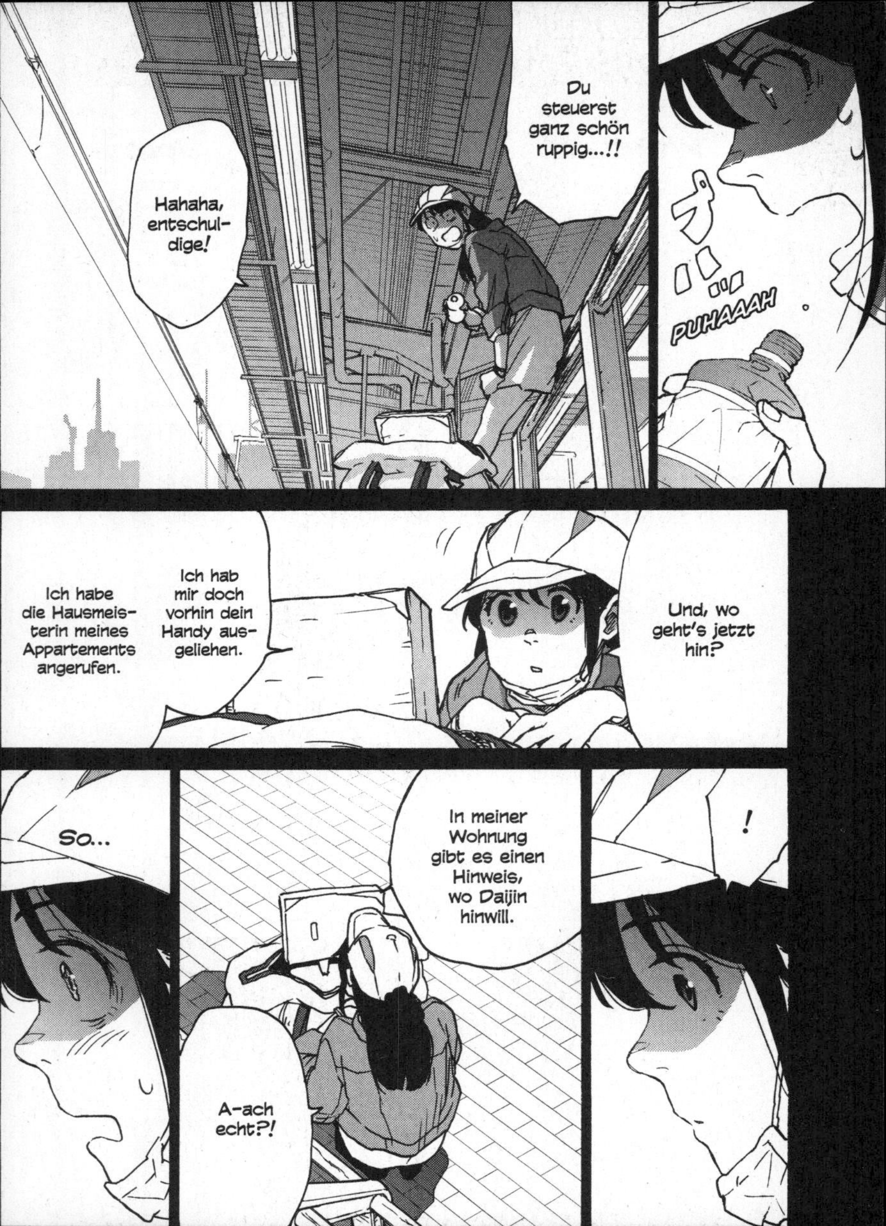
PUHAAAH
Du steuerst ganz schön ruppig...!!
Hahaha, entschuldige!
Und, wo geht's jetzt hin?
Ich hab mir doch vorhin dein Handy ausgeliehen.
Ich habe die Hausmeisterin meines Appartements angerufen.
!
In meiner Wohnung gibt es einen Hinweis, wo Daijin hinwill.
A-ach echt?!
So...

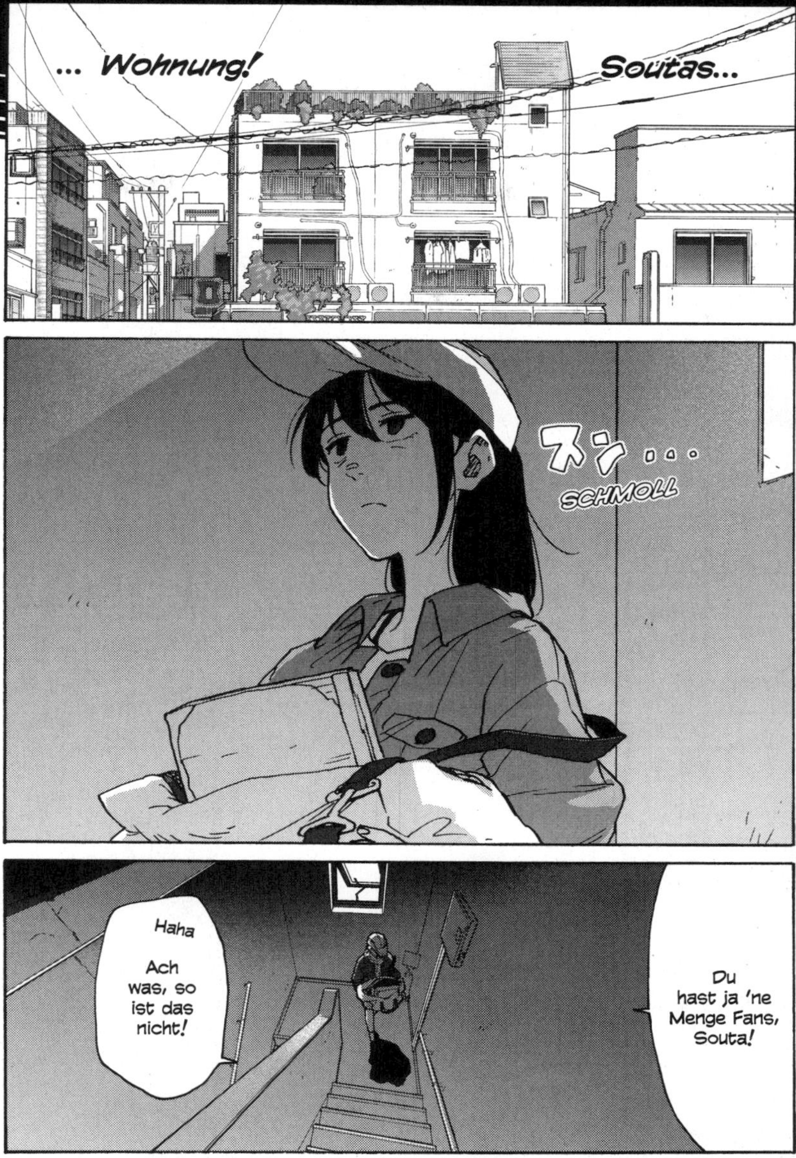
Soutas...
... Wohnung!
スン…
SCHMOLL
Du hast ja 'ne Menge Fans, Souta!
Haha
Ach was, so ist das nicht!

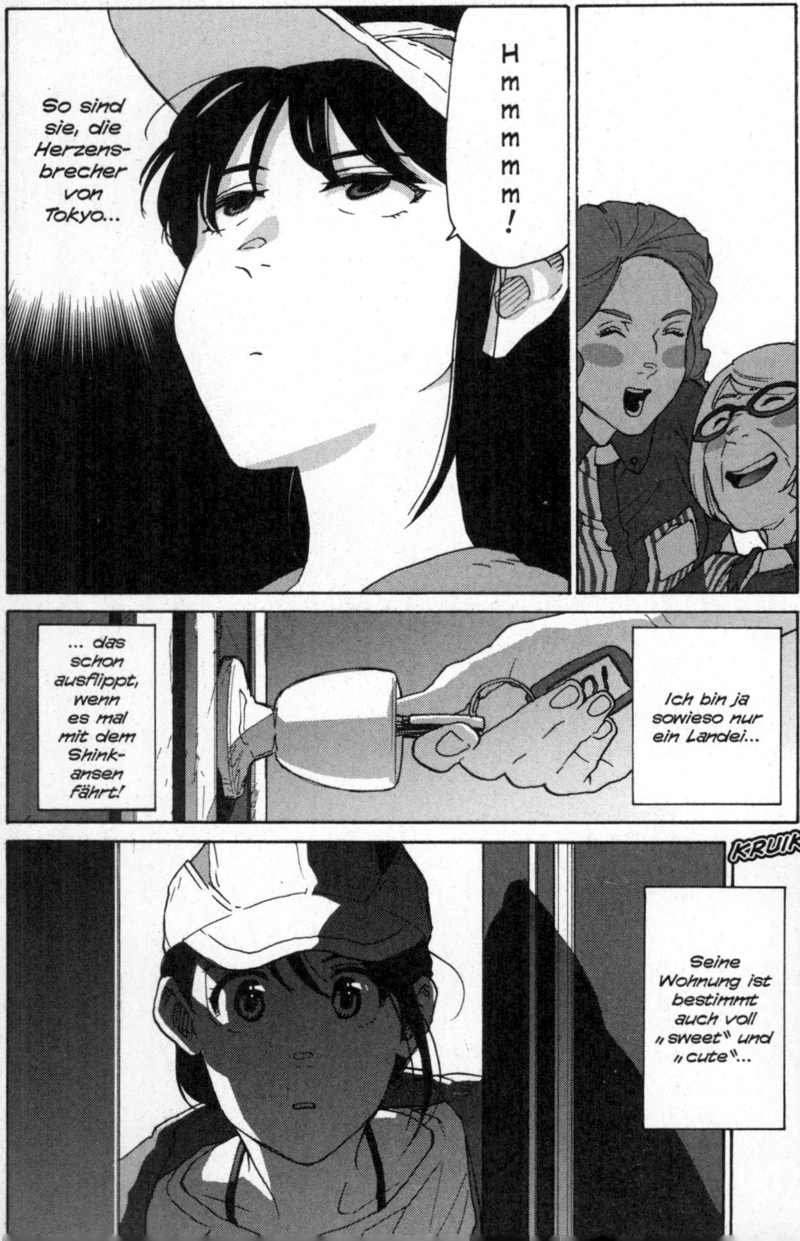
Hmmmmm!
So sind sie, die Herzensbrecher von Tokyo...
Ich bin ja sowieso nur ein Landei...
... das schon ausflippt, wenn es mal mit dem Shinkansen fährt!
KRUIK
Seine Wohnung ist bestimmt auch voll „sweet" und „cute"...

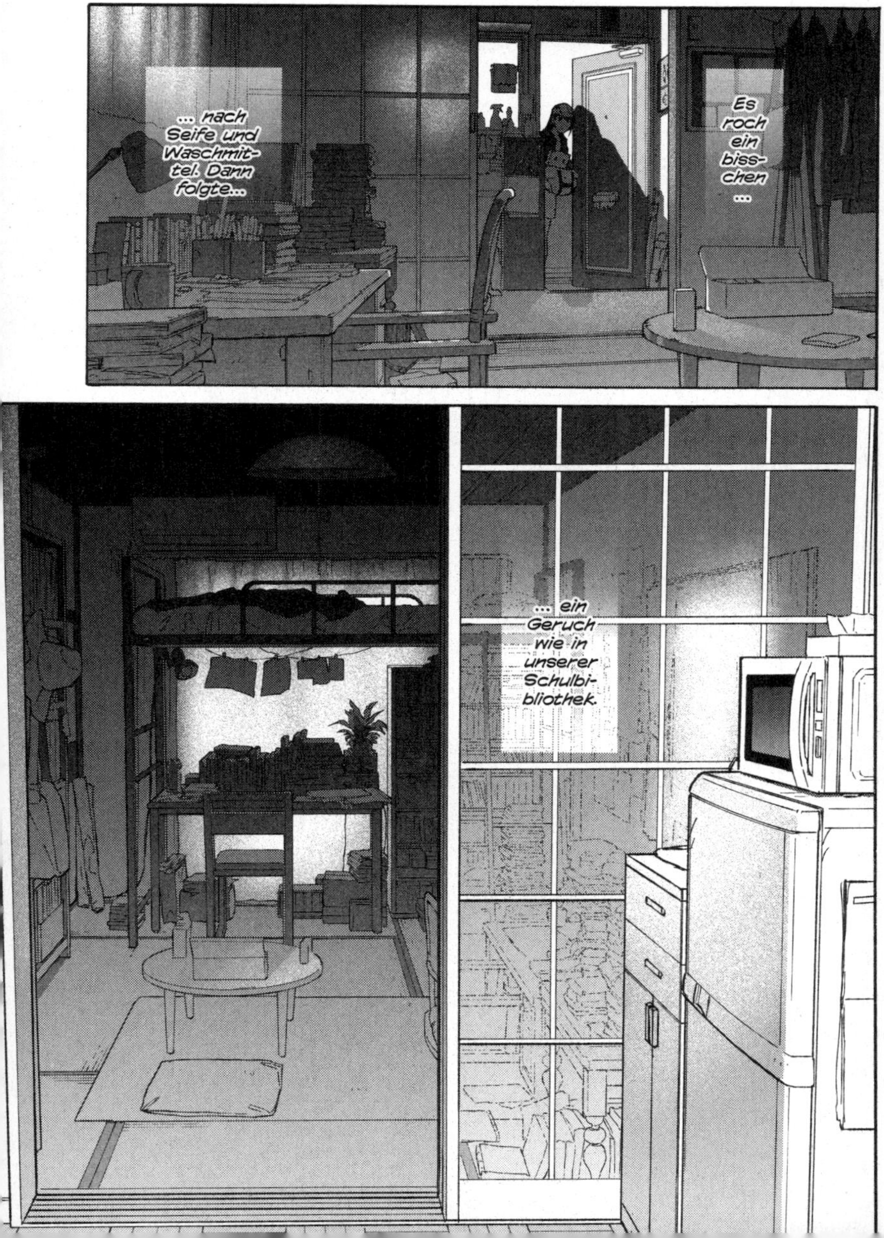
Es roch ein bisschen ...
... nach Seife und Waschmittel. Dann folgte...
... ein Geruch wie in unserer Schulbibliothek.

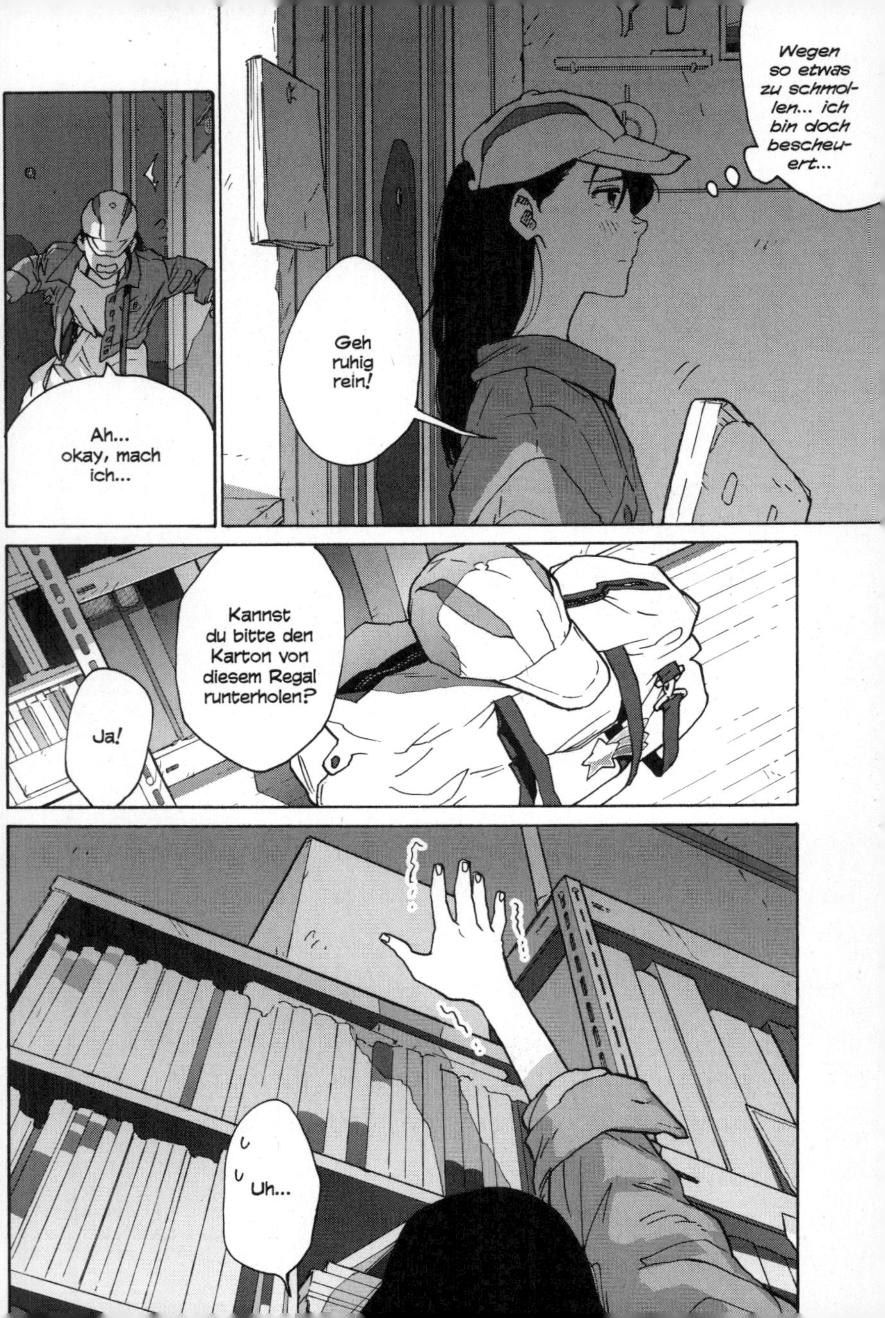

Wegen so etwas zu schmol-len... ich bin doch bescheu-ert...
Geh ruhig rein!
Ah... okay, mach ich...
Kannst du bitte den Karton von diesem Regal runterholen?
Ja!
Uh...

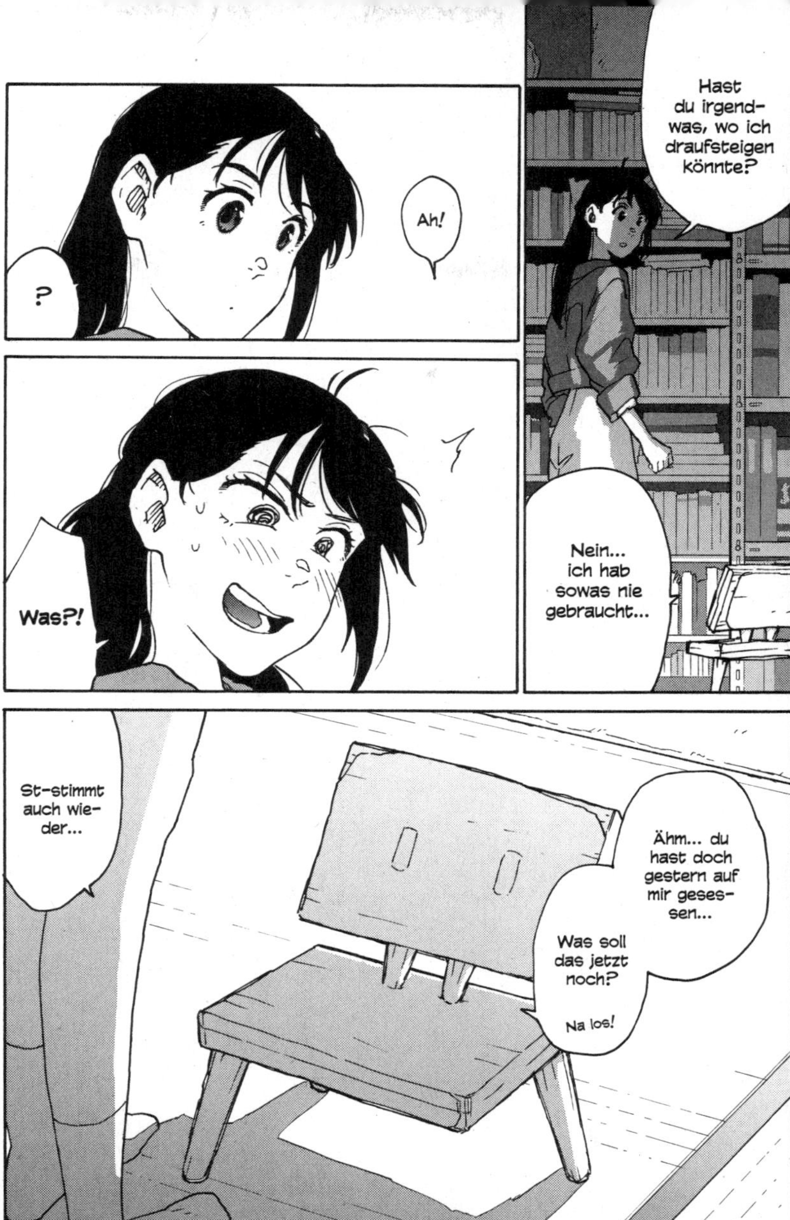
Hast du irgendwas, wo ich draufsteigen könnte?
Ah!
?
Nein... ich hab sowas nie gebraucht...
Was?!
Ähm... du hast doch gestern auf mir gesessen...
Was soll das jetzt noch?
Na los!
St-stimmt auch wieder...

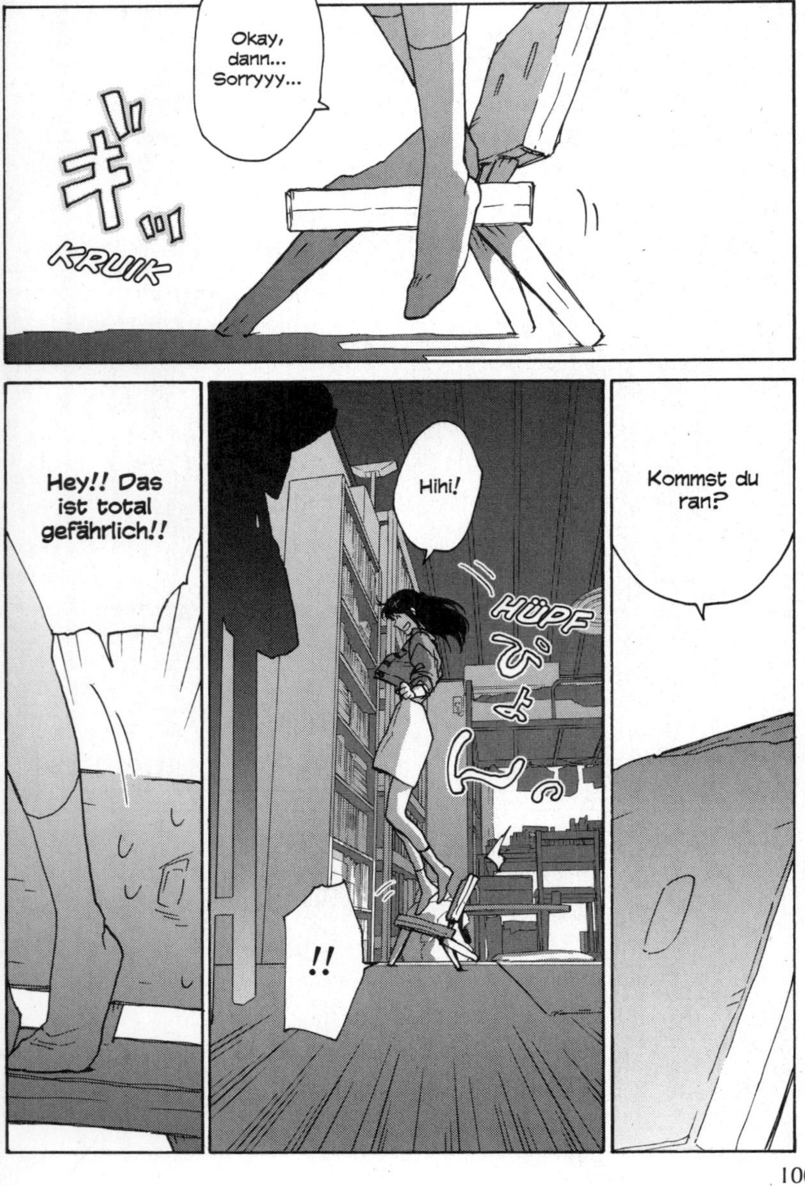

Okay, dann... Sorryyy...
ギッ
KRUIK
Kommst du ran?
Hihi!
HÜPF
ぴょん
!!
Hey!! Das ist total gefährlich!!

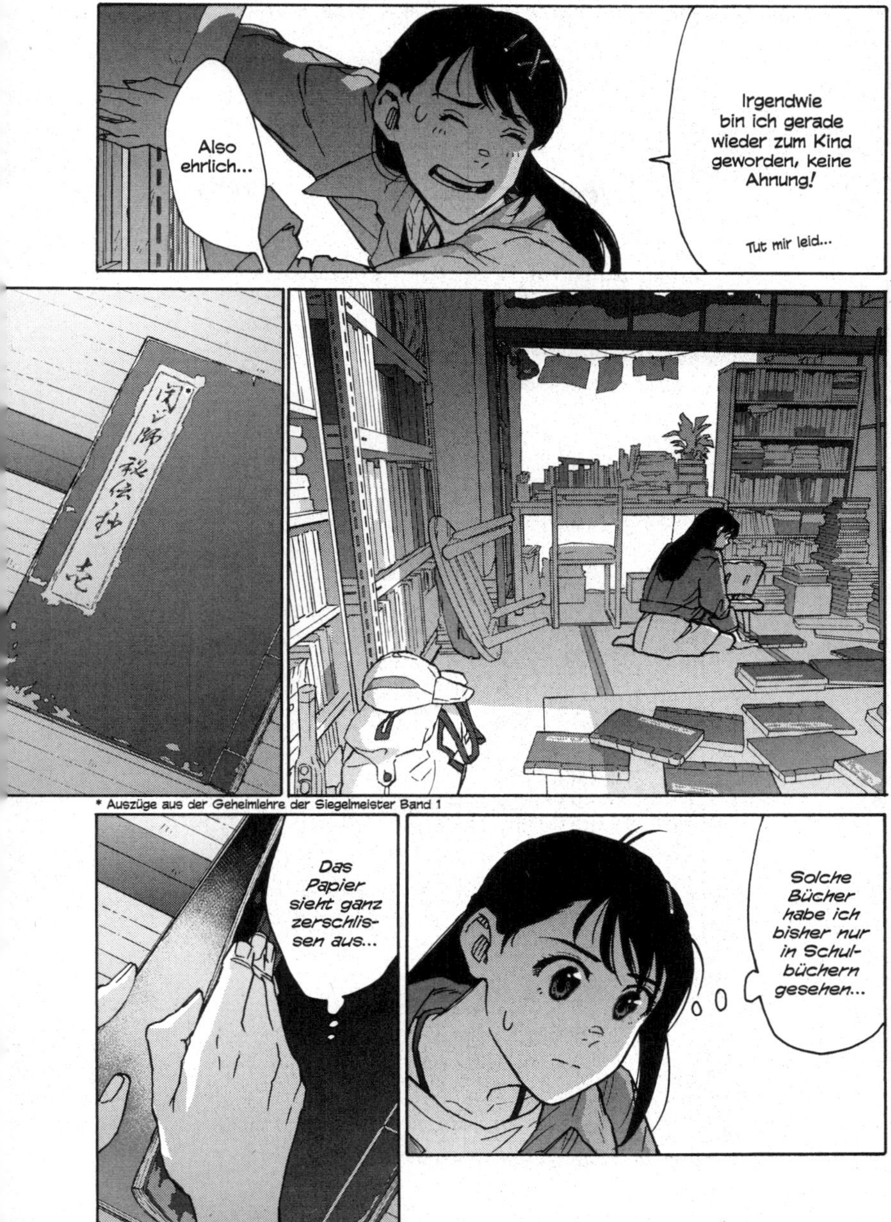

Irgendwie bin ich gerade wieder zum Kind geworden, keine Ahnung!
Tut mir leid...
Also ehrlich...
* Auszüge aus der Geheimlehre der Siegelmeister Band 1
Solche Bücher habe ich bisher nur in Schulbüchern gesehen...
Das Papier sieht ganz zerschlissen aus...

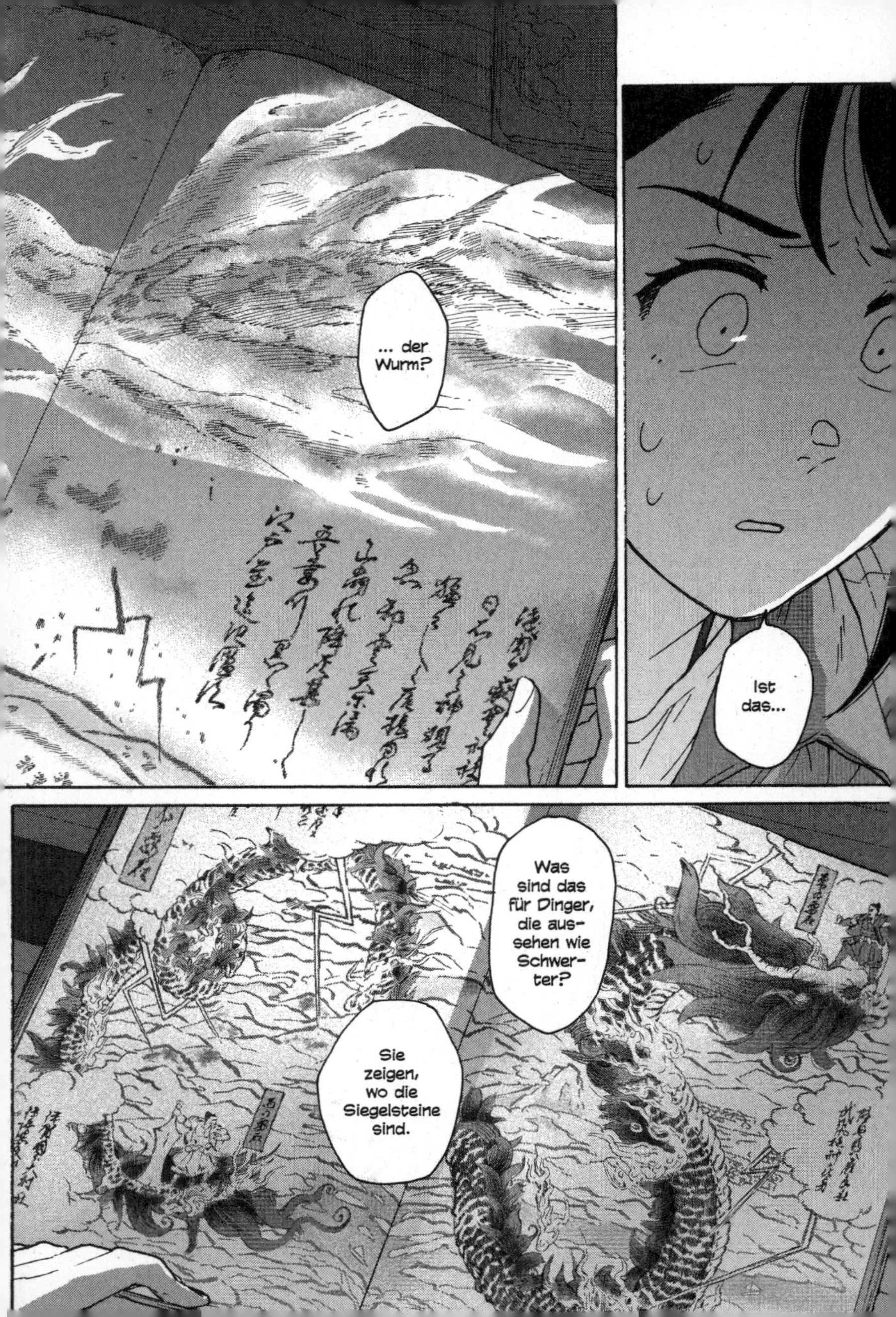
Ist das...
... der Wurm?
Was sind das für Dinger, die aus-sehen wie Schwer-ter?
Sie zeigen, wo die Siegelsteine sind.

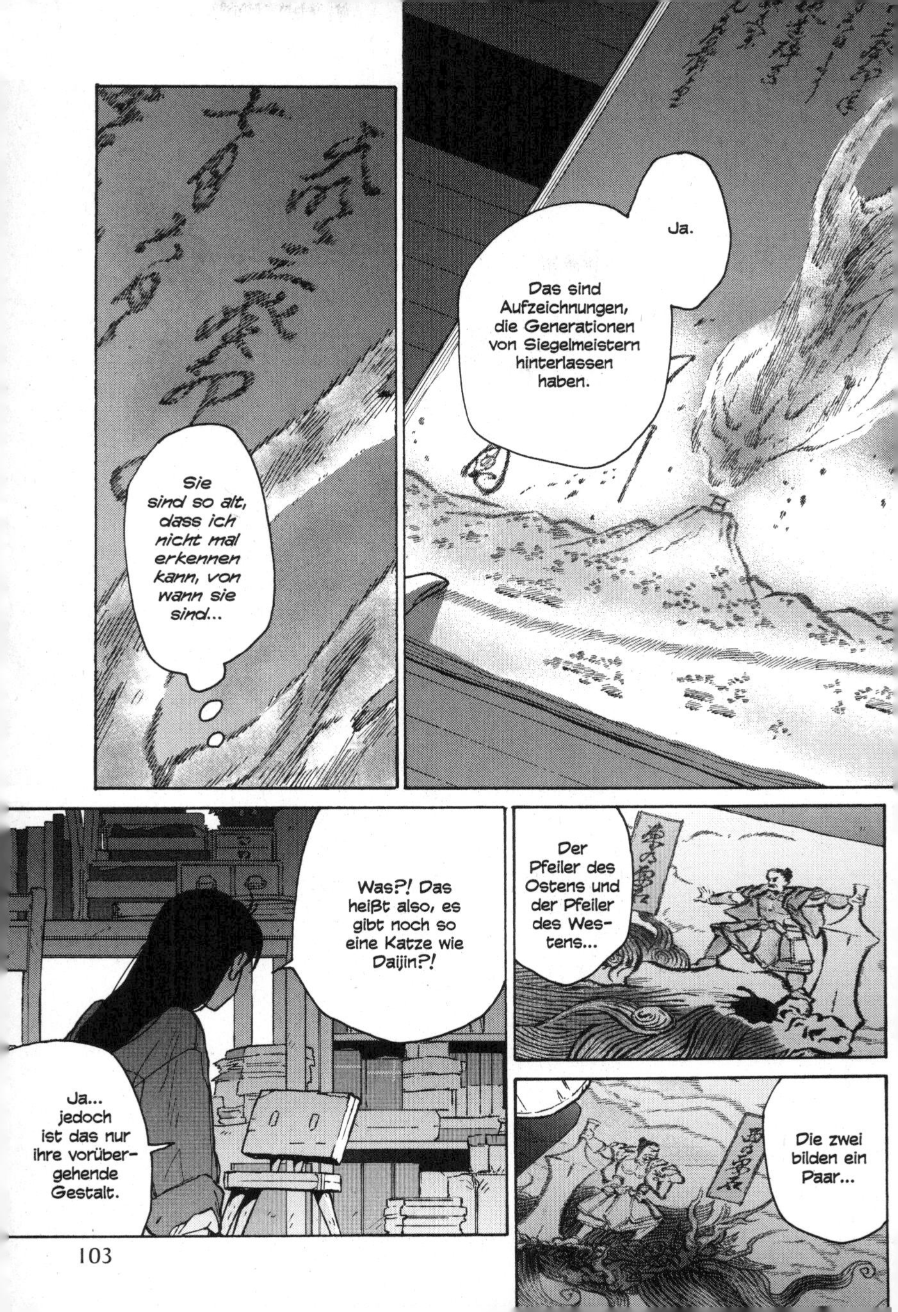
Ja.
Das sind Aufzeichnungen, die Generationen von Siegelmeistern hinterlassen haben.
Sie sind so alt, dass ich nicht mal erkennen kann, von wann sie sind...
Der Pfeiler des Ostens und der Pfeiler des Wes-tens...
Die zwei bilden ein Paar...
Was?! Das heißt also, es gibt noch so eine Katze wie Daijin?!
Ja... jedoch ist das nur ihre vorüber-gehende Gestalt.

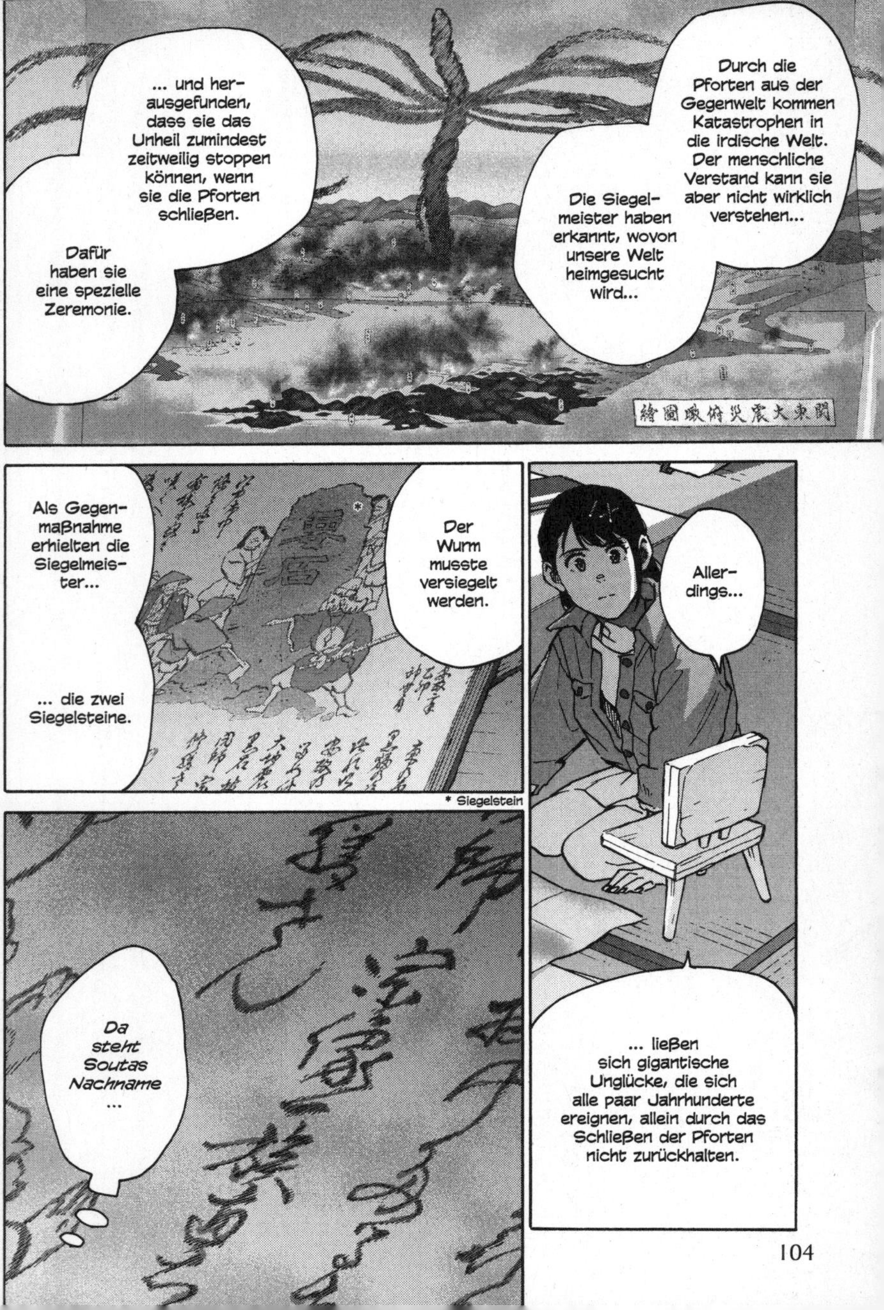
Durch die Pforten aus der Gegenwelt kommen Katastrophen in die irdische Welt. Der menschliche Verstand kann sie aber nicht wirklich verstehen...
Die Siegelmeister haben erkannt, wovon unsere Welt heimgesucht wird...
... und herausgefunden, dass sie das Unheil zumindest zeitweilig stoppen können, wenn sie die Pforten schließen.
Dafür haben sie eine spezielle Zeremonie.
關東大震災俯瞰圖繪
Allerdings...
... ließen sich gigantische Unglücke, die sich alle paar Jahrhunderte ereignen, allein durch das Schließen der Pforten nicht zurückhalten.
Der Wurm musste versiegelt werden.
Als Gegenmaßnahme erhielten die Siegelmeister...
... die zwei Siegelsteine.
* Siegelstein
Da steht Soutas Nachname ...

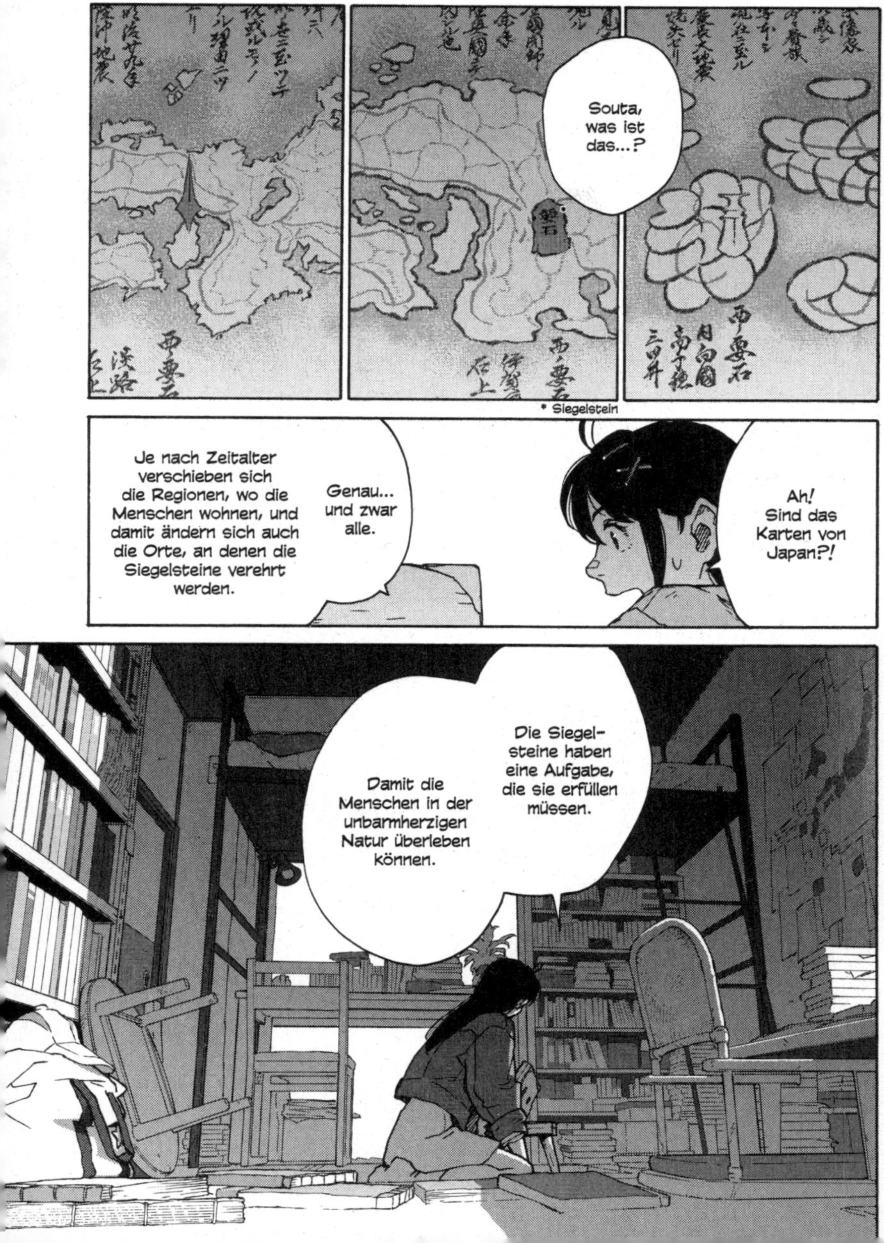
Souta, was ist das...?
* Siegelstein
Ah! Sind das Karten von Japan?!
Genau... und zwar alle.
Je nach Zeitalter verschieben sich die Regionen, wo die Menschen wohnen, und damit ändern sich auch die Orte, an denen die Siegelsteine verehrt werden.
Die Siegel-steine haben eine Aufgabe, die sie erfüllen müssen.
Damit die Menschen in der unbarmherzigen Natur überleben können.

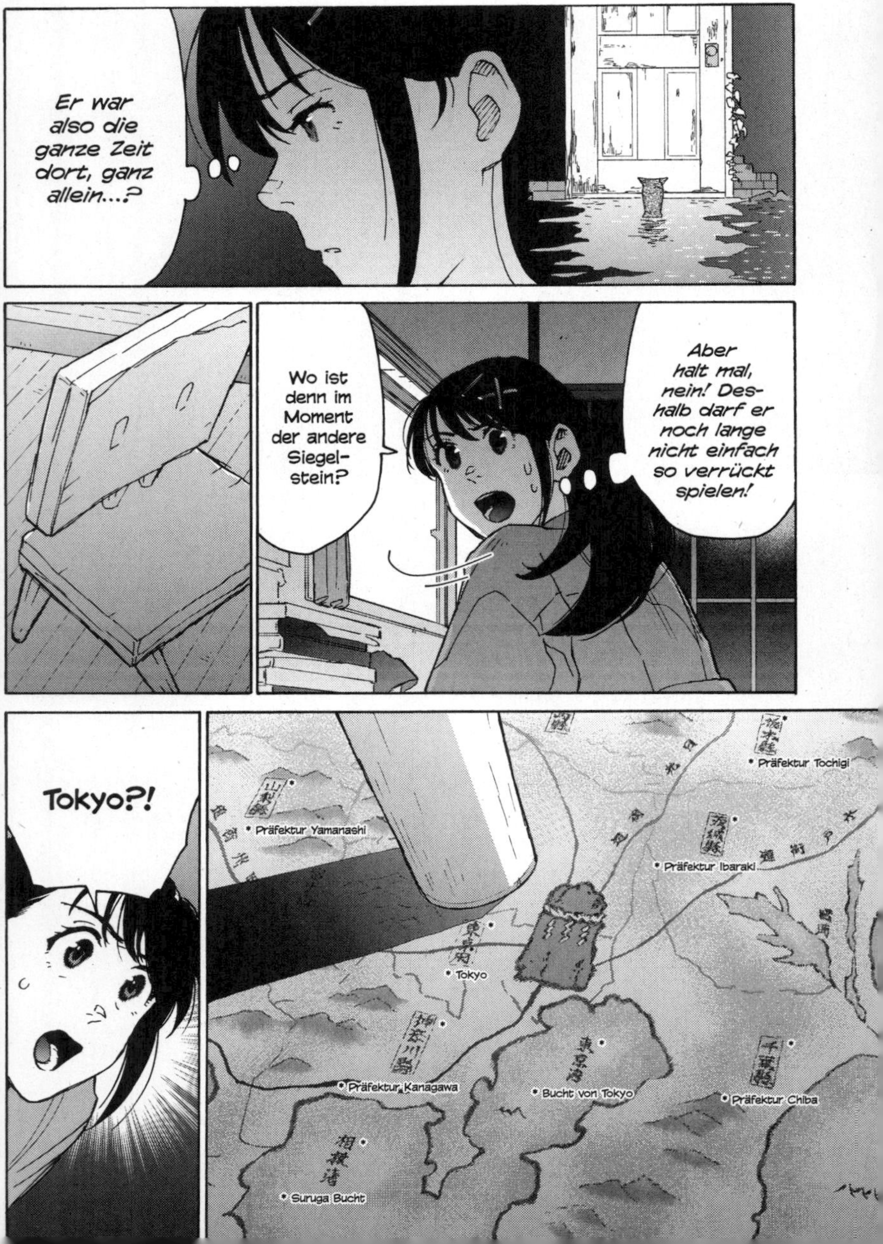
Er war also die ganze Zeit dort, ganz allein...?
Aber halt mal, nein! Deshalb darf er noch lange nicht einfach so verrückt spielen!
Wo ist denn im Moment der andere Siegelstein?
Tokyo?!
* Präfektur Tochigi
* Präfektur Yamanashi
* Präfektur Ibaraki
* Tokyo
* Präfektur Kanagawa
* Bucht von Tokyo
* Präfektur Chiba
* Suruga Bucht

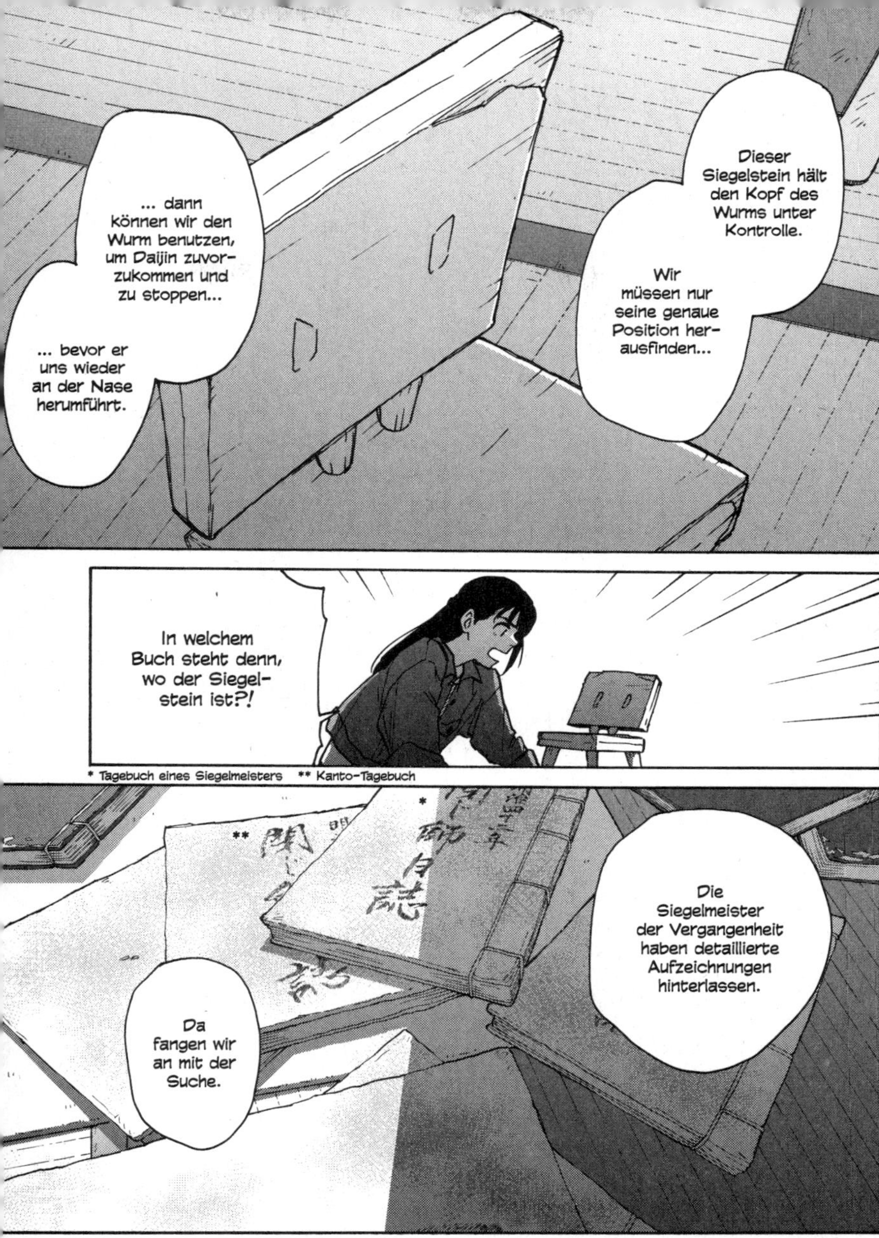

Dieser Siegelstein hält den Kopf des Wurms unter Kontrolle.
Wir müssen nur seine genaue Position herausfinden...
... dann können wir den Wurm benutzen, um Daijin zuvorzukommen und zu stoppen...
... bevor er uns wieder an der Nase herumführt.
In welchem Buch steht denn, wo der Siegelstein ist?!
* Tagebuch eines Siegelmeisters ** Kanto-Tagebuch
Die Siegelmeister der Vergangenheit haben detaillierte Aufzeichnungen hinterlassen.
Da fangen wir an mit der Suche.

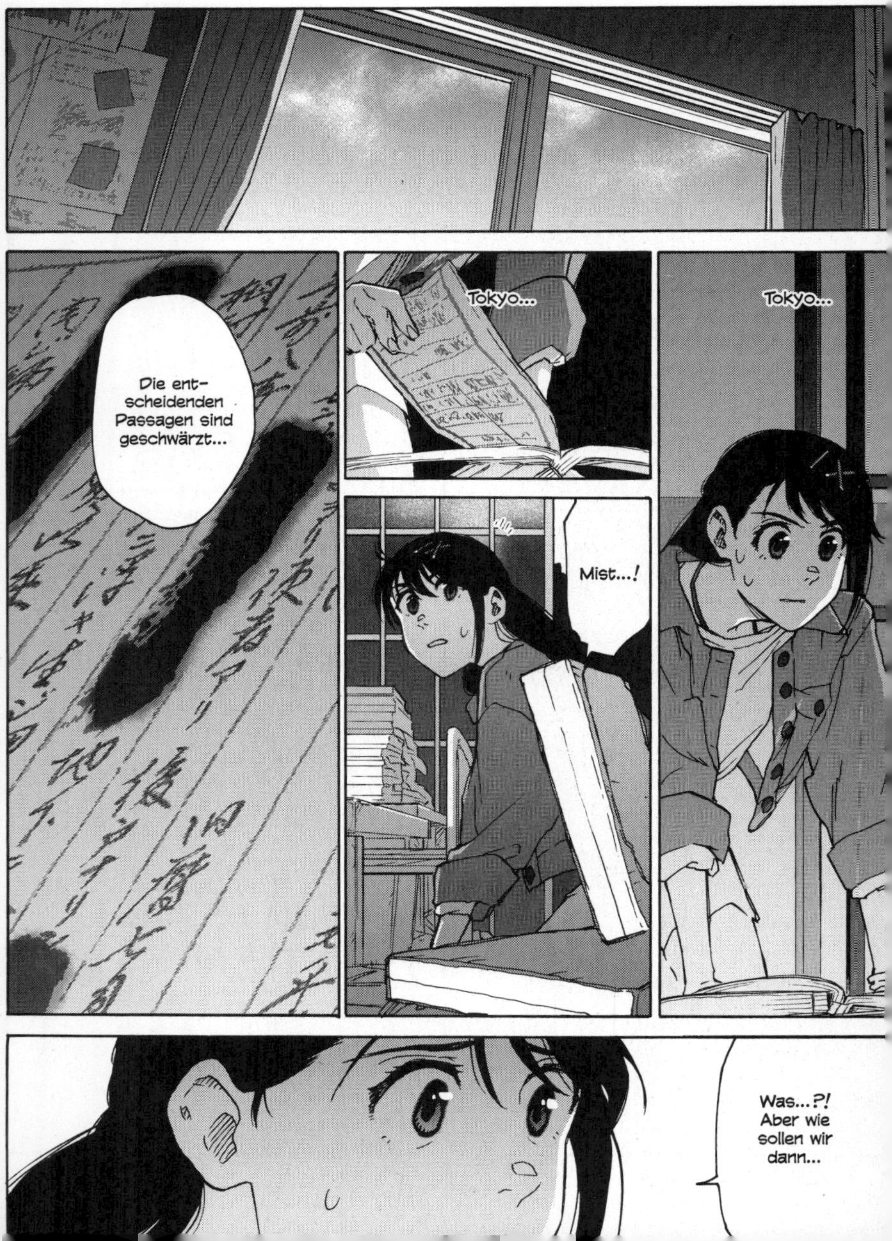

Tokyo...
Tokyo...
Die ent-scheidenden Passagen sind geschwärzt...
Mist...!
Was...?! Aber wie sollen wir dann...

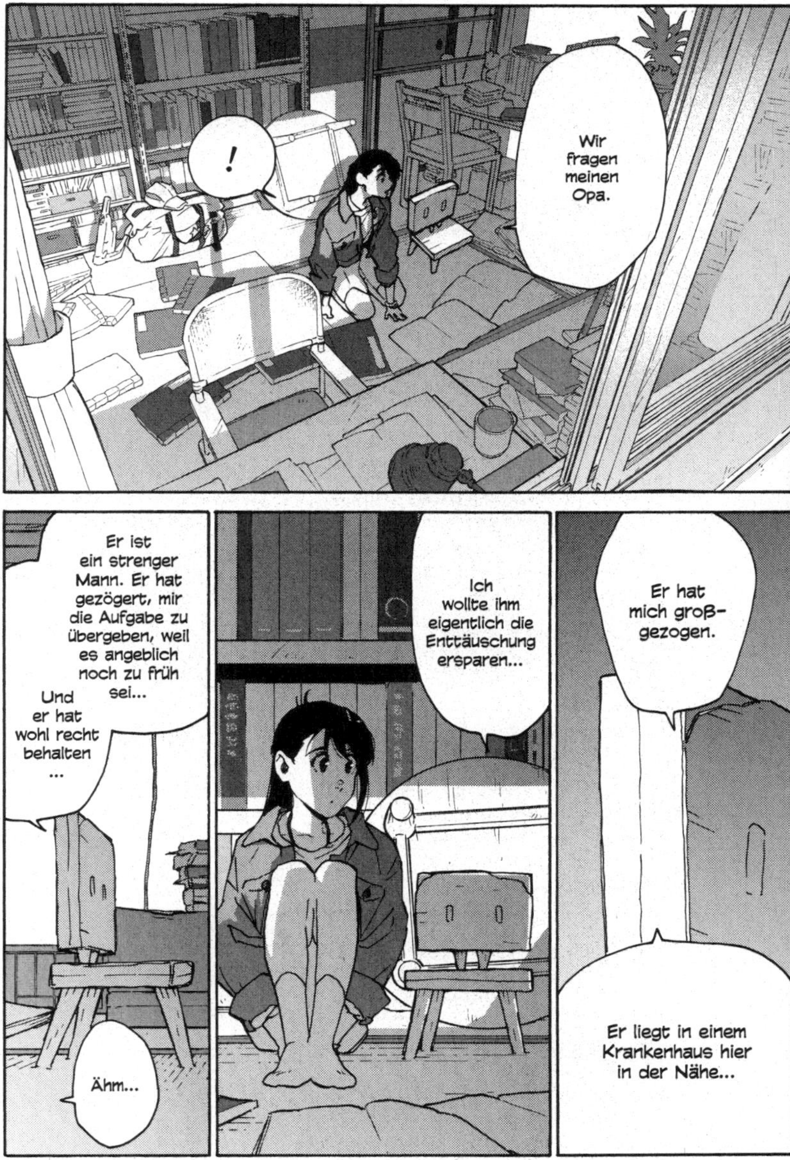
Wir fragen meinen Opa.
!
Er hat mich groß-gezogen.
Er liegt in einem Krankenhaus hier in der Nähe...
Ich wollte ihm eigentlich die Enttäuschung ersparen...
Er ist ein strenger Mann. Er hat gezögert, mir die Aufgabe zu übergeben, weil es angeblich noch zu früh sei...
Und er hat wohl recht behalten ...
Ähm...

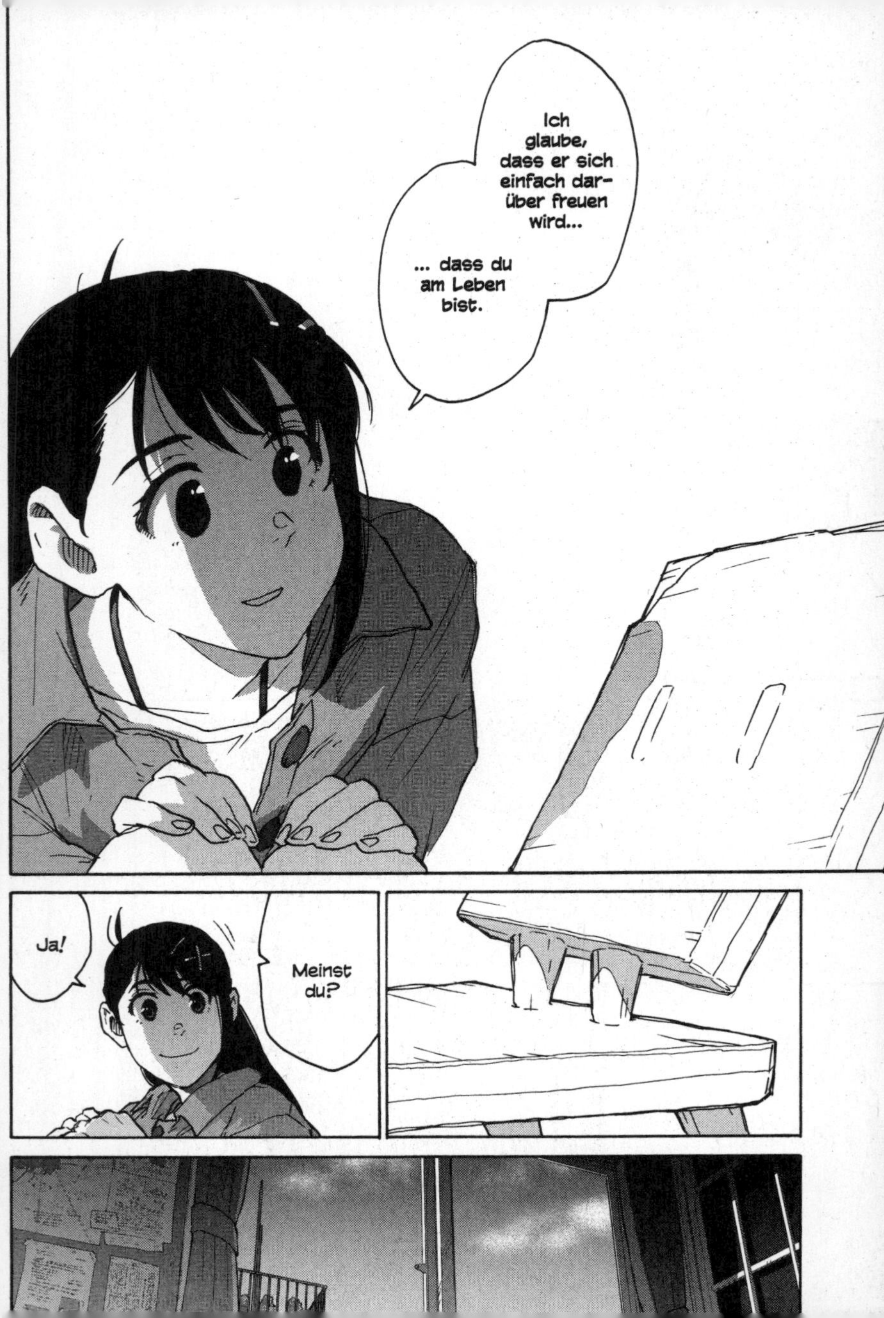
Ich glaube, dass er sich einfach darüber freuen wird...
... dass du am Leben bist.
Meinst du?
Ja!

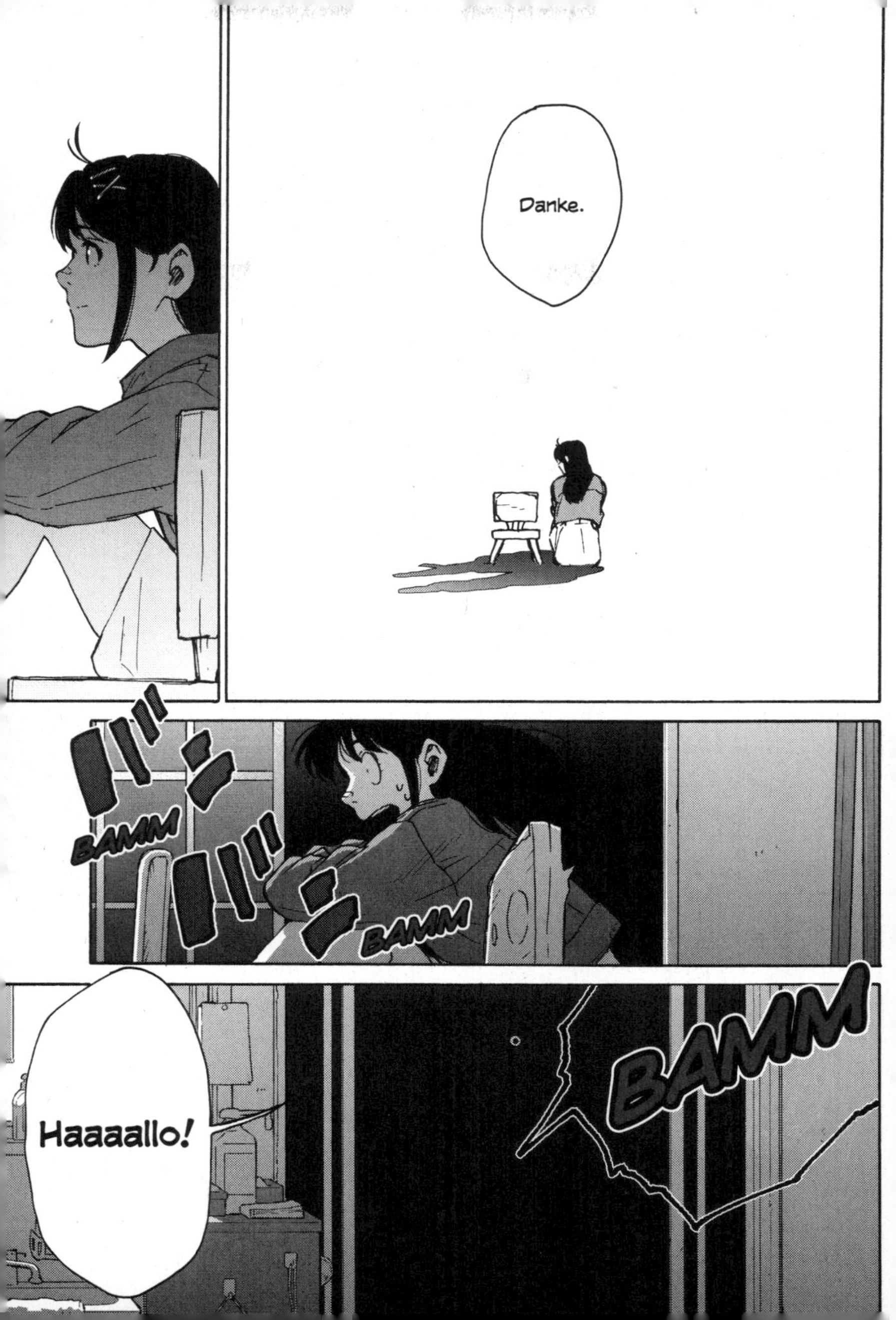

Danke.
BAMM
BAMM
BAMM
Haaaallo!

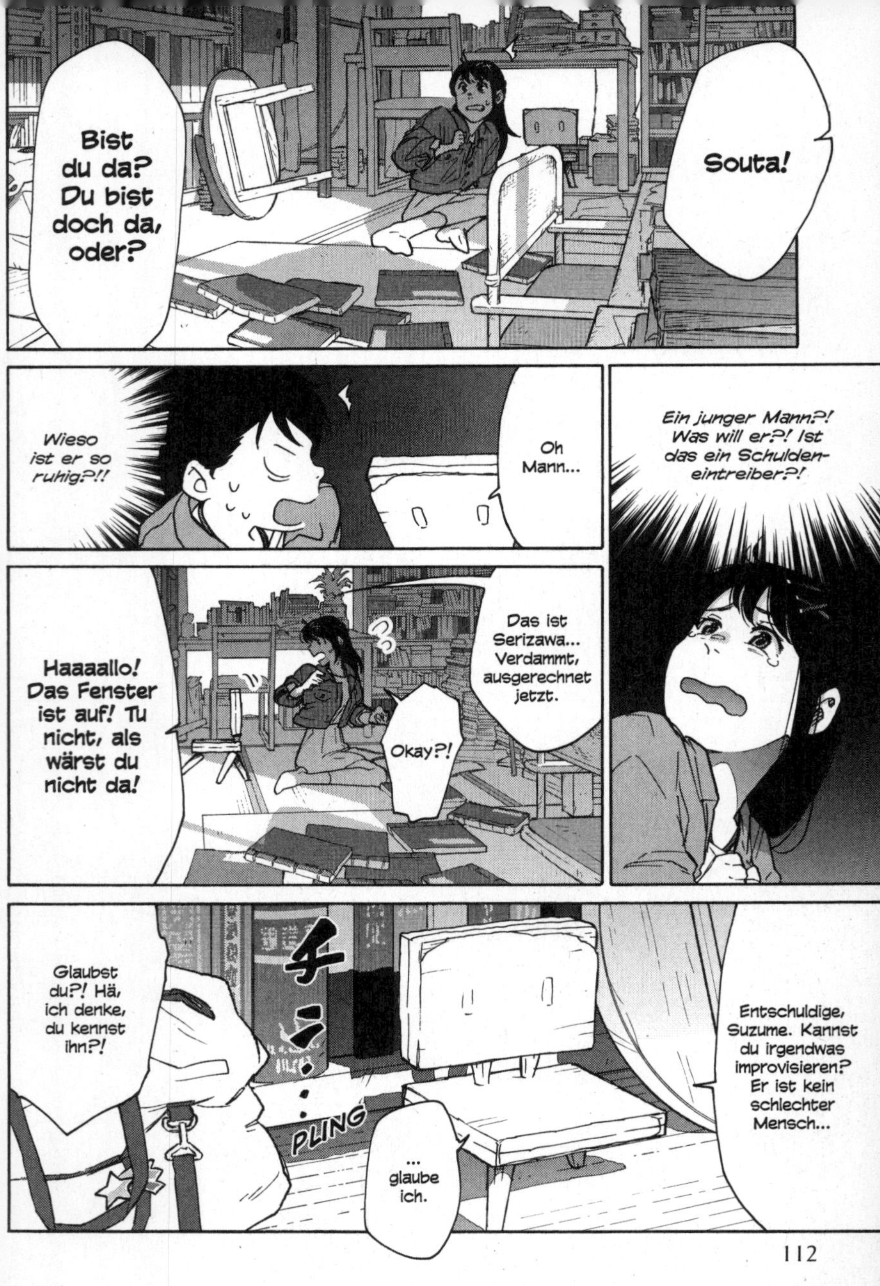

Souta!
Bist du da? Du bist doch da, oder?
Ein junger Mann?! Was will er?! Ist das ein Schulden-eintreiber?!
Oh Mann...
Wieso ist er so ruhig?!!
Das ist Serizawa... Verdammt, ausgerechnet jetzt.
Okay?!
Haaaallo! Das Fenster ist auf! Tu nicht, als wärst du nicht da!
Entschuldige, Suzume. Kannst du irgendwas improvisieren? Er ist kein schlechter Mensch...
... glaube ich.
PLING
Glaubst du?! Hä, ich denke, du kennst ihn?!

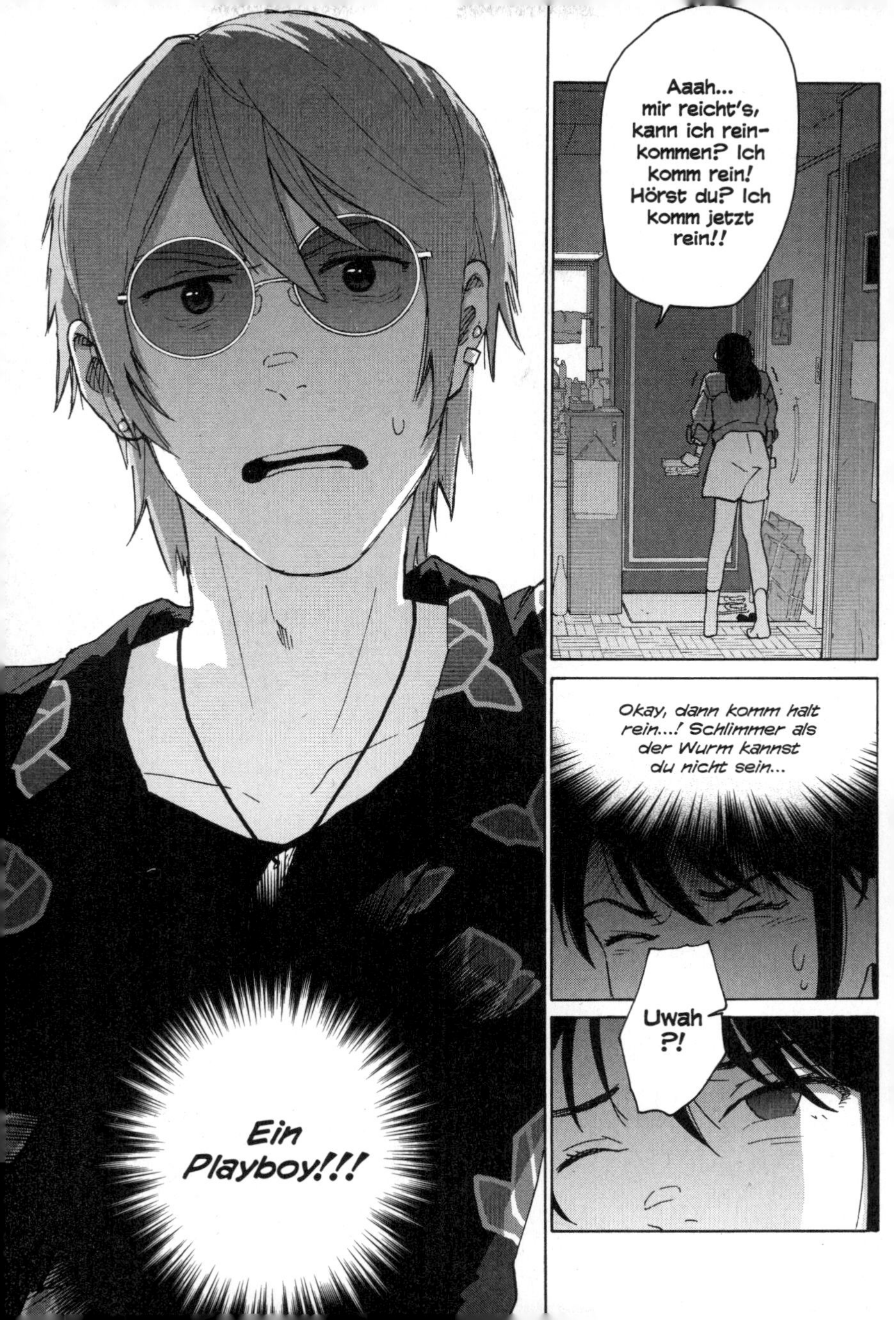
Aaah... mir reicht's, kann ich rein-kommen? Ich komm rein! Hörst du? Ich komm jetzt rein!!
Okay, dann komm halt rein...! Schlimmer als der Wurm kannst du nicht sein...
Uwah ?!
Ein Playboy!!!

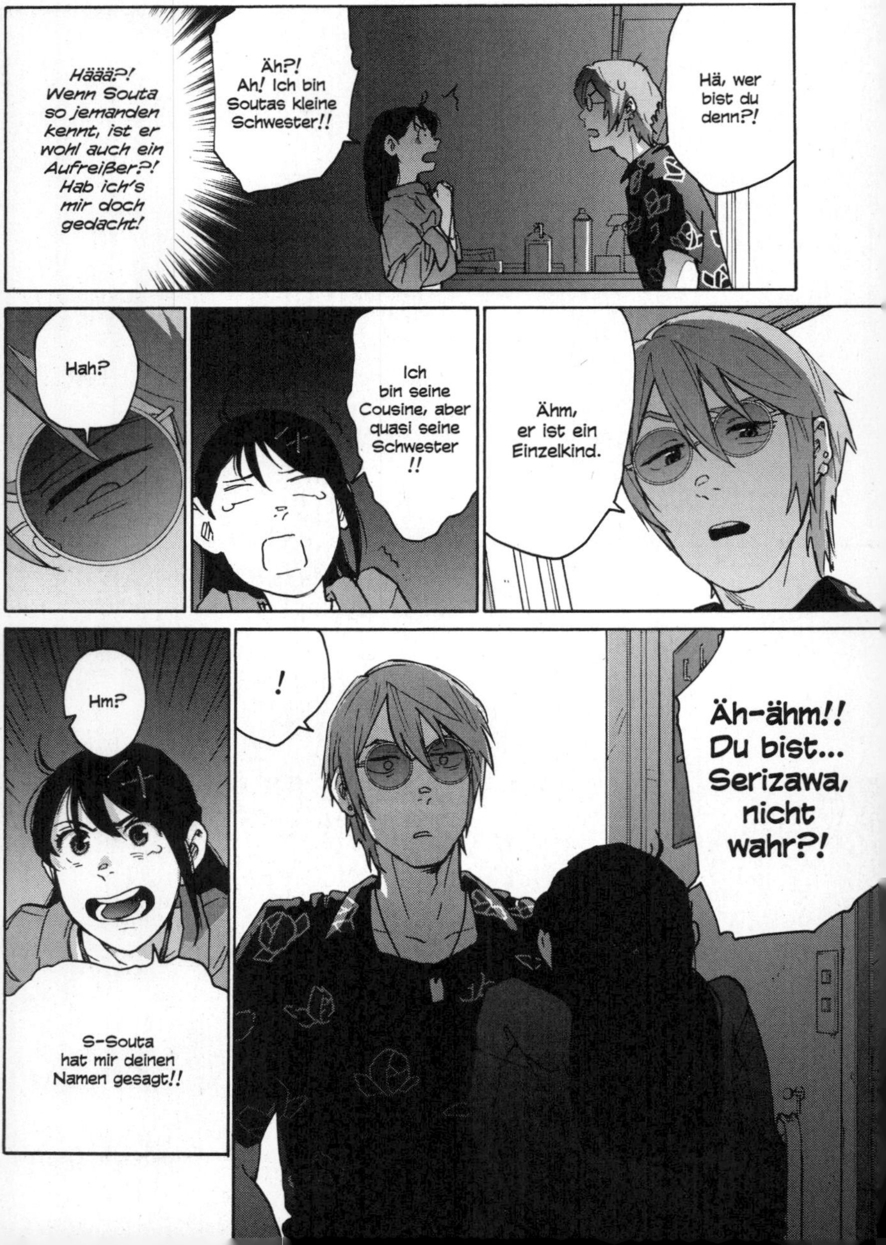
Hä, wer bist du denn?!
Äh?! Ah! Ich bin Soutas kleine Schwester!!
Häää?! Wenn Souta so jemanden kennt, ist er wohl auch ein Aufreißer?! Hab ich's mir doch gedacht!
Ähm, er ist ein Einzelkind.
Ich bin seine Cousine, aber quasi seine Schwester!!
Hah?
Äh-ähm!! Du bist... Serizawa, nicht wahr?!
!
Hm?
S-Souta hat mir deinen Namen gesagt!!

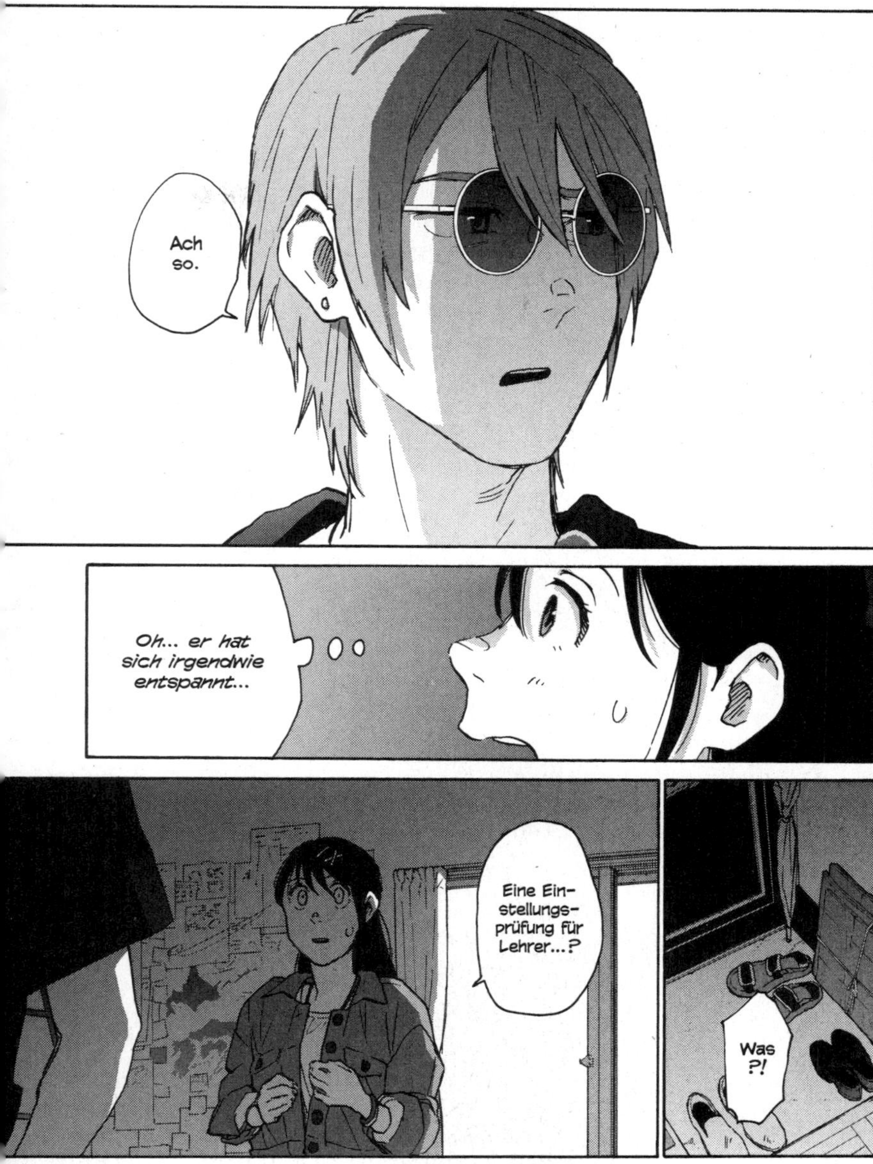
Ach so.
Oh... er hat sich irgendwie entspannt...
Was ?!
Eine Einstellungs-prüfung für Lehrer...?

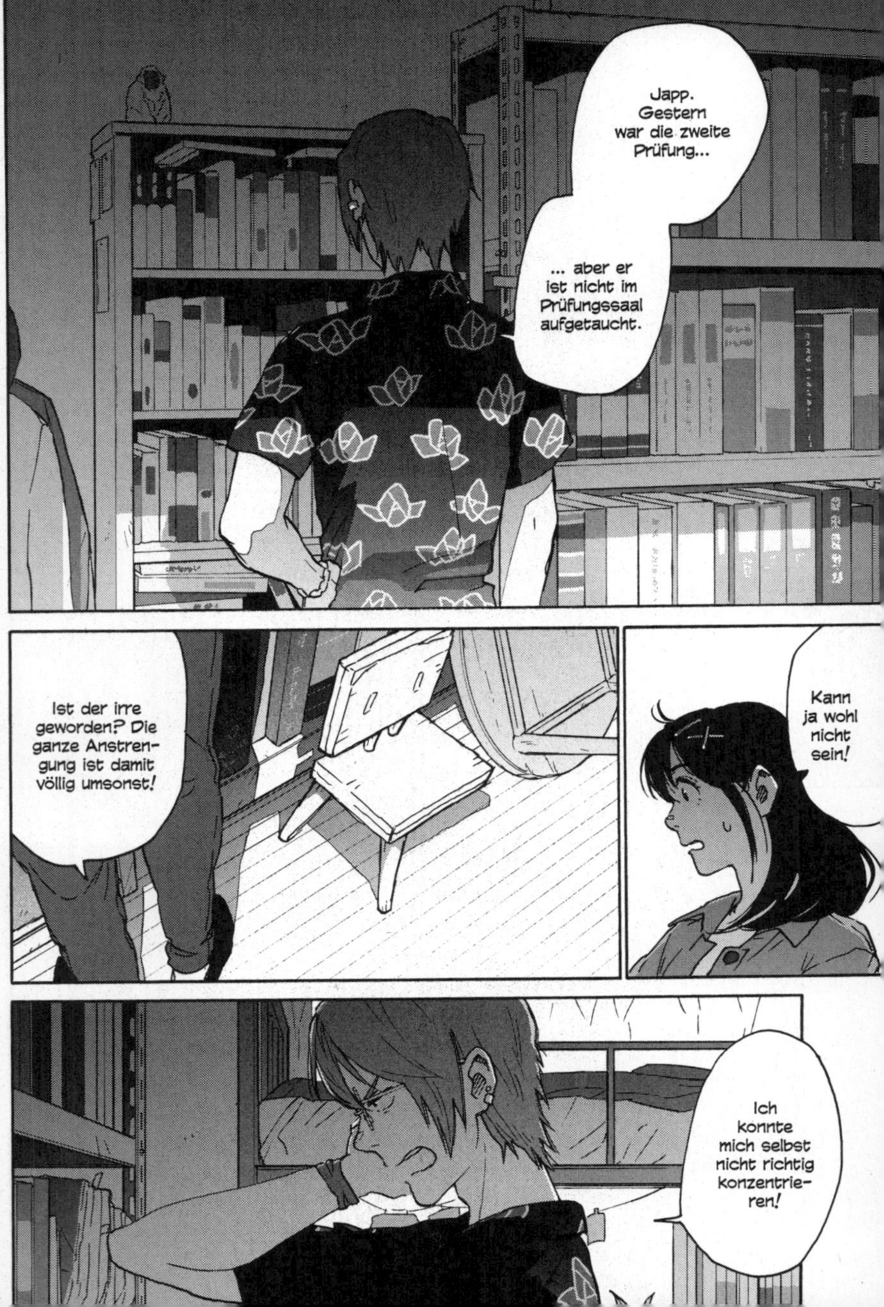
Japp. Gestern war die zweite Prüfung...
... aber er ist nicht im Prüfungssaal aufgetaucht.
Kann ja wohl nicht sein!
Ist der irre geworden? Die ganze Anstrengung ist damit völlig umsonst!
Ich konnte mich selbst nicht richtig konzentrieren!

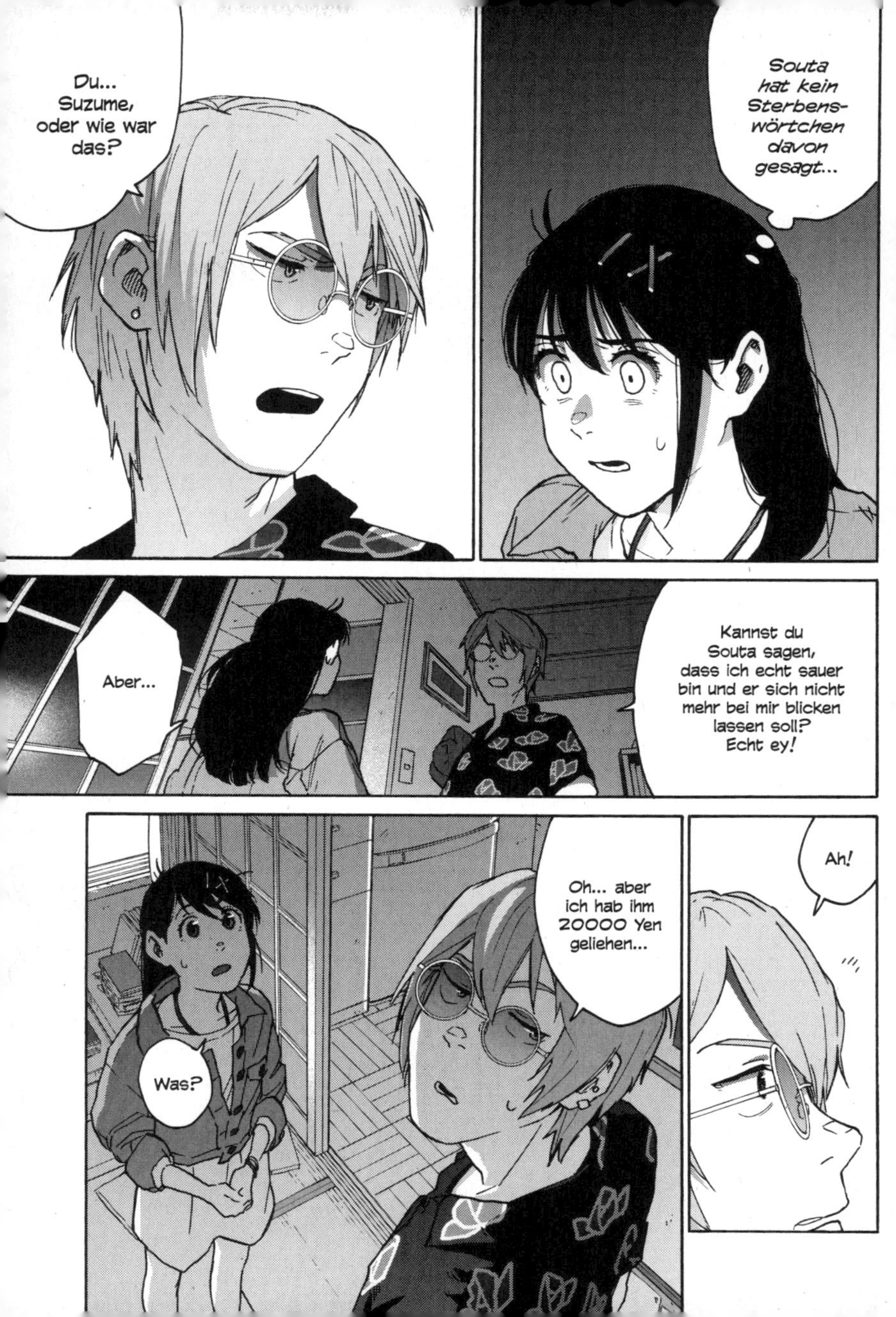
Souta hat kein Sterbenswörtchen davon gesagt...
Du... Suzume, oder wie war das?
Kannst du Souta sagen, dass ich echt sauer bin und er sich nicht mehr bei mir blicken lassen soll? Echt ey!
Aber...
Ah!
Oh... aber ich hab ihm 20000 Yen geliehen...
Was?

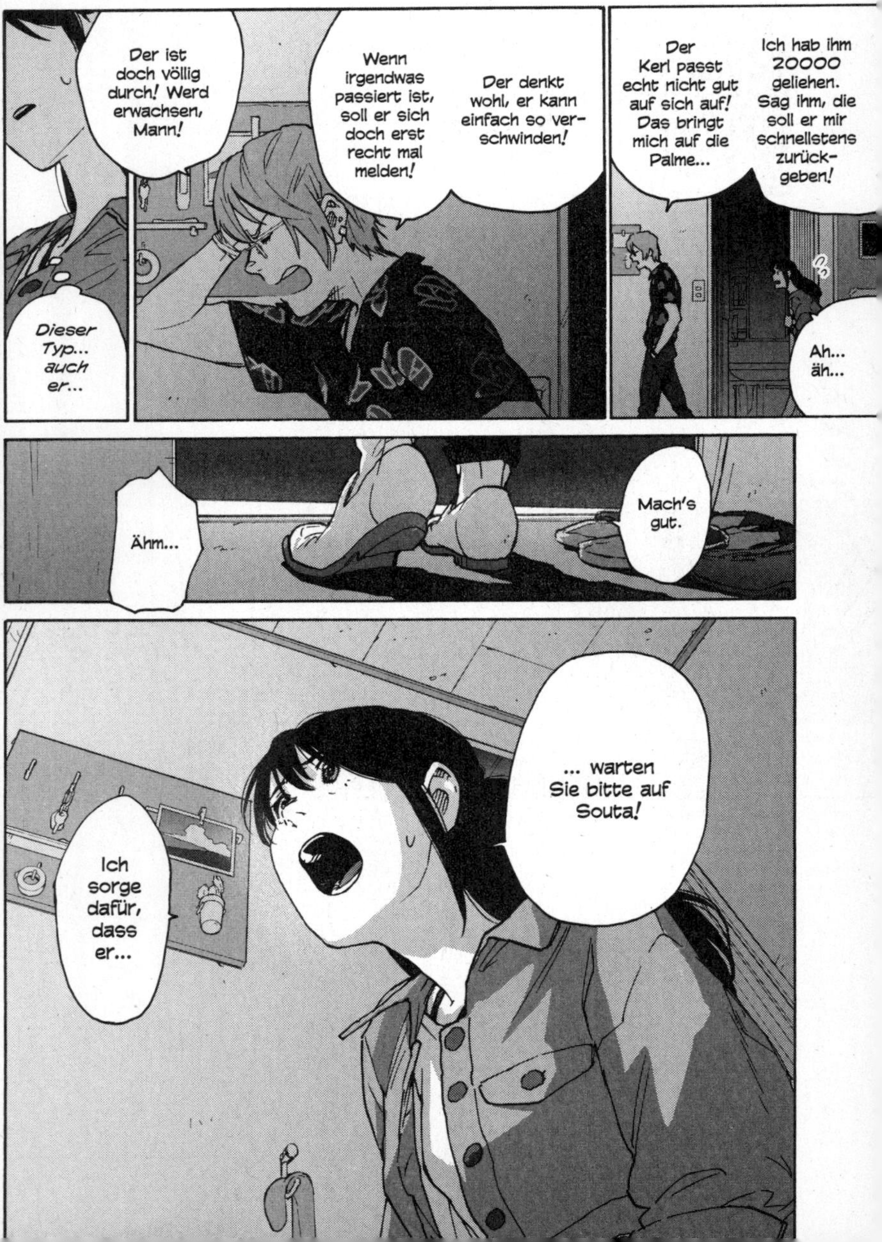
Ich hab ihm 20000 geliehen. Sag ihm, die soll er mir schnellstens zurückgeben!
Der Kerl passt echt nicht gut auf sich auf! Das bringt mich auf die Palme...
Ah... äh...
Der denkt wohl, er kann einfach so verschwinden!
Wenn irgendwas passiert ist, soll er sich doch erst recht mal melden!
Der ist doch völlig durch! Werd erwachsen, Mann!
Dieser Typ... auch er...
Mach's gut.
Ähm...
Ich sorge dafür, dass er...
... warten Sie bitte auf Souta!

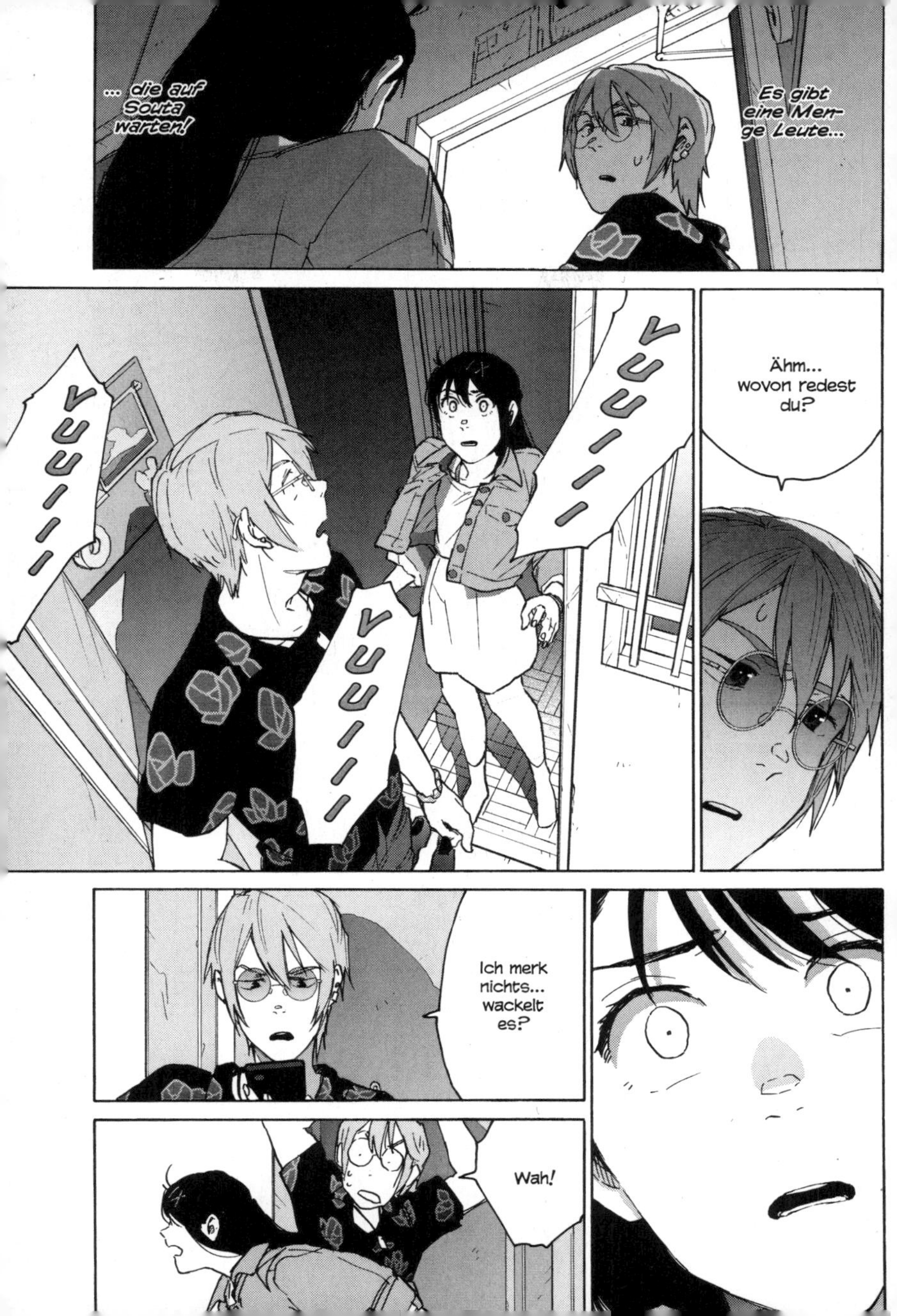

Es gibt eine Menge Leute...
... die auf Souta warten!
Ähm... wovon redest du?
VUUU!!!!!
VUUU!!!!!
VUUU!!!!!
Ich merk nichts... wackelt es?
Wah!

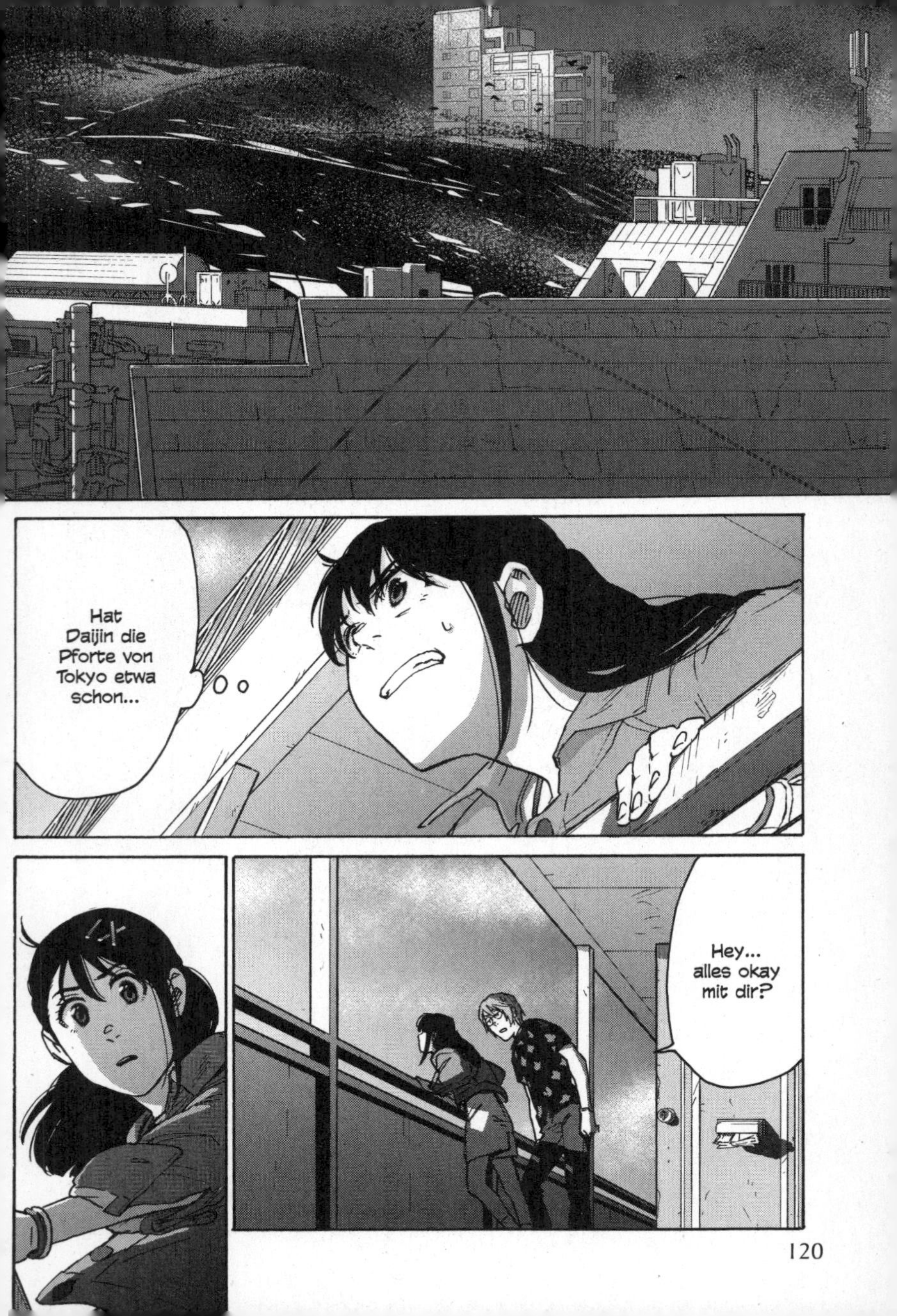

Hat Daijin die Pforte von Tokyo etwa schon...
Hey... alles okay mit dir?

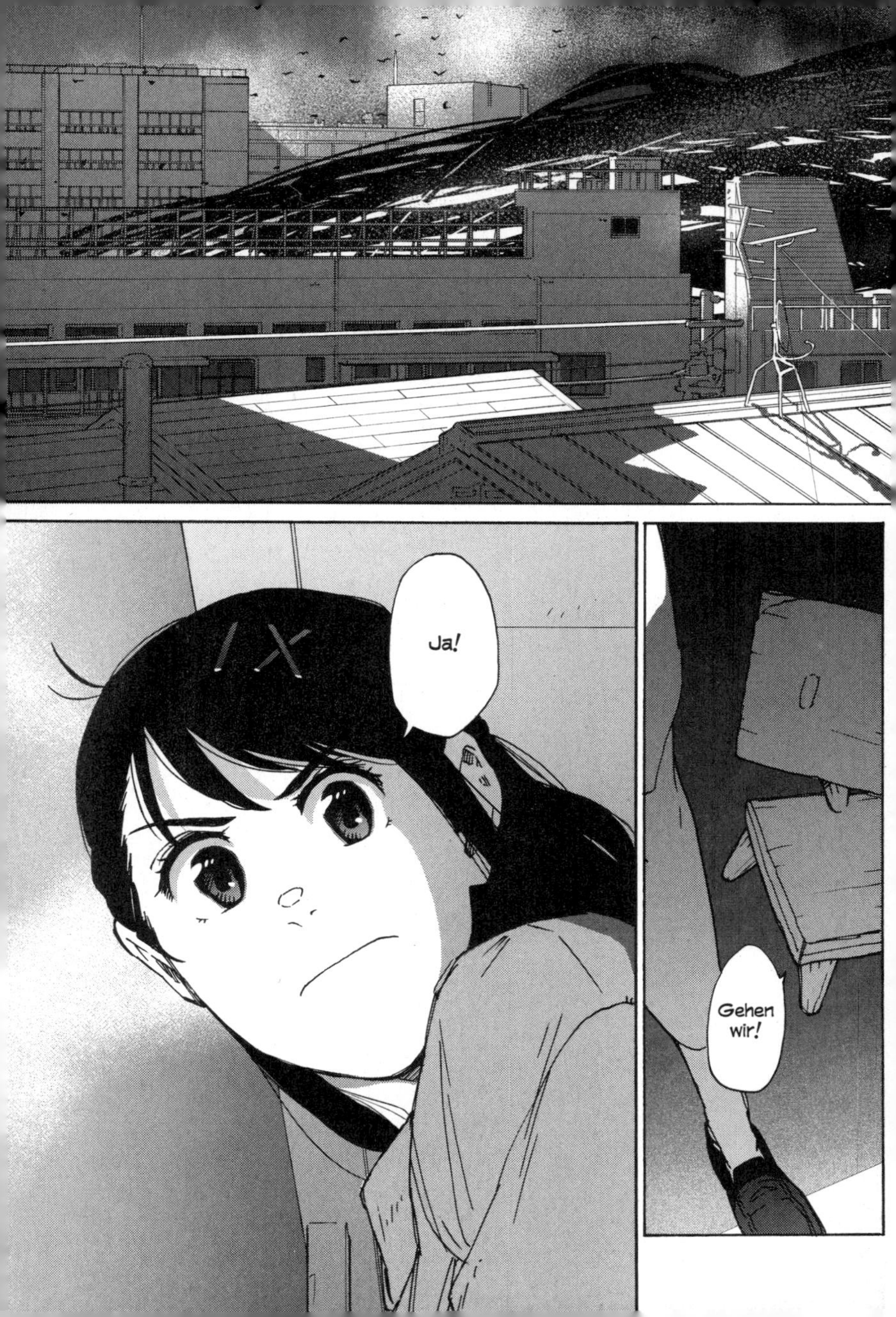
Gehen wir!
Ja!

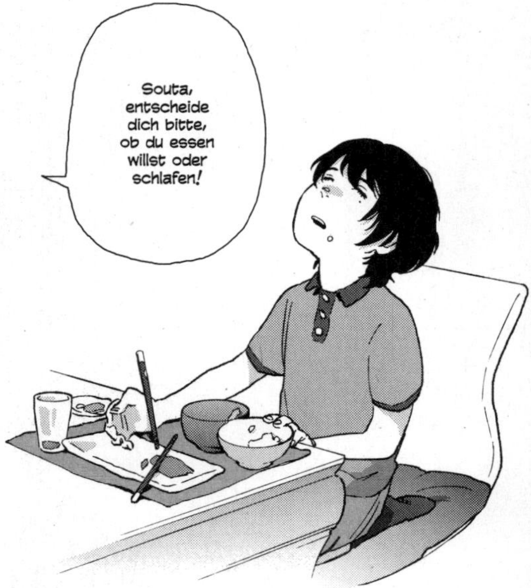
Souta, entscheide dich bitte, ob du essen willst oder schlafen!

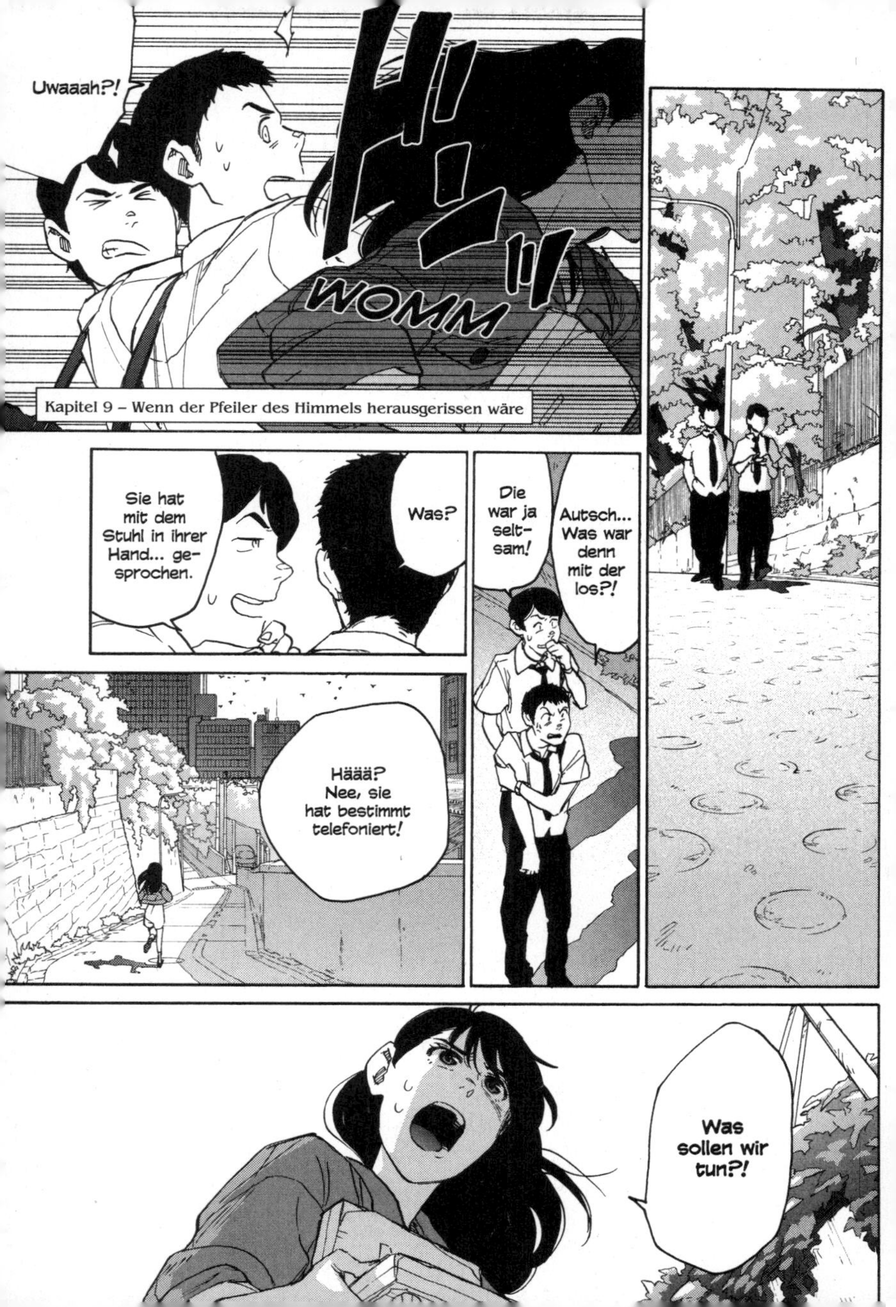

Kapitel 9 – Wenn der Pfeiler des Himmels herausgerissen wäre

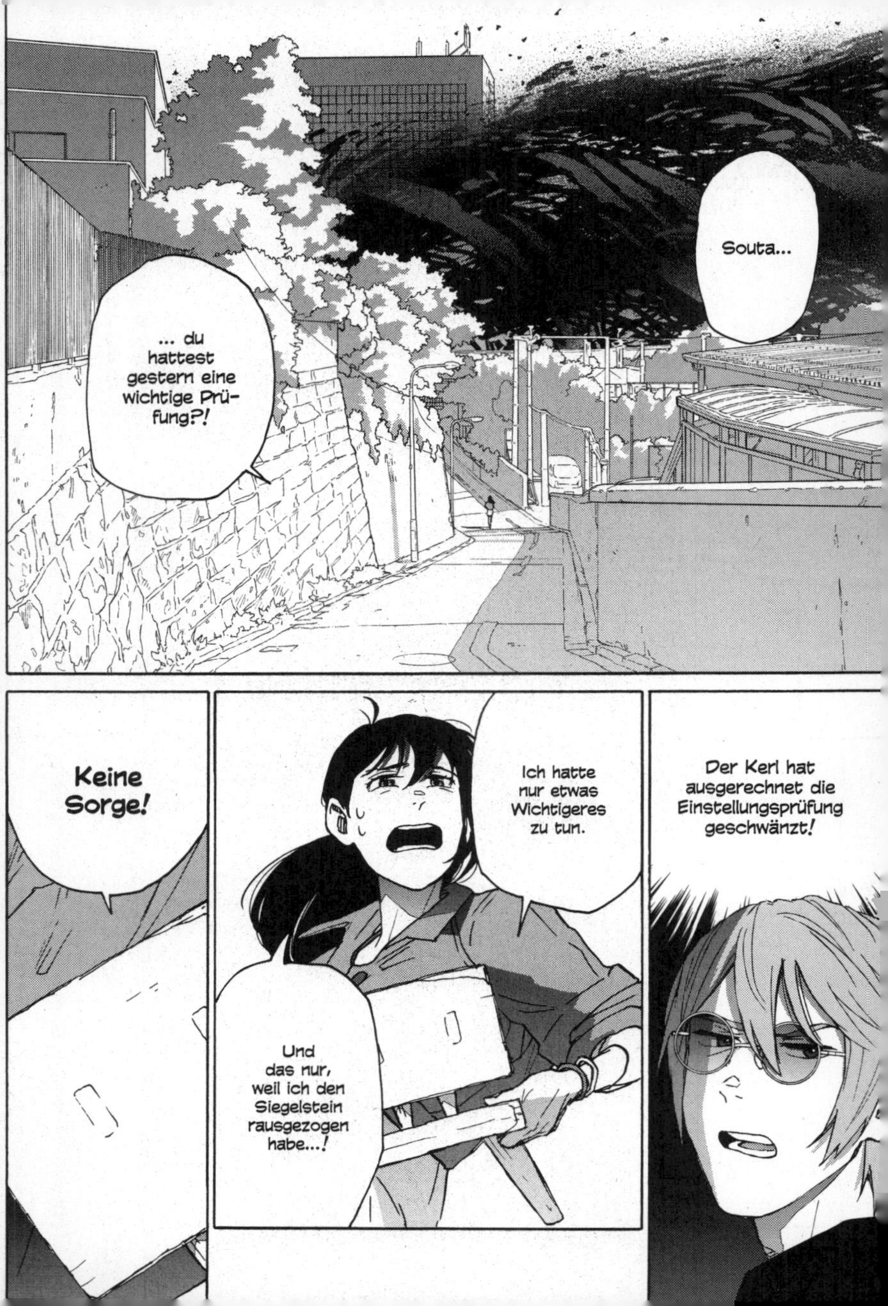
Souta...
... du hattest gestern eine wichtige Prü-fung?!
Der Kerl hat ausgerechnet die Einstellungsprüfung geschwänzt!
Ich hatte nur etwas Wichtigeres zu tun.
Und das nur, weil ich den Siegelstein rausgezogen habe...!
Keine Sorge!

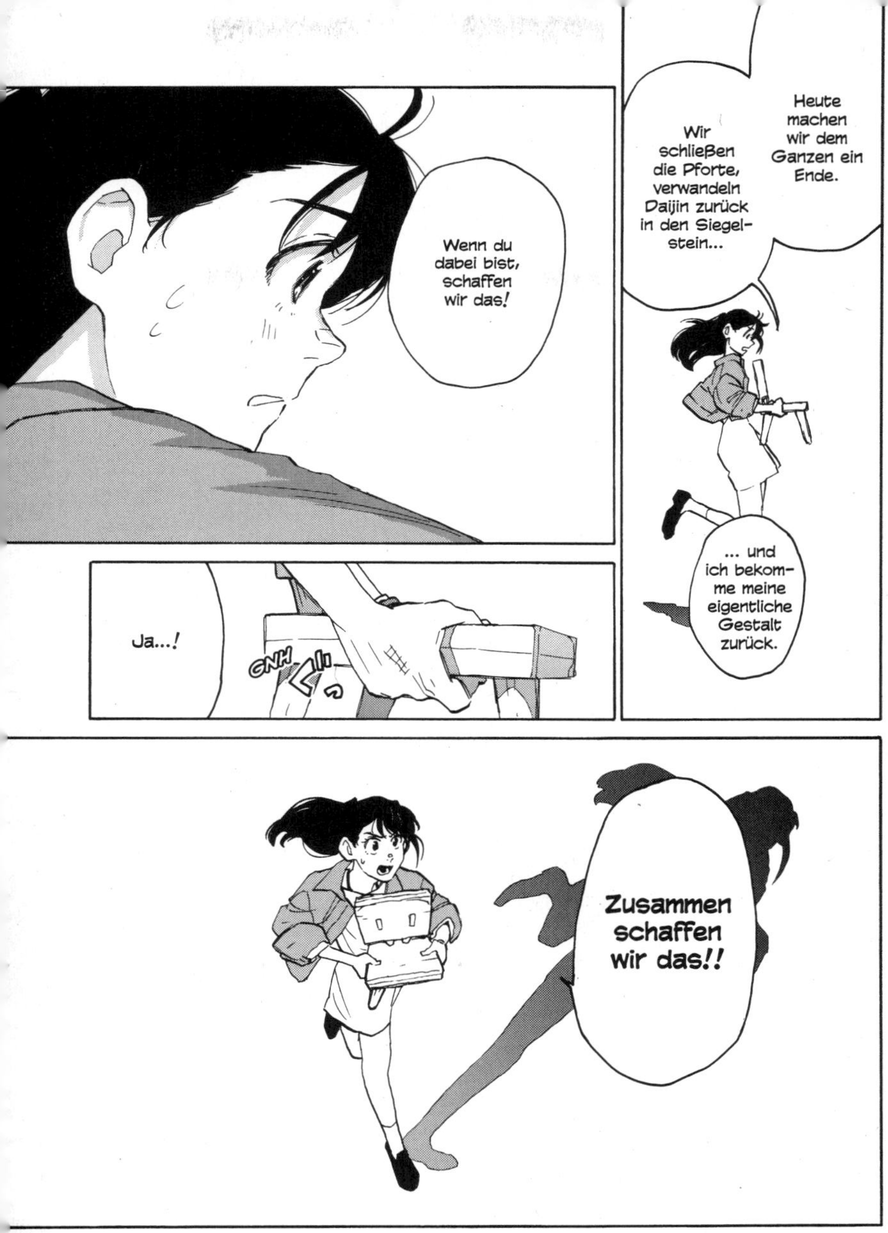
Heute machen wir dem Ganzen ein Ende.
Wir schließen die Pforte, verwandeln Daijin zurück in den Siegelstein...
... und ich bekomme meine eigentliche Gestalt zurück.
Wenn du dabei bist, schaffen wir das!
Ja...!
GNH
Zusammen schaffen wir das!!

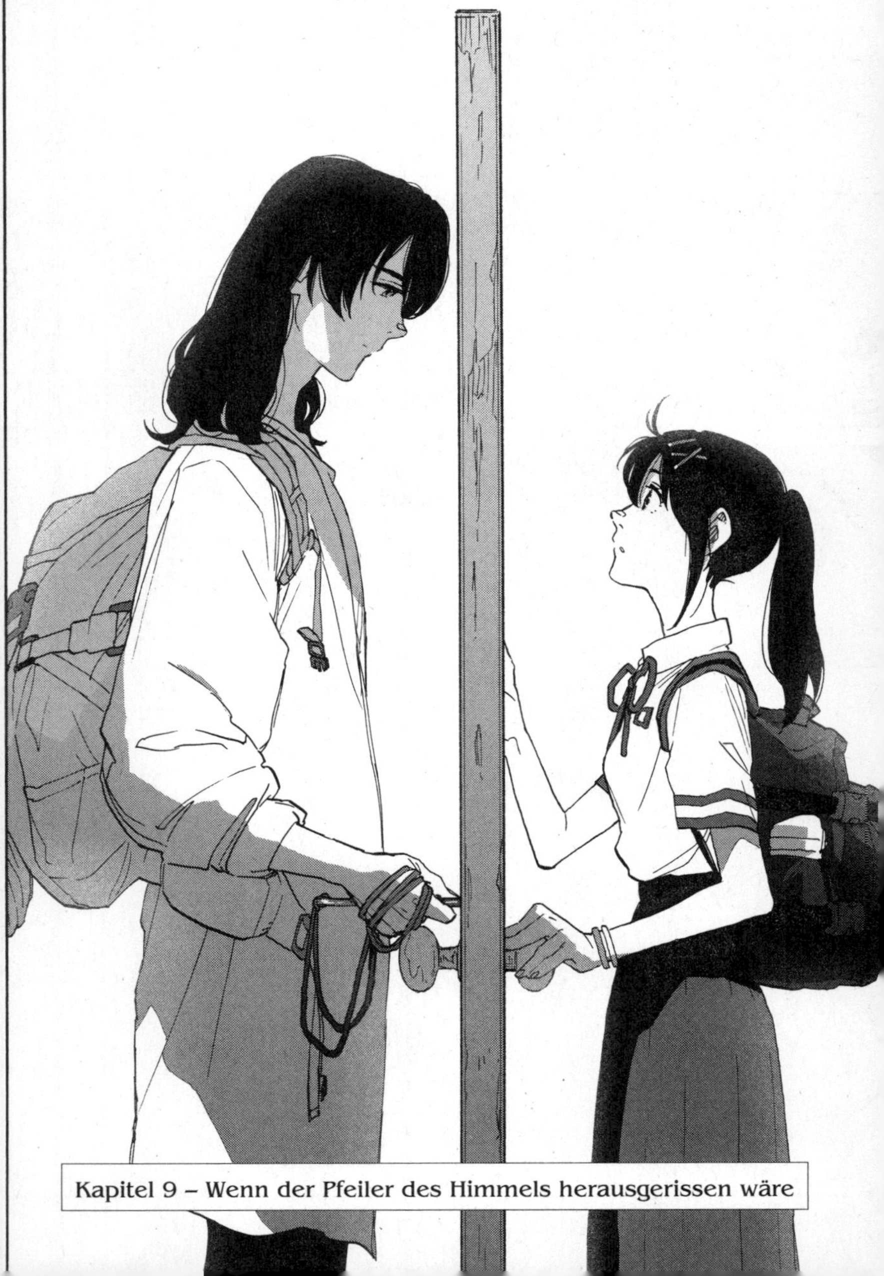

Kapitel 9 – Wenn der Pfeiler des Himmels herausgerissen wäre

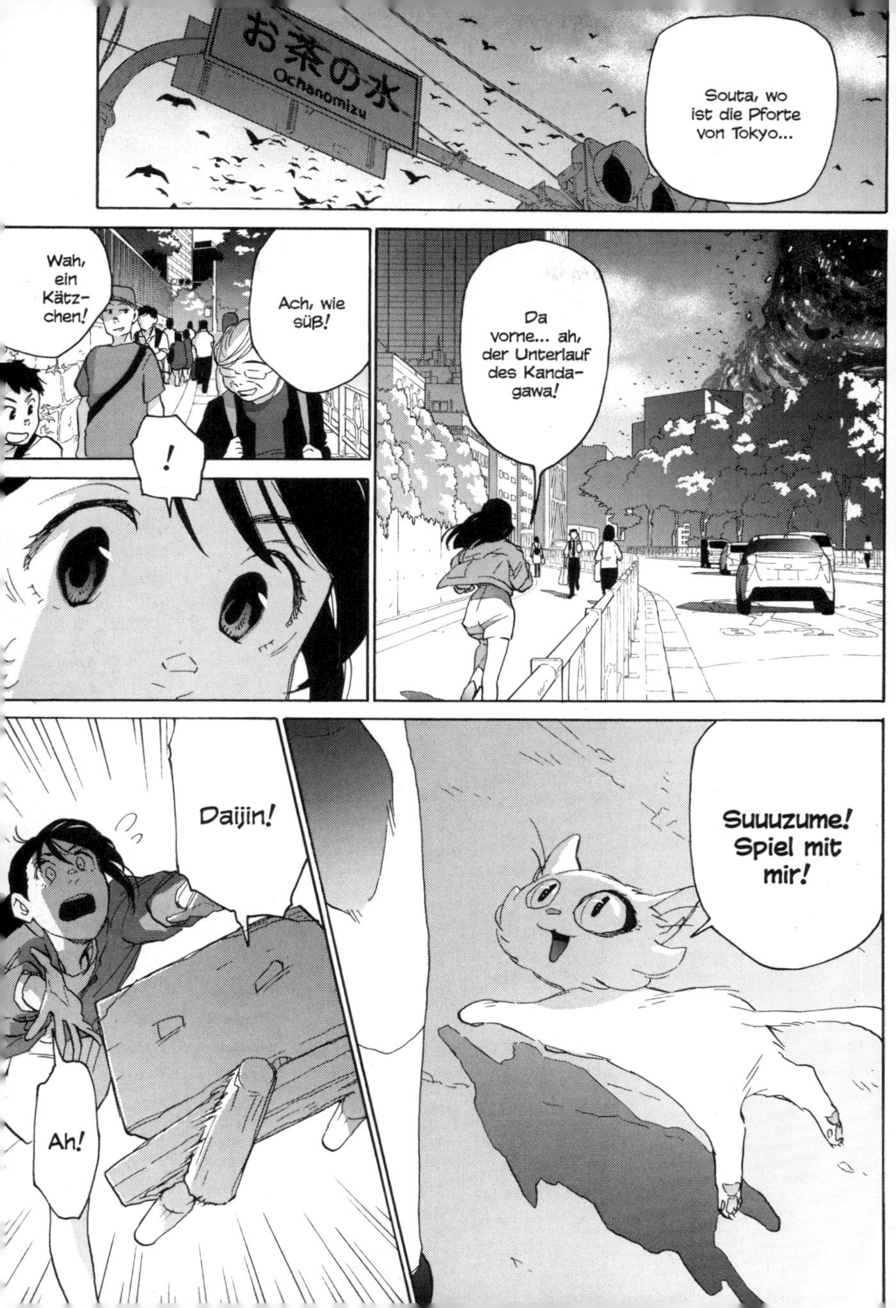
お茶の水
Ochanomizu
Souta, wo ist die Pforte von Tokyo...
Da vorne... ah, der Unterlauf des Kanda-gawa!
Ach, wie süß!
Wah, ein Kätz-chen!
!
Suuuzume! Spiel mit mir!
Daijin!
Ah!

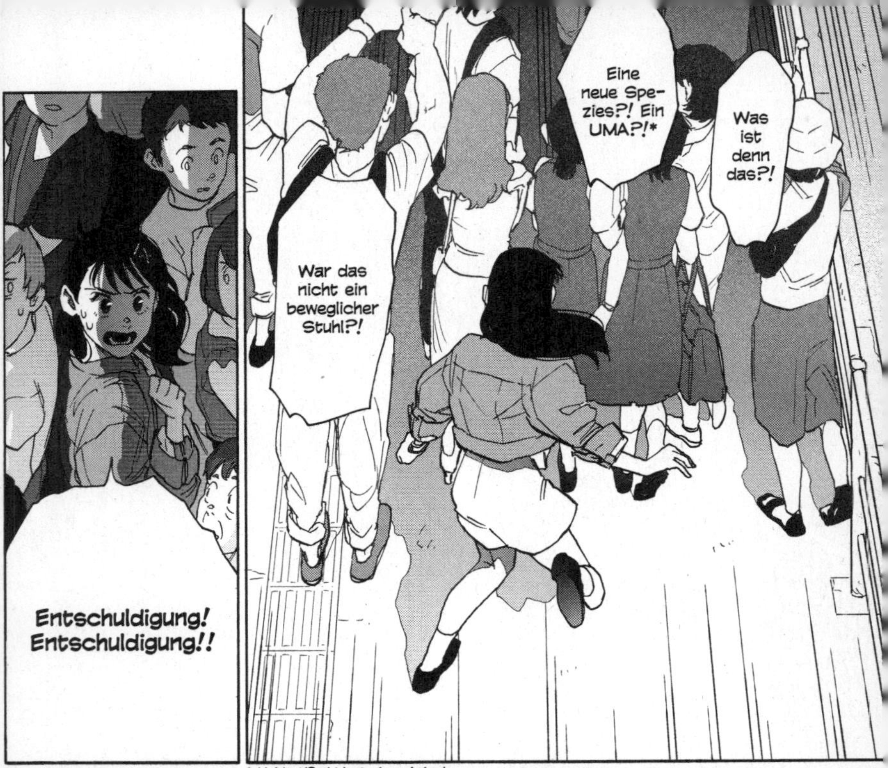

* Unidentified Mysterious Animal

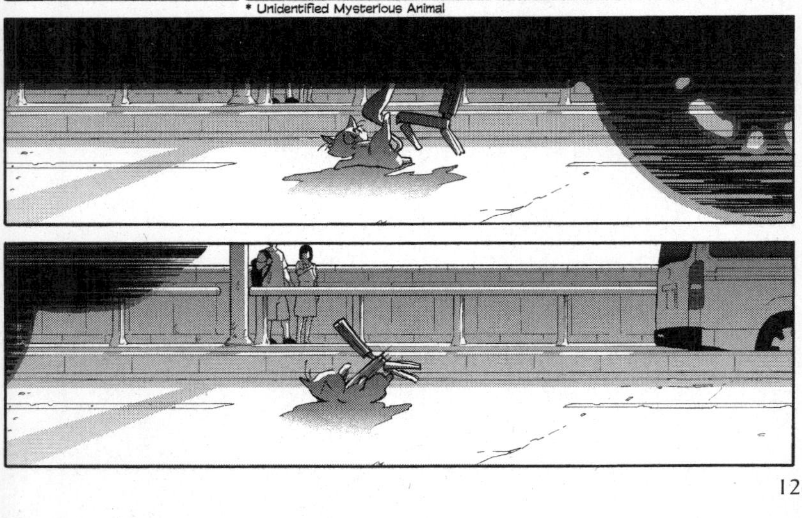

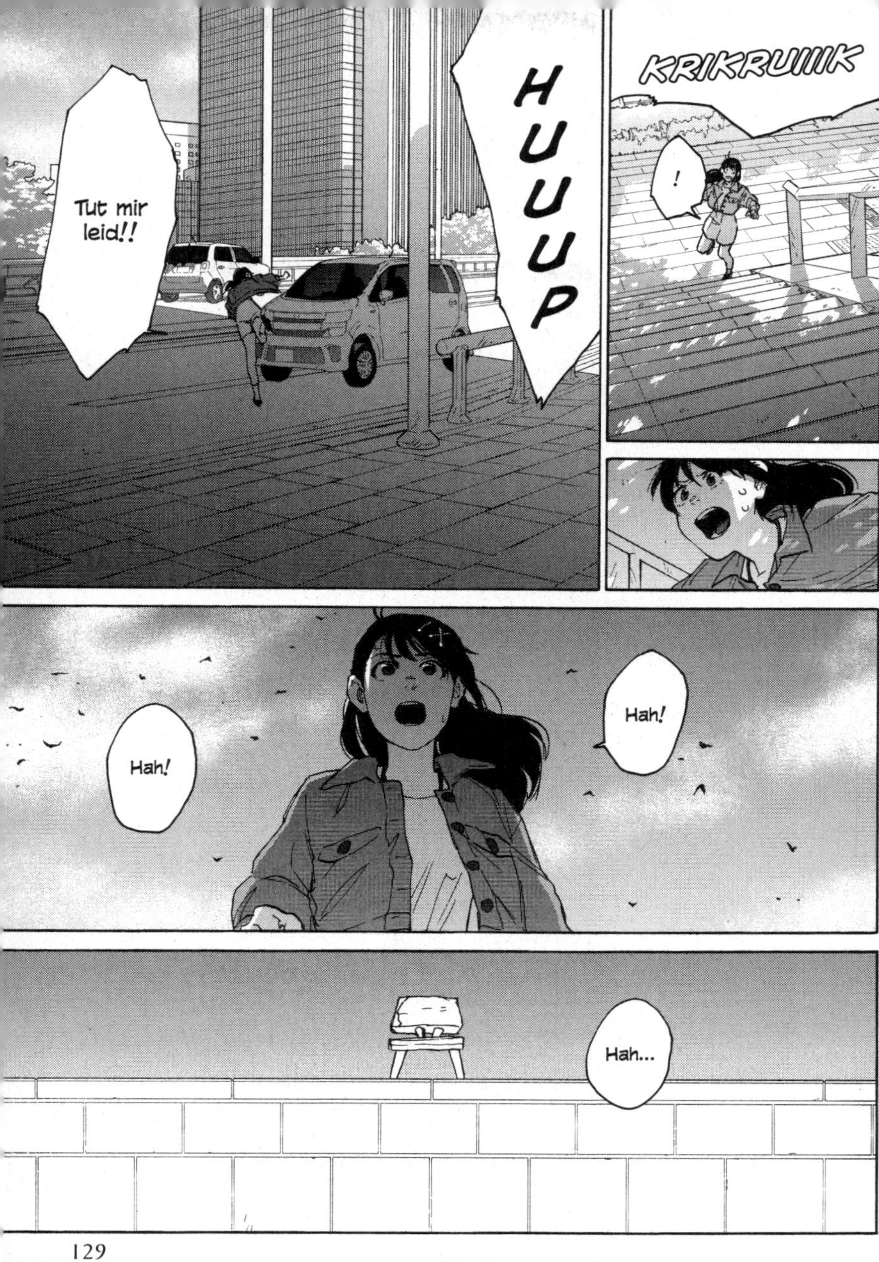

Tut mir leid!!
HUUUUP
KRIKRUIIIK
!
Hah!
Hah!
Hah...

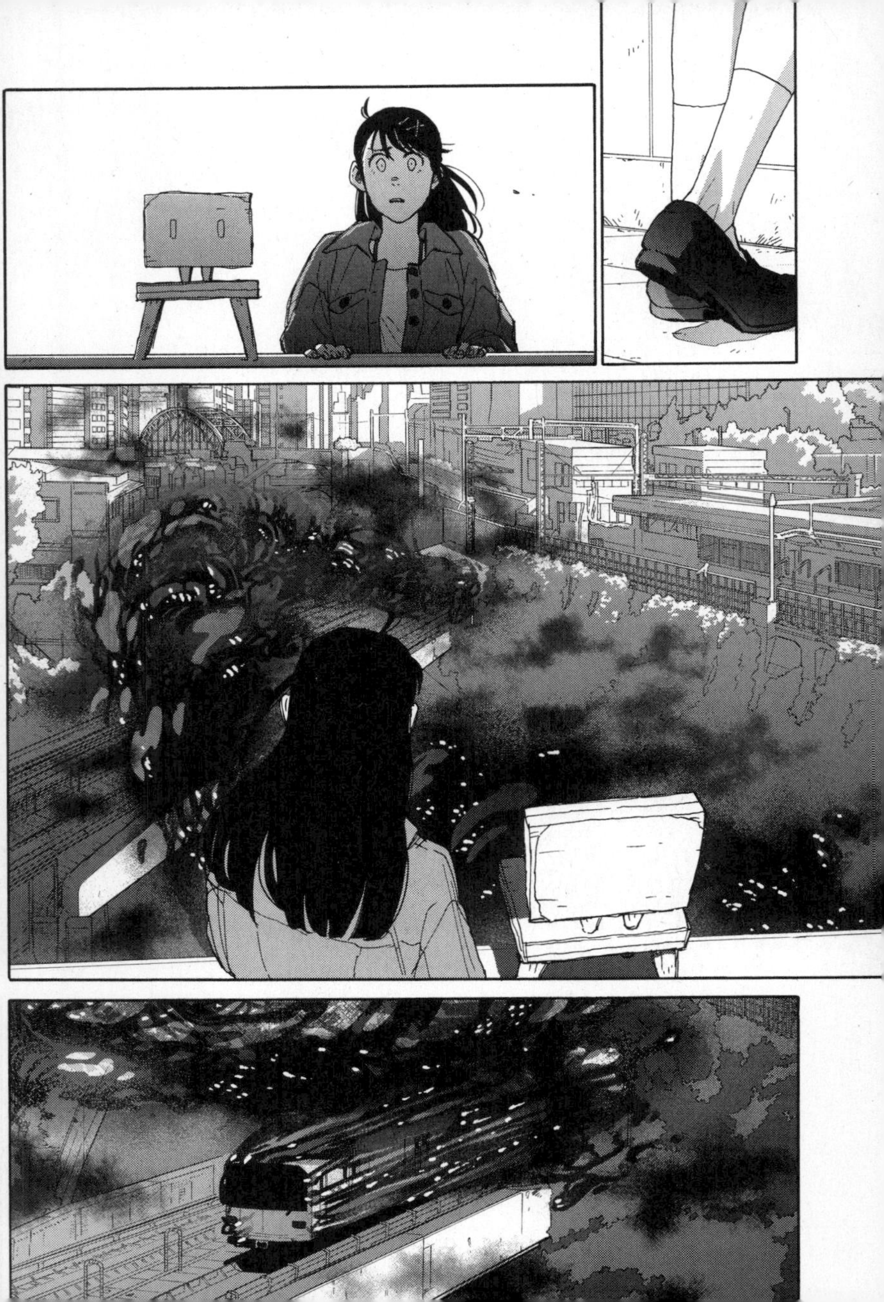

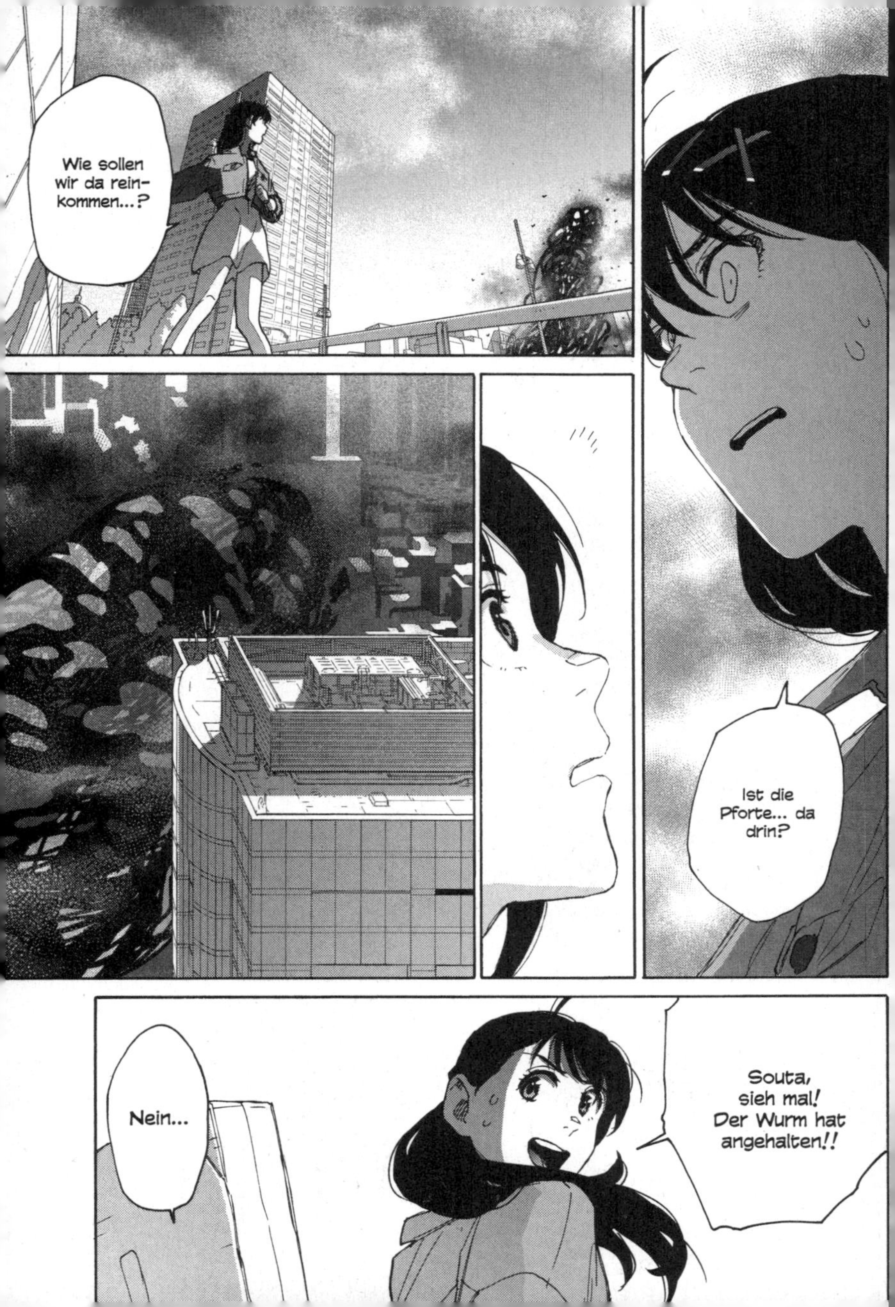
Wie sollen wir da rein-kommen...?
Ist die Pforte... da drin?
Souta, sieh mal! Der Wurm hat angehalten!!
Nein...

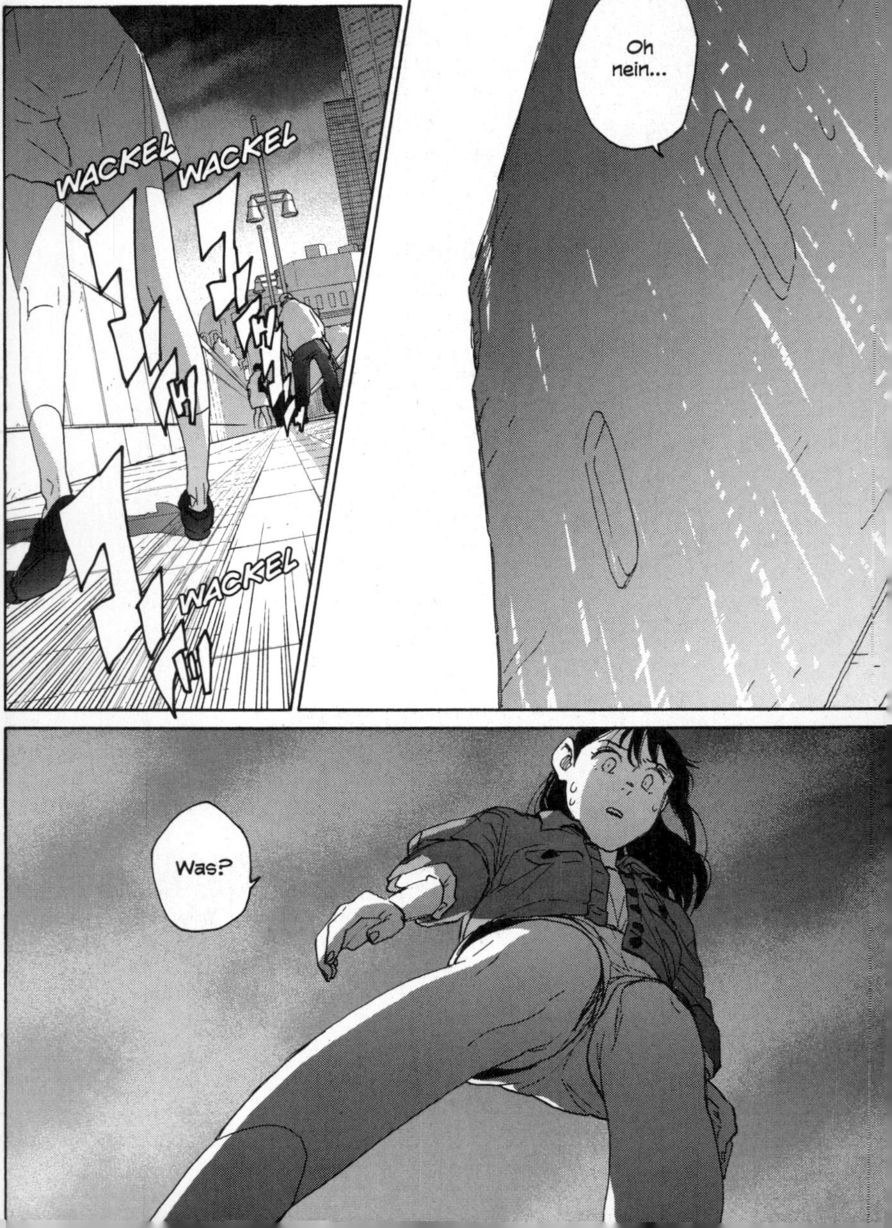

Oh nein...
WACKEL
WACKEL
WACKEL
Was?

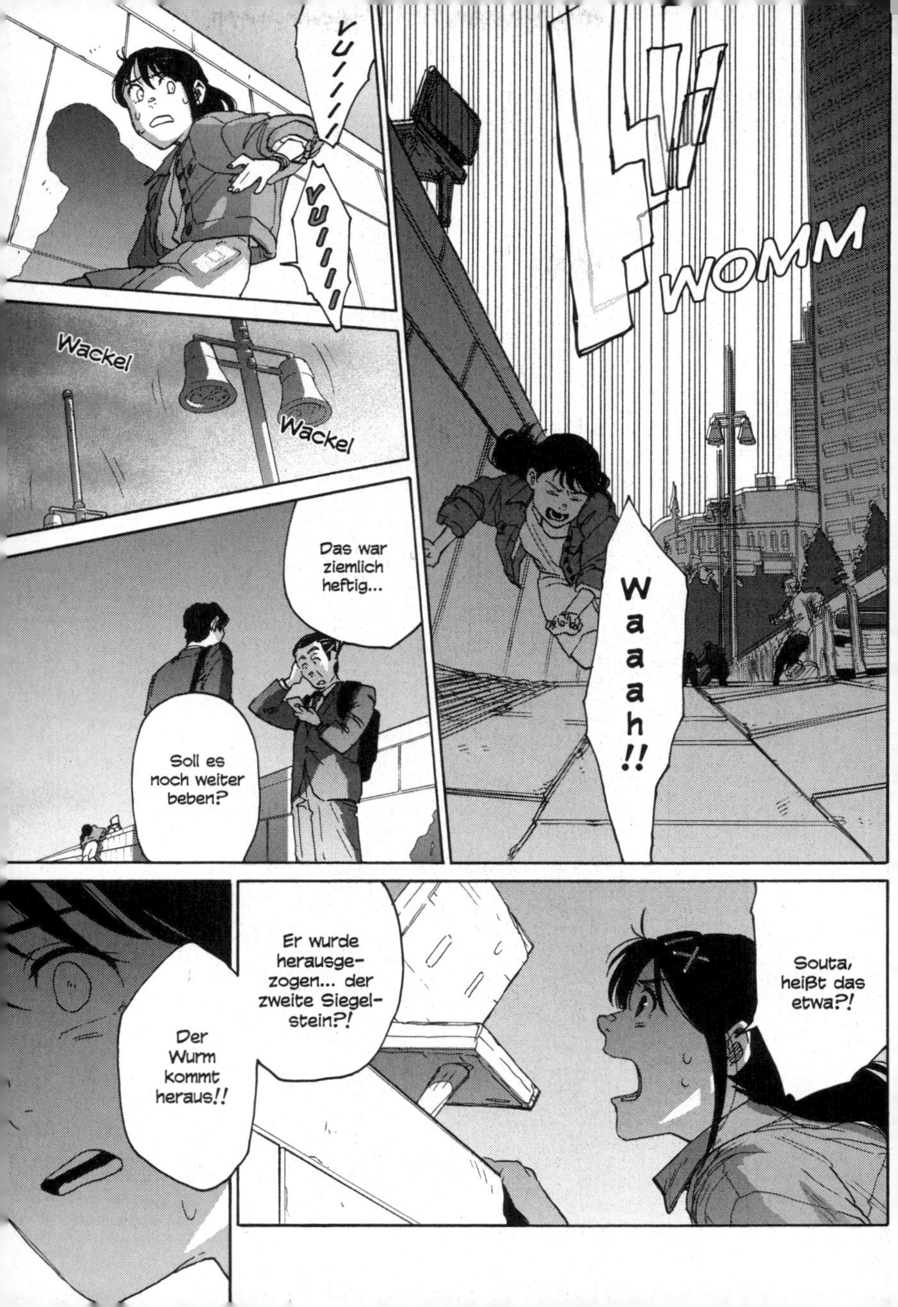
VUIIIIII
VUIIIIII
WOMM
Waaah!!
Wackel
Wackel
Das war ziemlich heftig...
Soll es noch weiter beben?
Souta, heißt das etwa?!
Er wurde herausgezogen... der zweite Siegelstein?!
Der Wurm kommt heraus!!

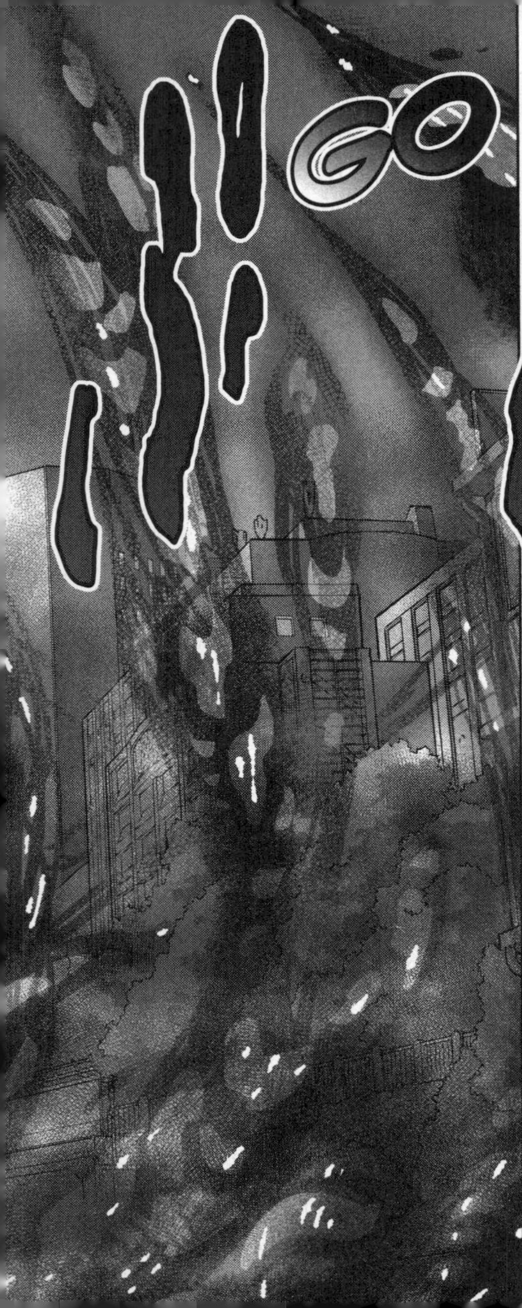
GO

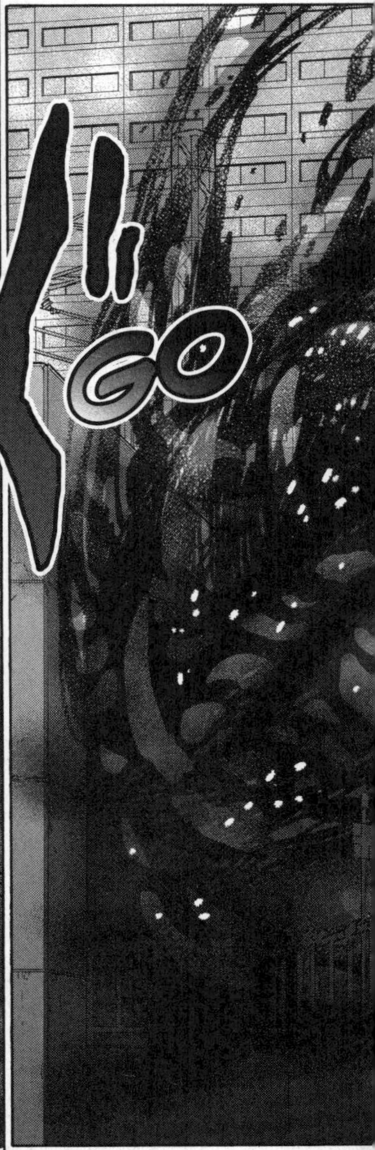
GO

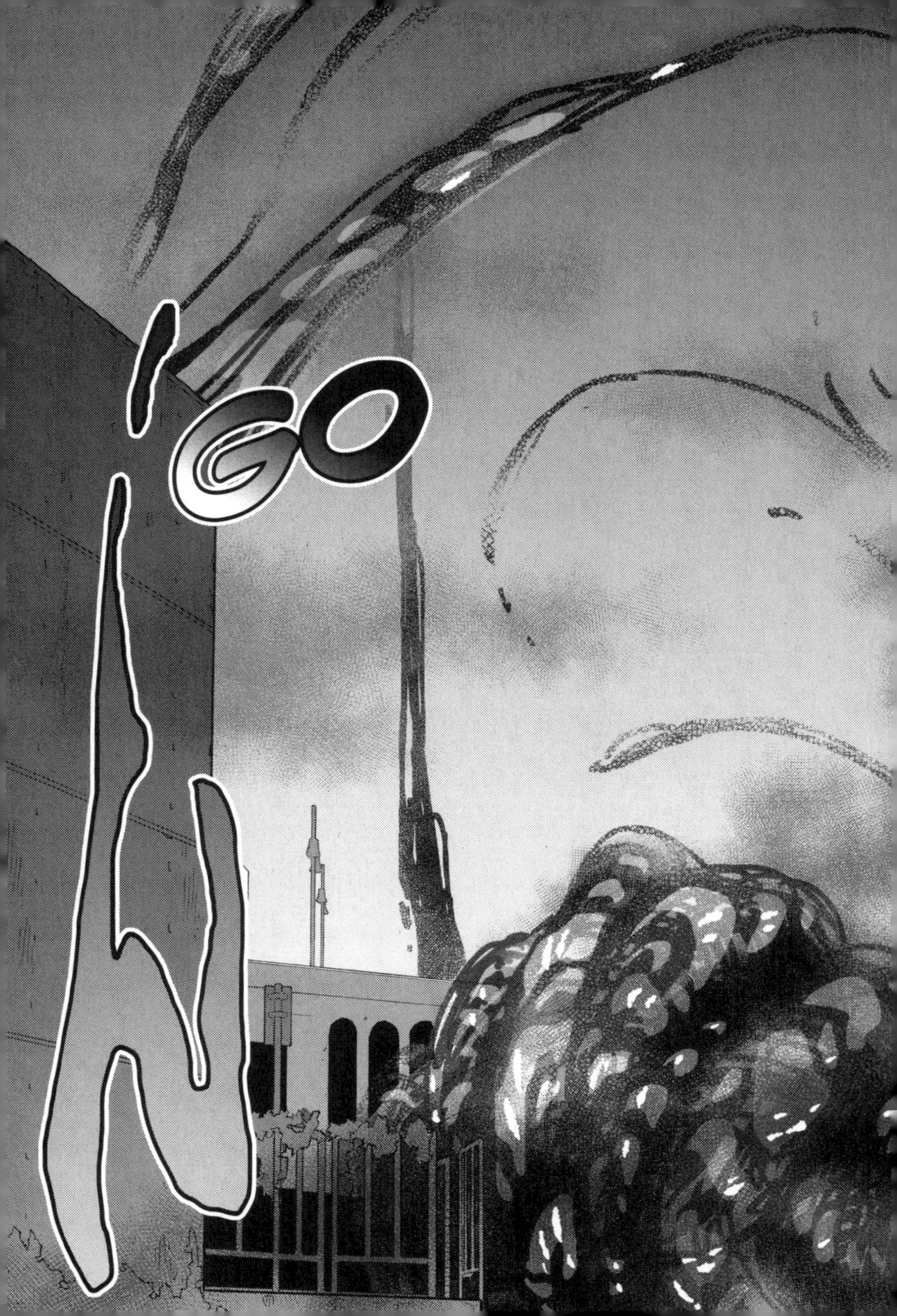
GO

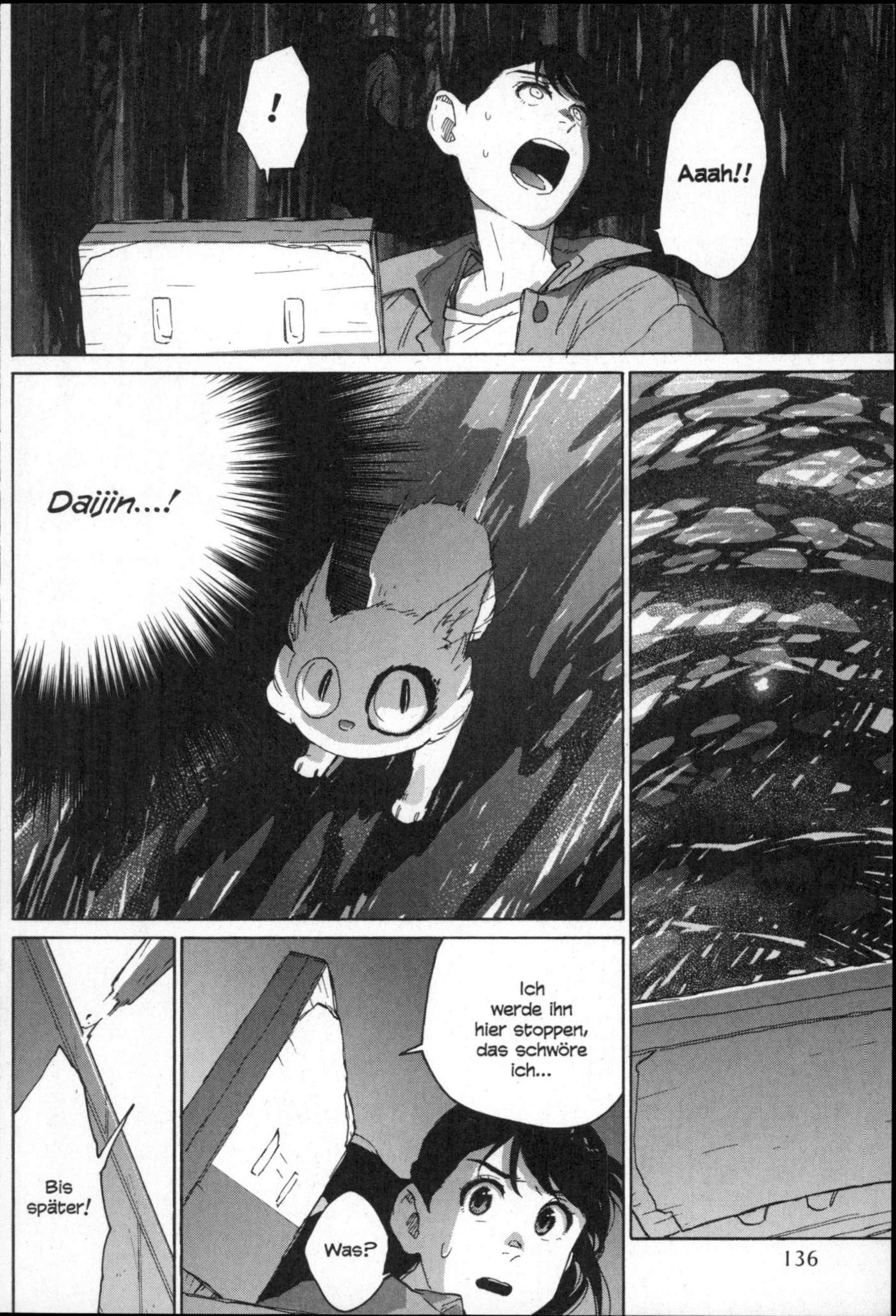
Aaah!!
!
Daijin...!
Ich werde ihn hier stoppen, das schwöre ich...
Was?
Bis später!

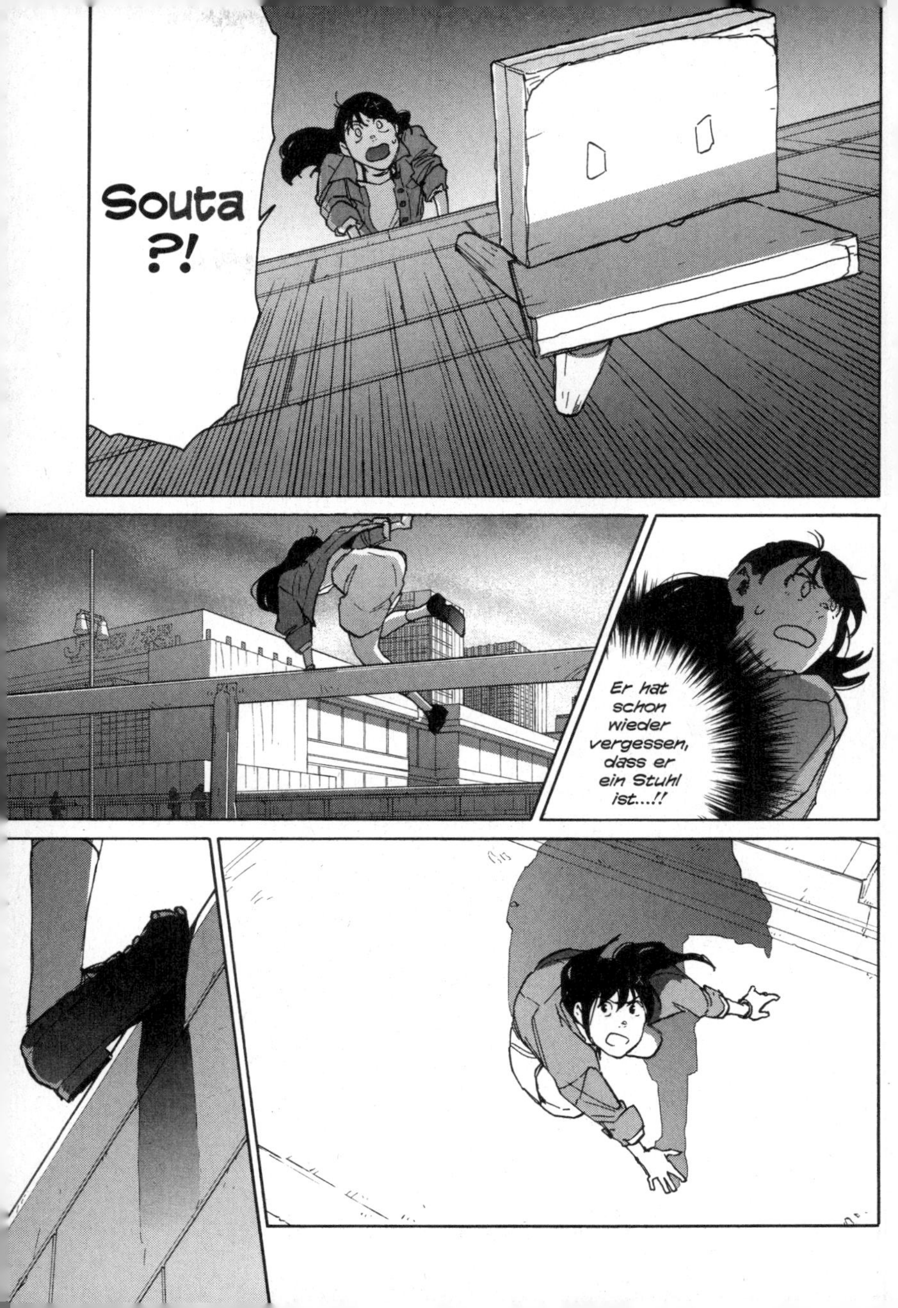
Souta ?!
Er hat schon wieder vergessen, dass er ein Stuhl ist...!!

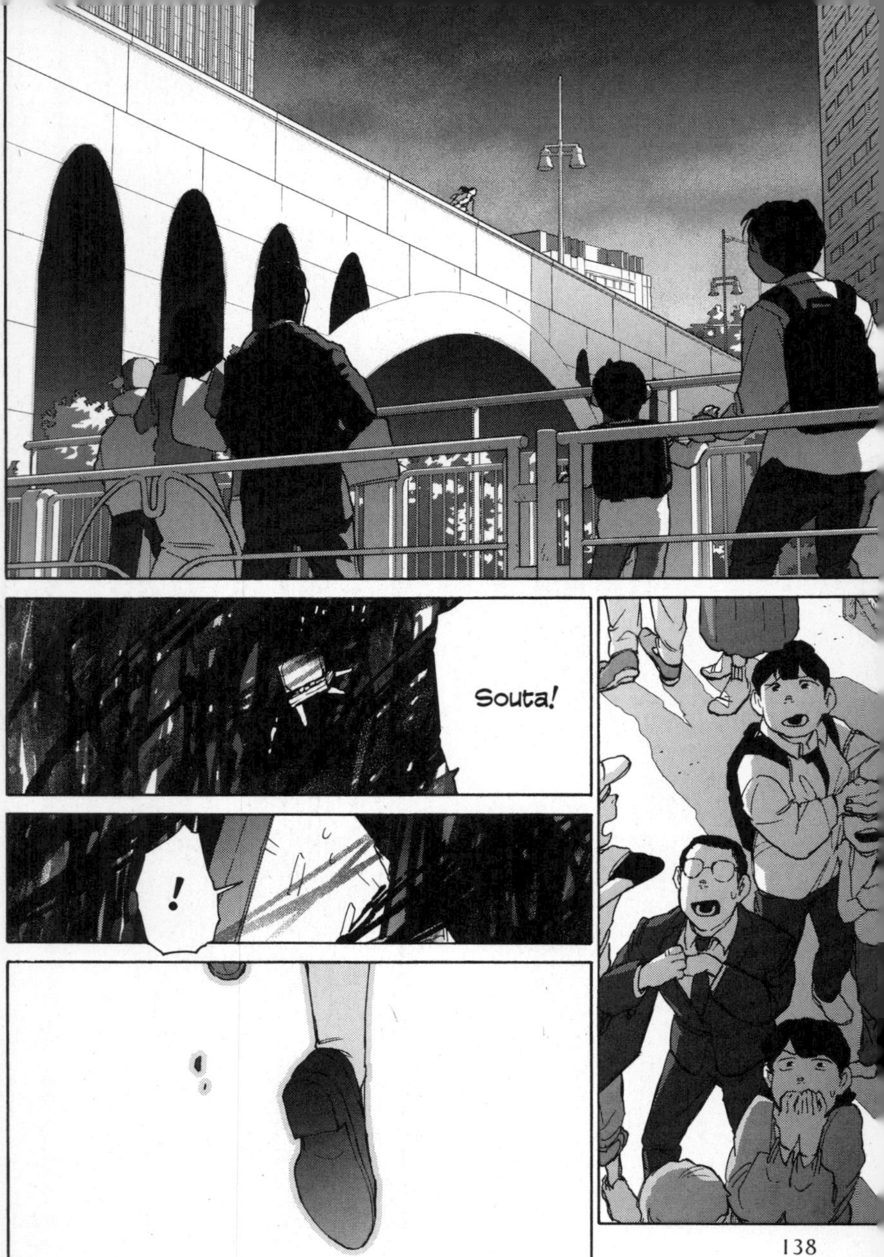
Souta!
!

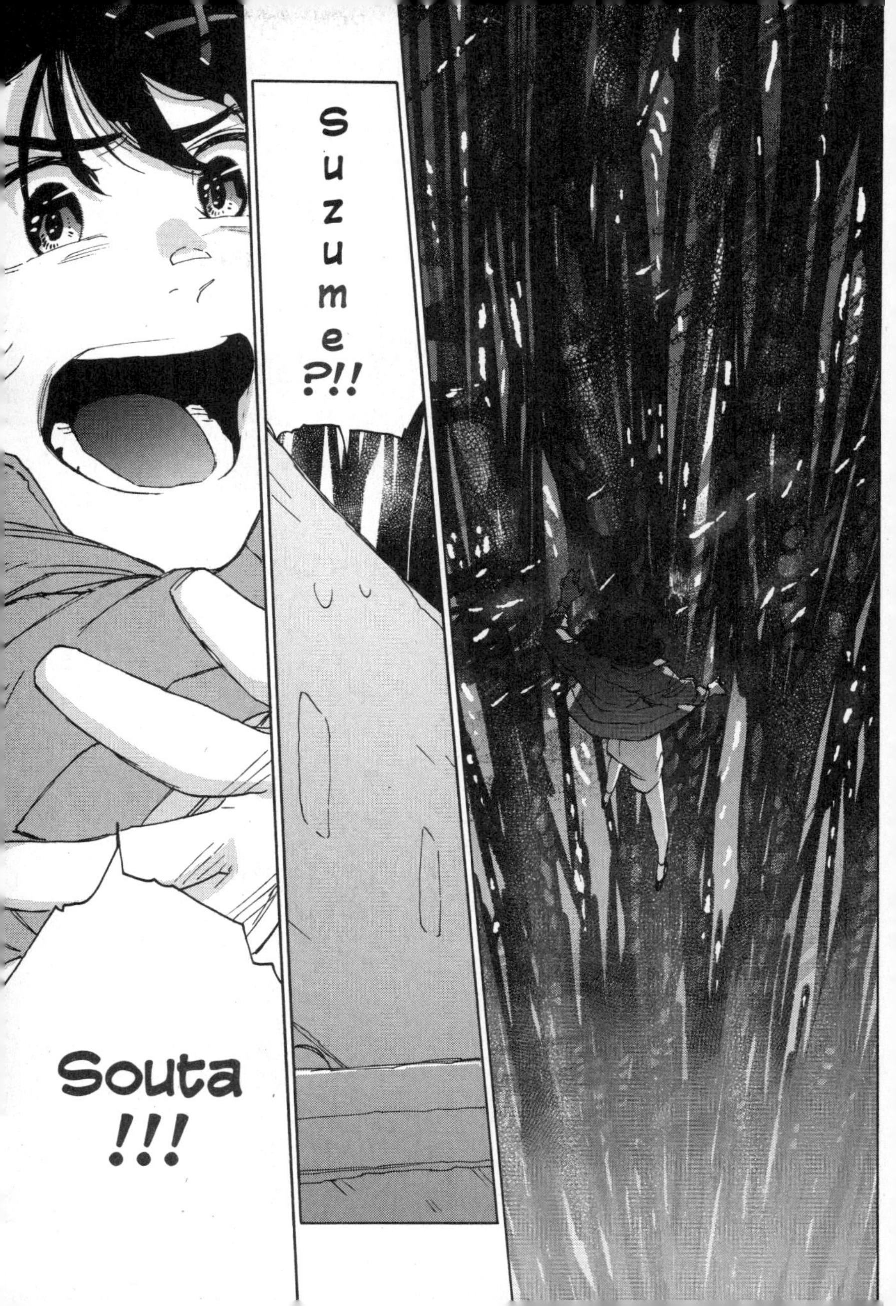
Suzume?!!
Souta!!!

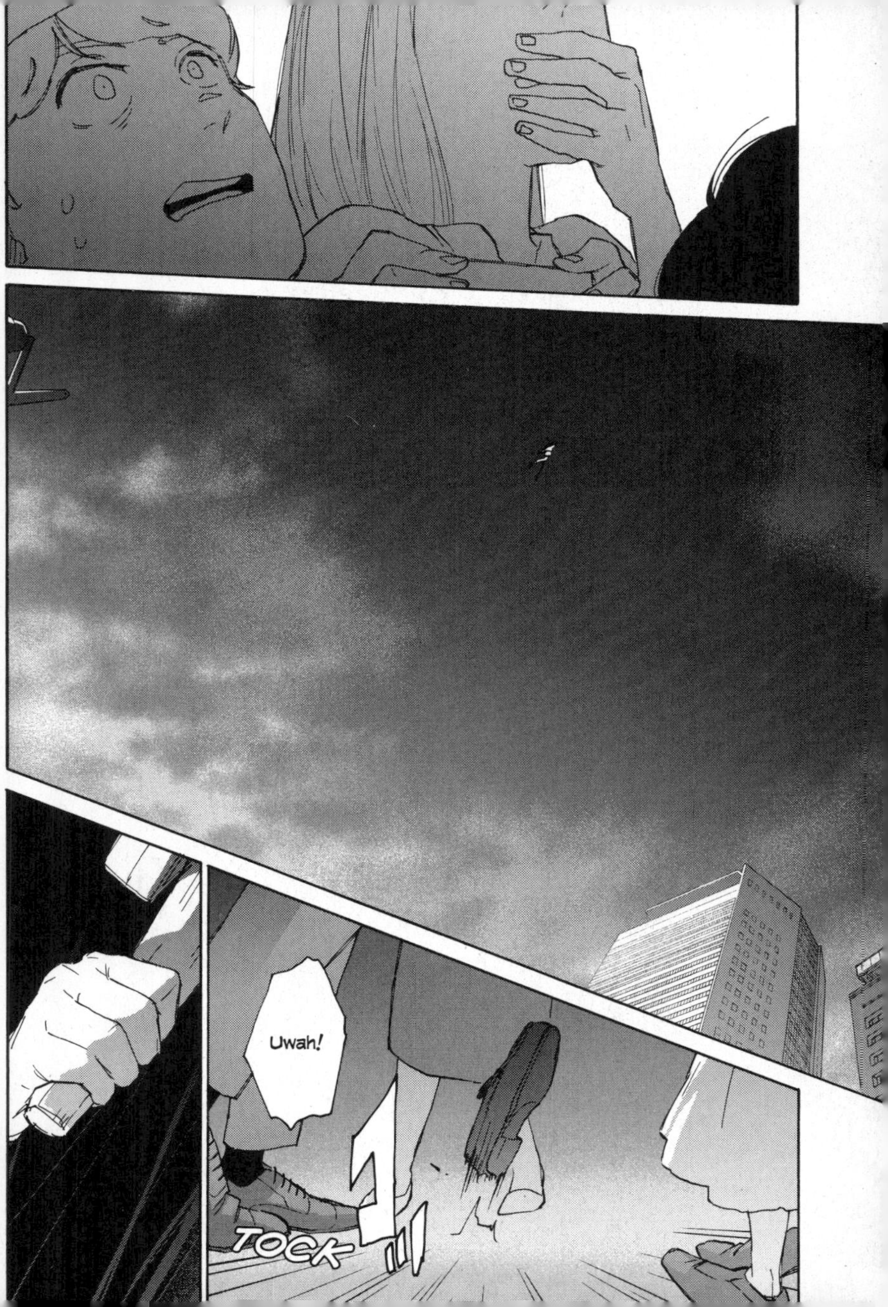
Uwah!
TOCK

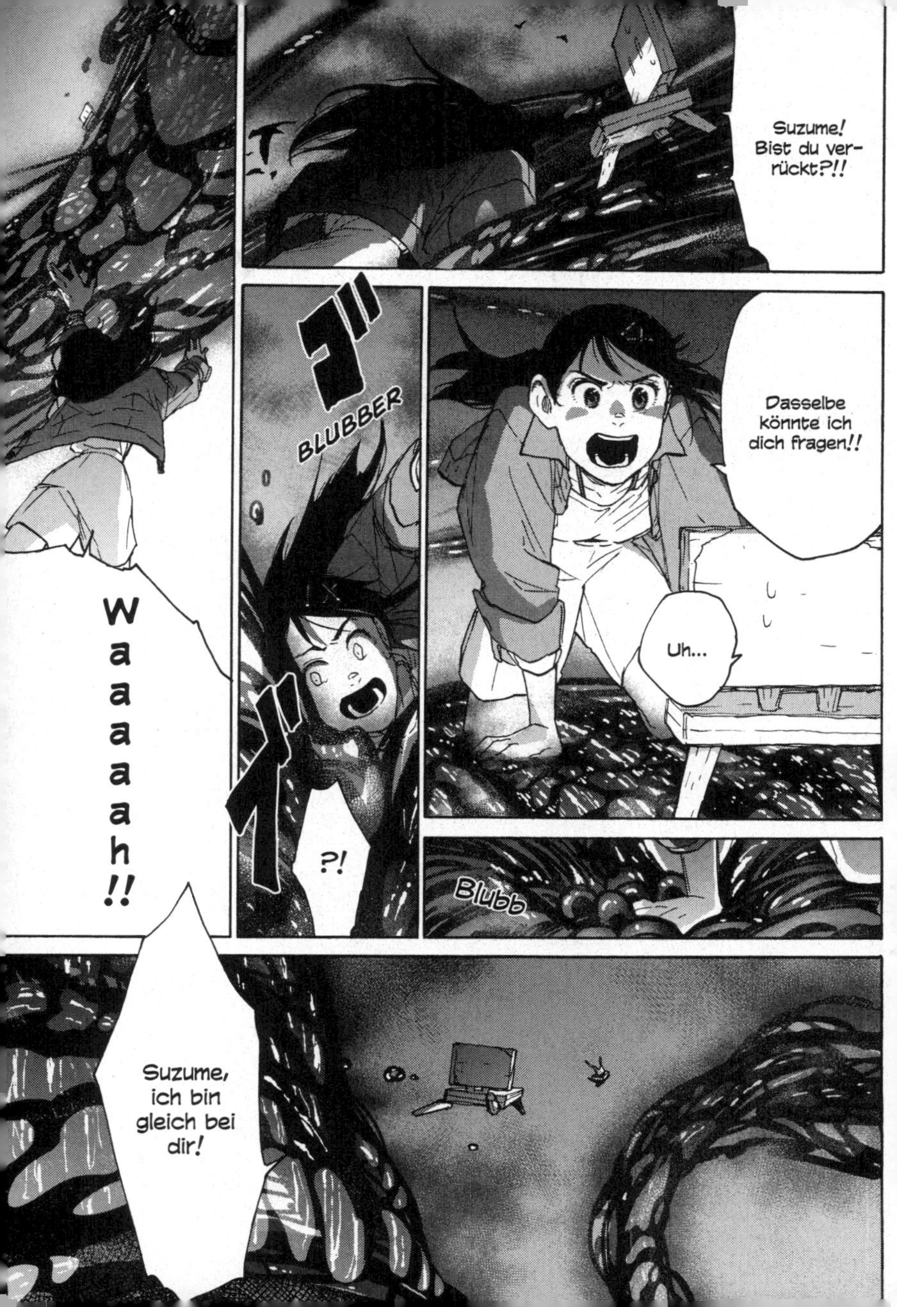
Suzume! Bist du verrückt?!!
Dasselbe könnte ich dich fragen!!
Uh...
BLUBBER
?!
Blubb
Waaaaaaah!!
Suzume, ich bin gleich bei dir!

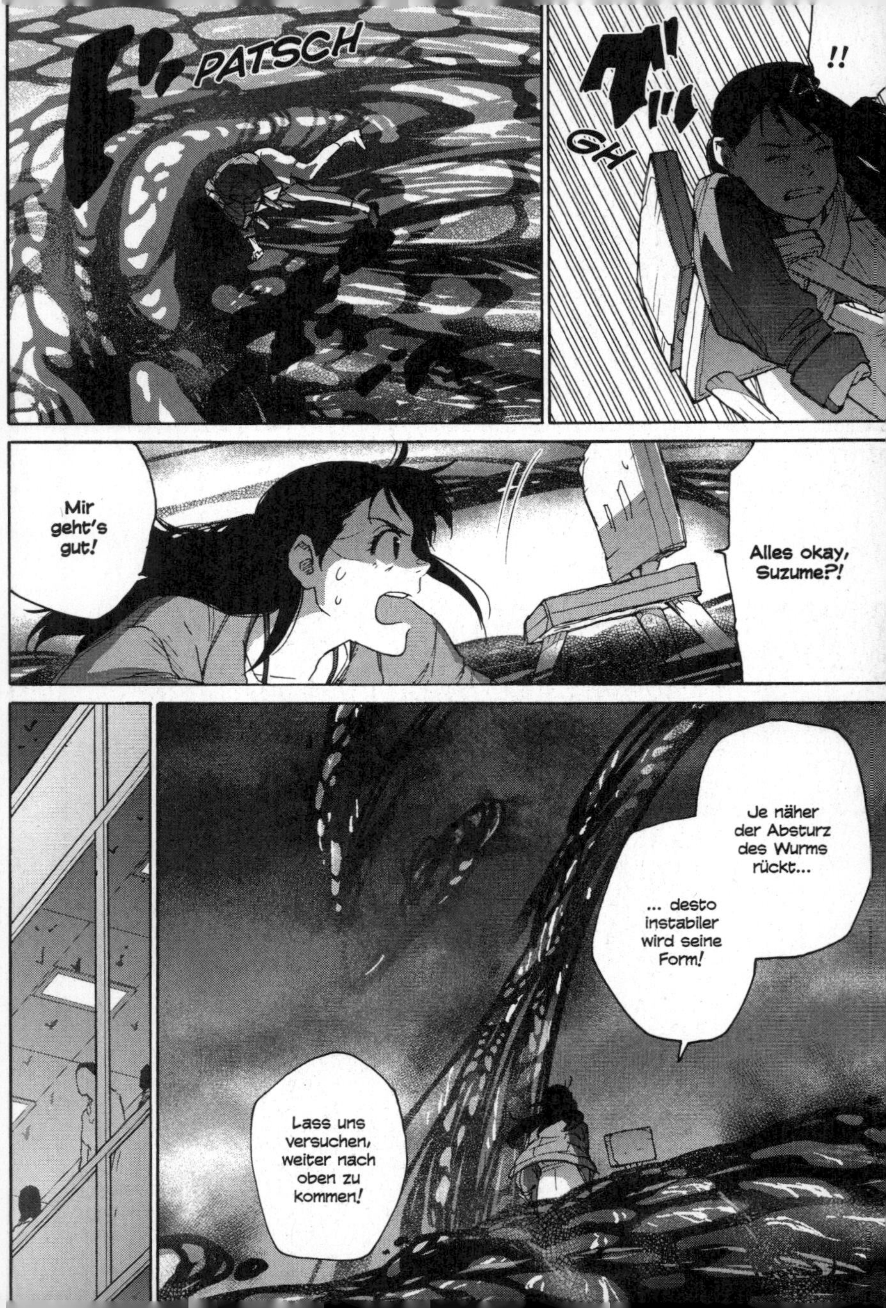
!!
GH
PATSCH
Alles okay, Suzume?!
Mir geht's gut!
Je näher der Absturz des Wurms rückt...
... desto instabiler wird seine Form!
Lass uns versuchen, weiter nach oben zu kommen!

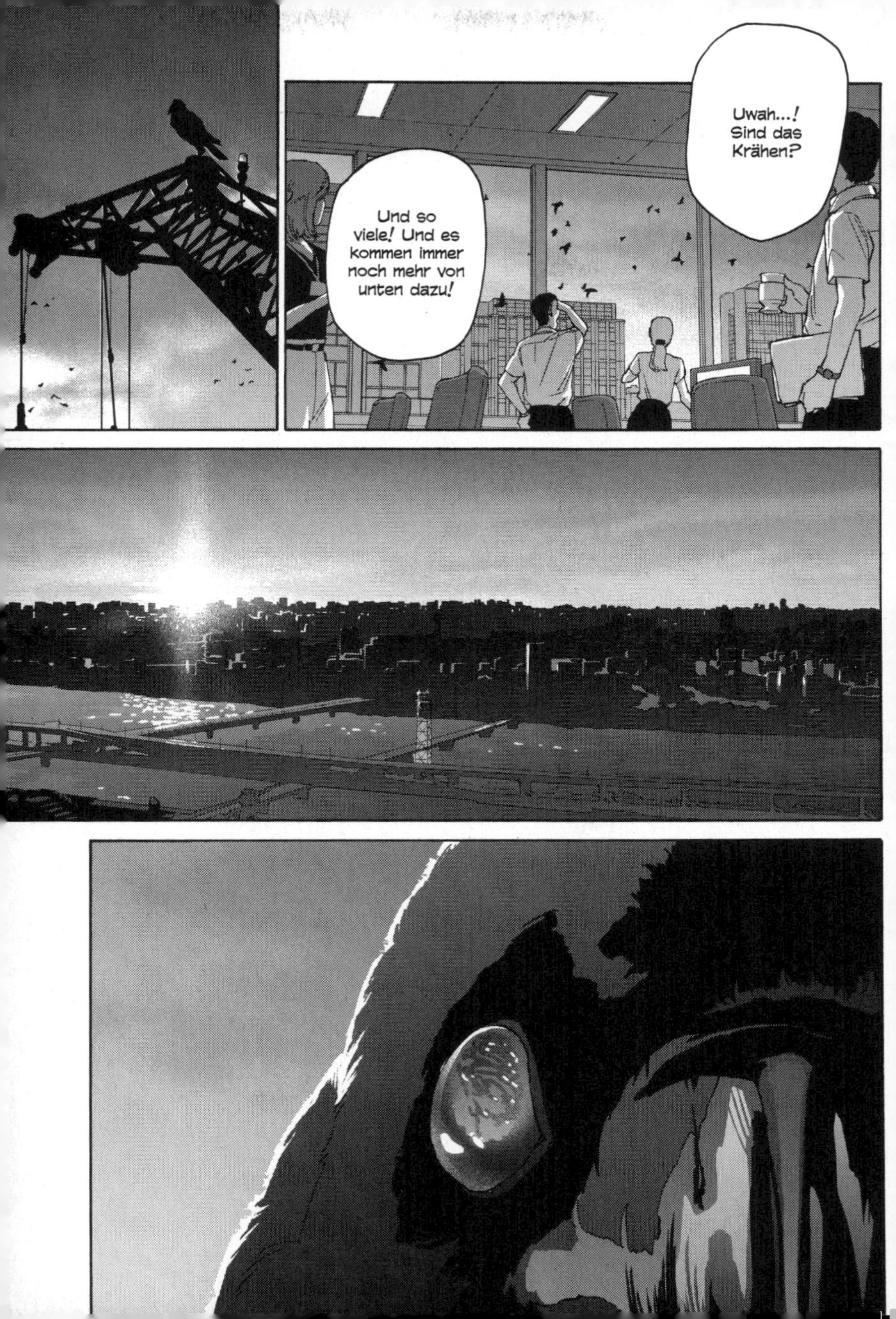
Uwah...! Sind das Krähen?
Und so viele! Und es kommen immer noch mehr von unten dazu!

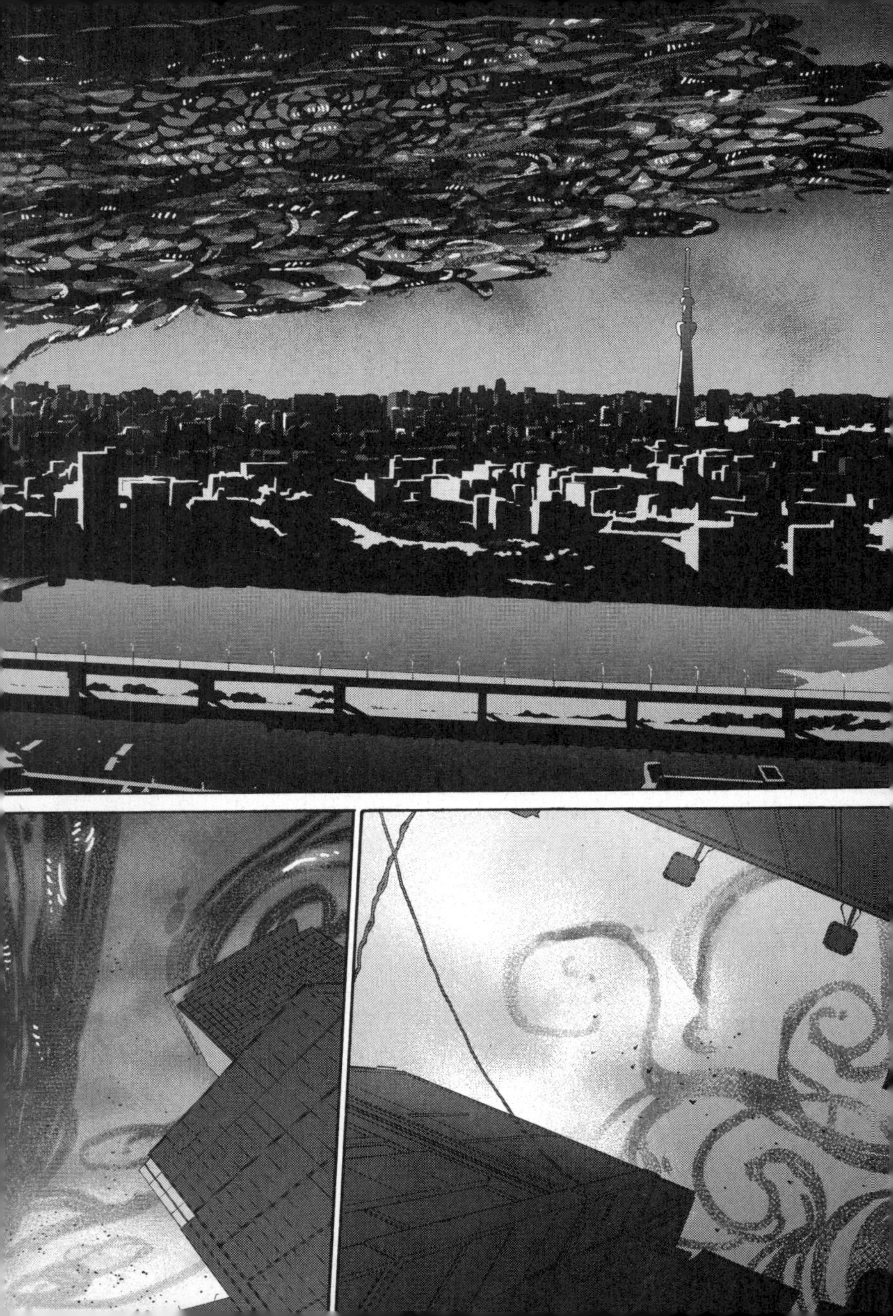

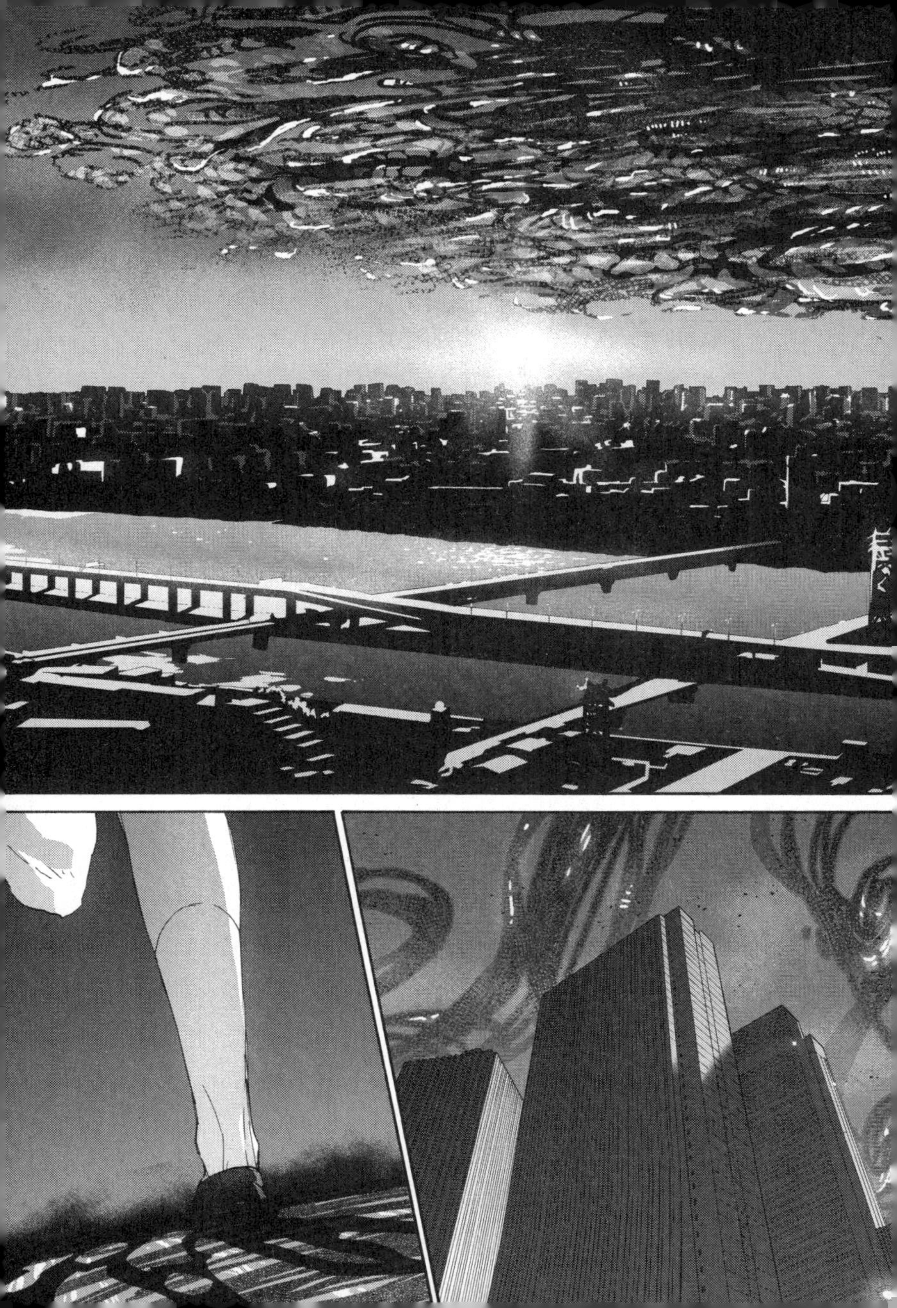

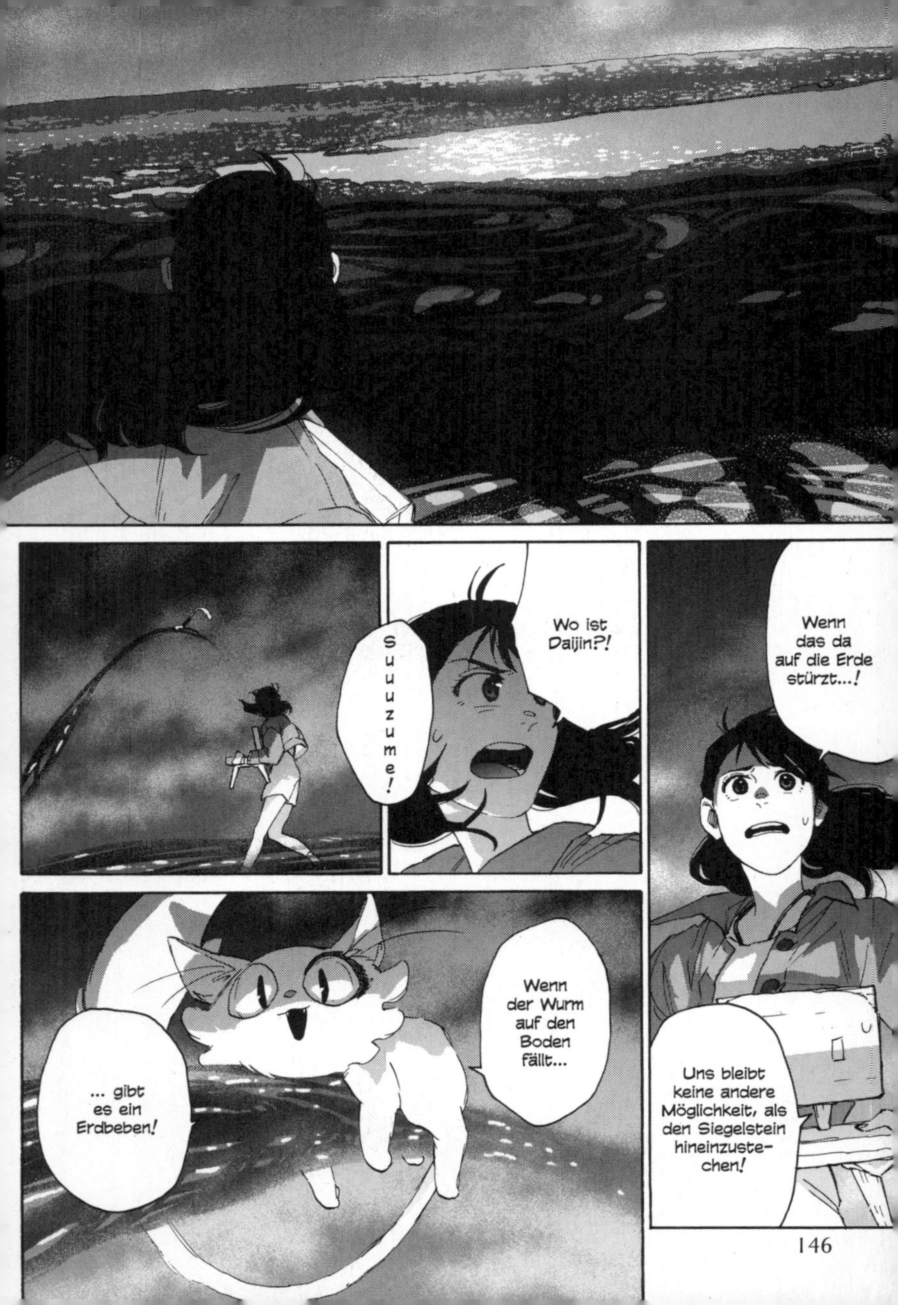
Wo ist Daijin?!
Suuuzume!
Wenn das da auf die Erde stürzt...!
Wenn der Wurm auf den Boden fällt...
... gibt es ein Erdbeben!
Uns bleibt keine andere Möglichkeit, als den Siegelstein hineinzustechen!

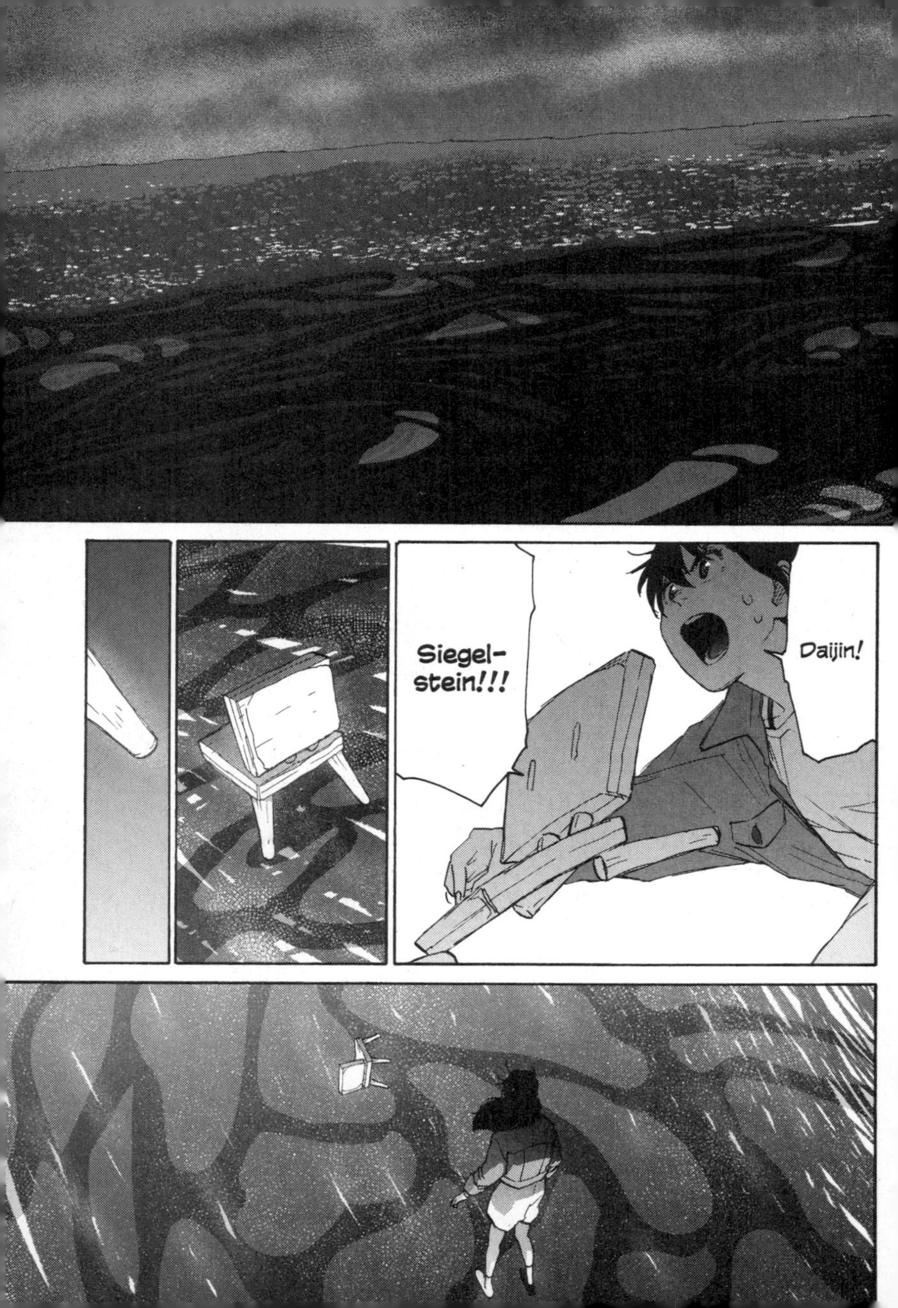
Daijin!
Siegel-
stein!!!

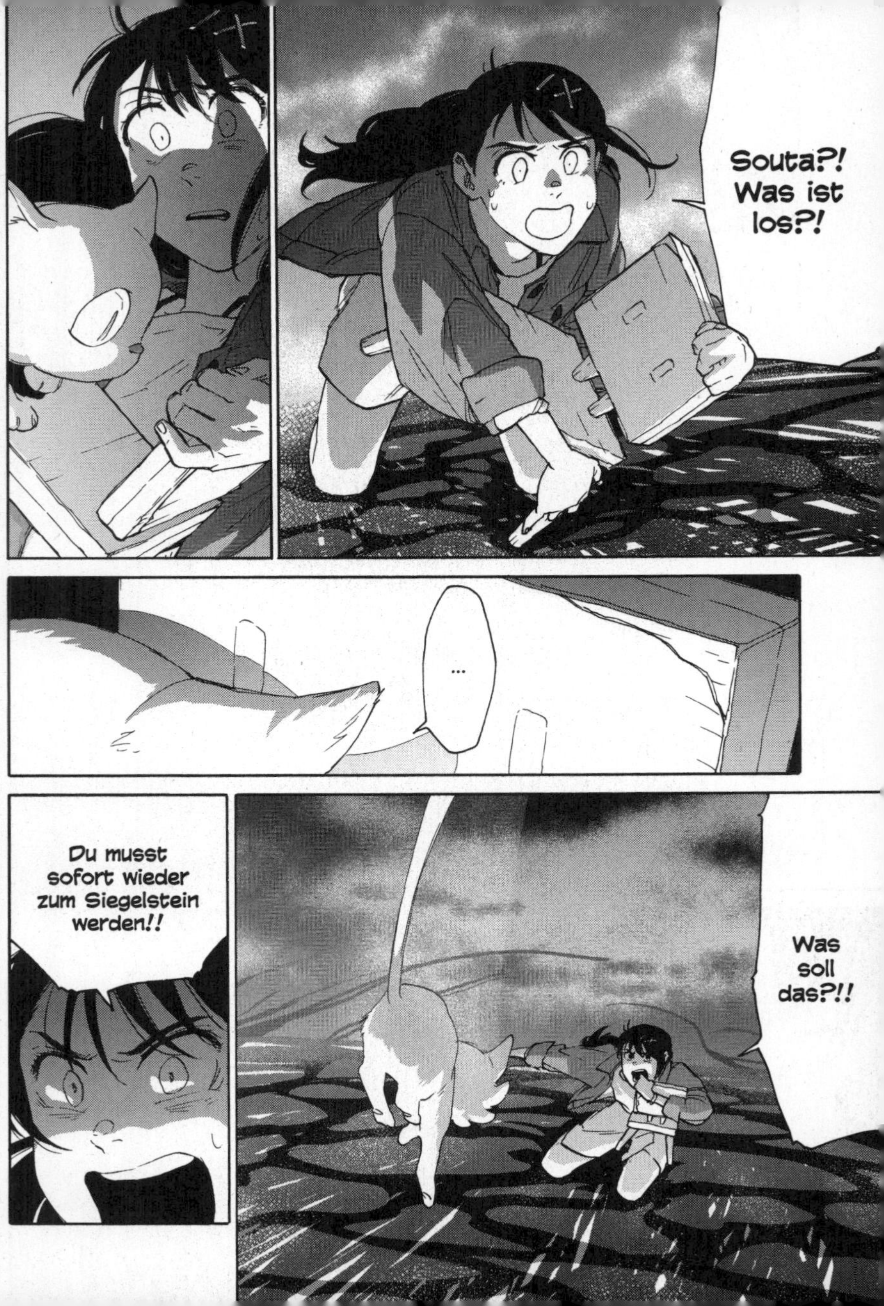
Souta?! Was ist los?!
...
Was soll das?!!
Du musst sofort wieder zum Siegelstein werden!!

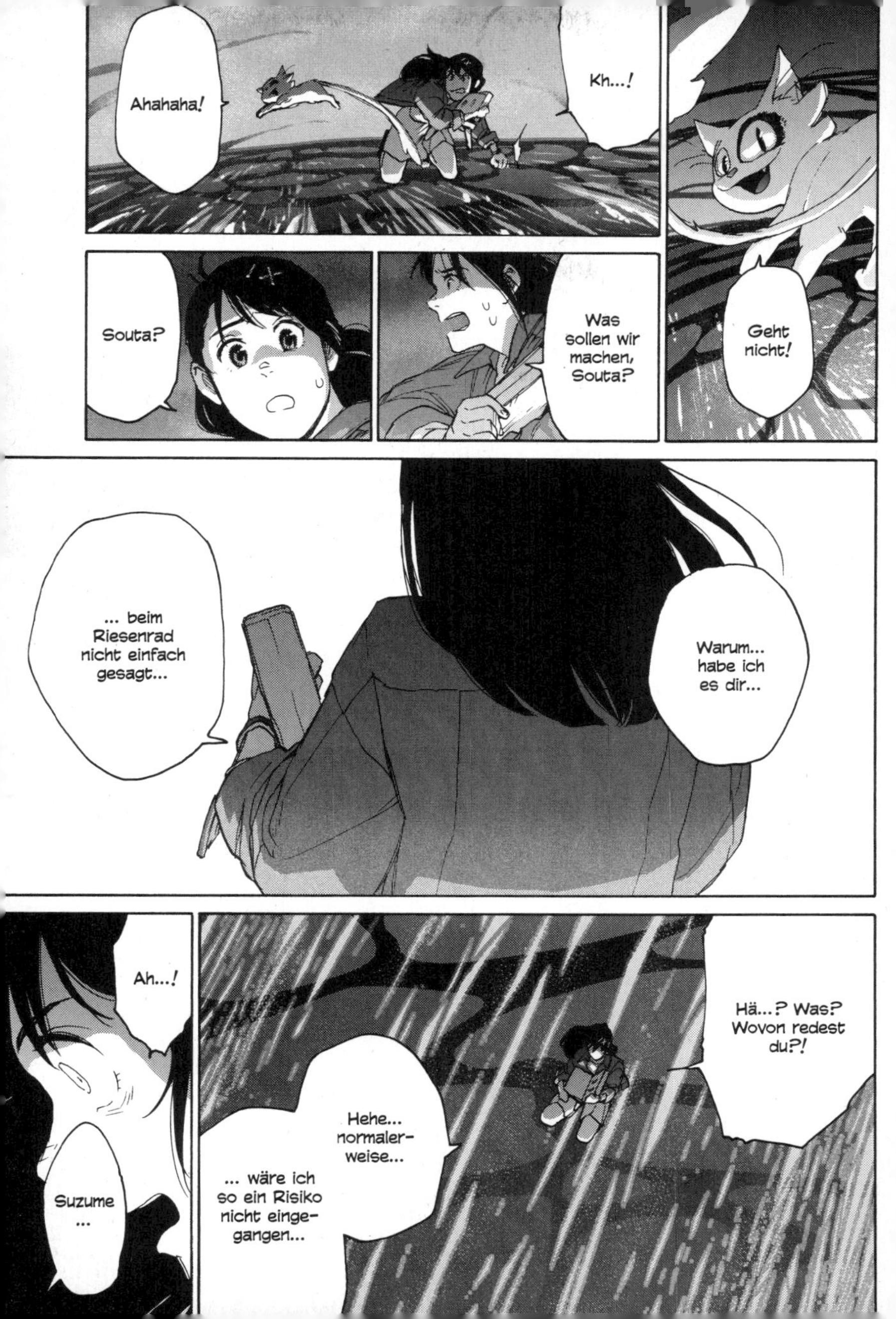

Kh...!
Ahahaha!
Geht nicht!
Was sollen wir machen, Souta?
Souta?
Warum... habe ich es dir...
... beim Riesenrad nicht einfach gesagt...
Hä...? Was? Wovon redest du?!
Hehe... normalerweise...
... wäre ich so ein Risiko nicht eingegangen...
Ah...!
Suzume ...

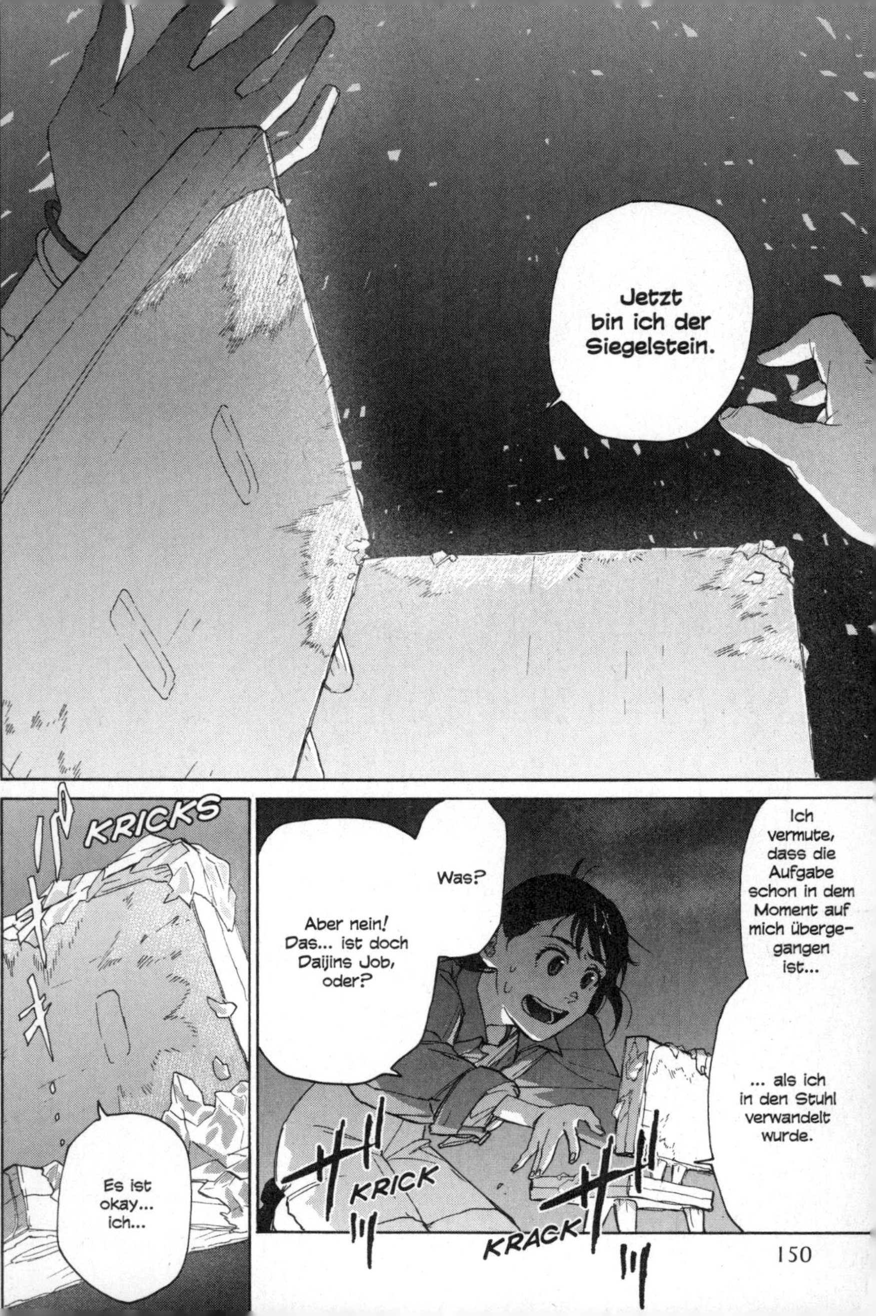
Jetzt bin ich der Siegelstein.
Ich vermute, dass die Aufgabe schon in dem Moment auf mich übergegangen ist...
... als ich in den Stuhl verwandelt wurde.
Was?
Aber nein! Das... ist doch Daijins Job, oder?
KRICK
KRACK
KRICKS
Es ist okay... ich...

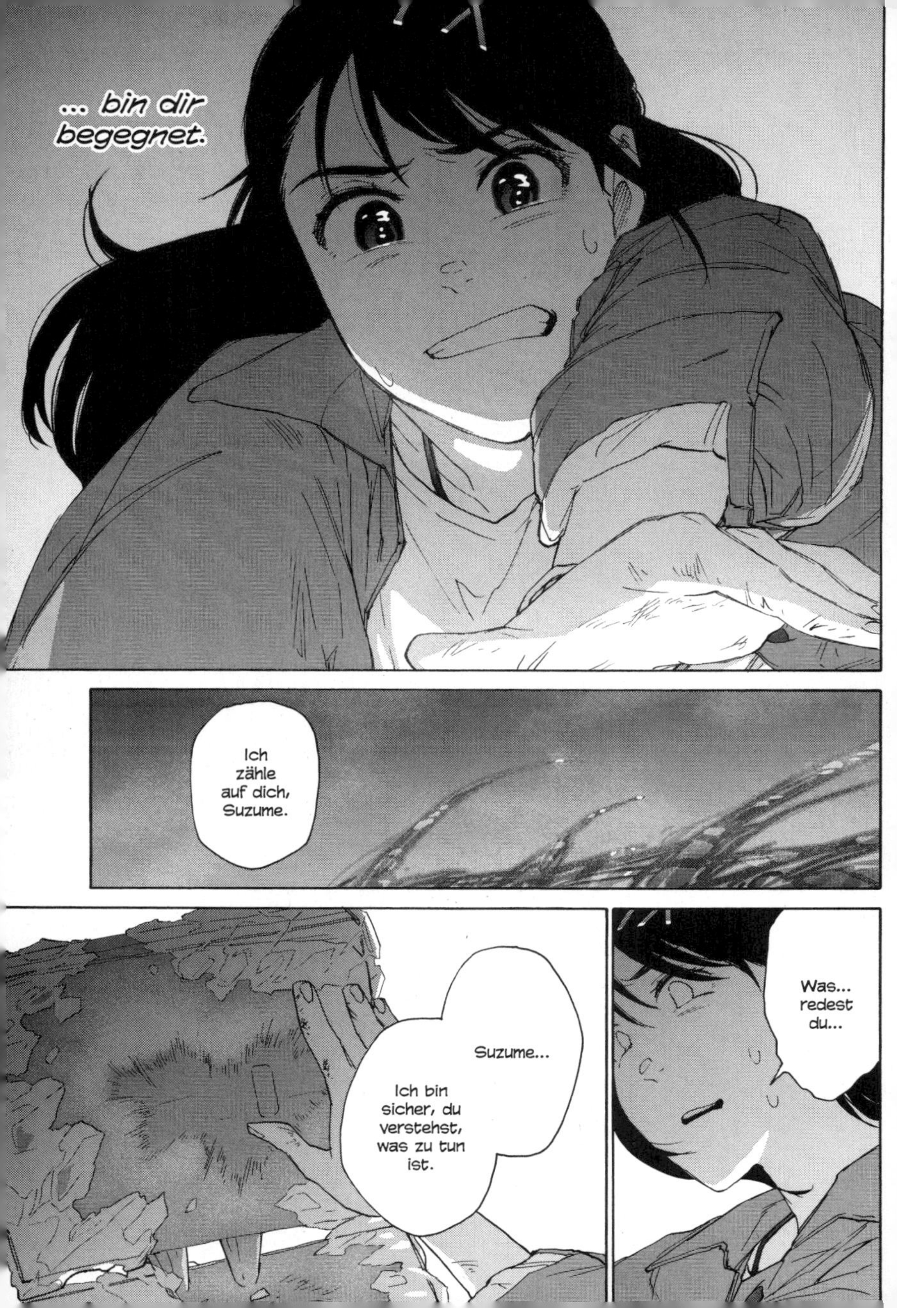
... bin dir begegnet.
Ich zähle auf dich, Suzume.
Was... redest du...
Suzume...
Ich bin sicher, du verstehst, was zu tun ist.

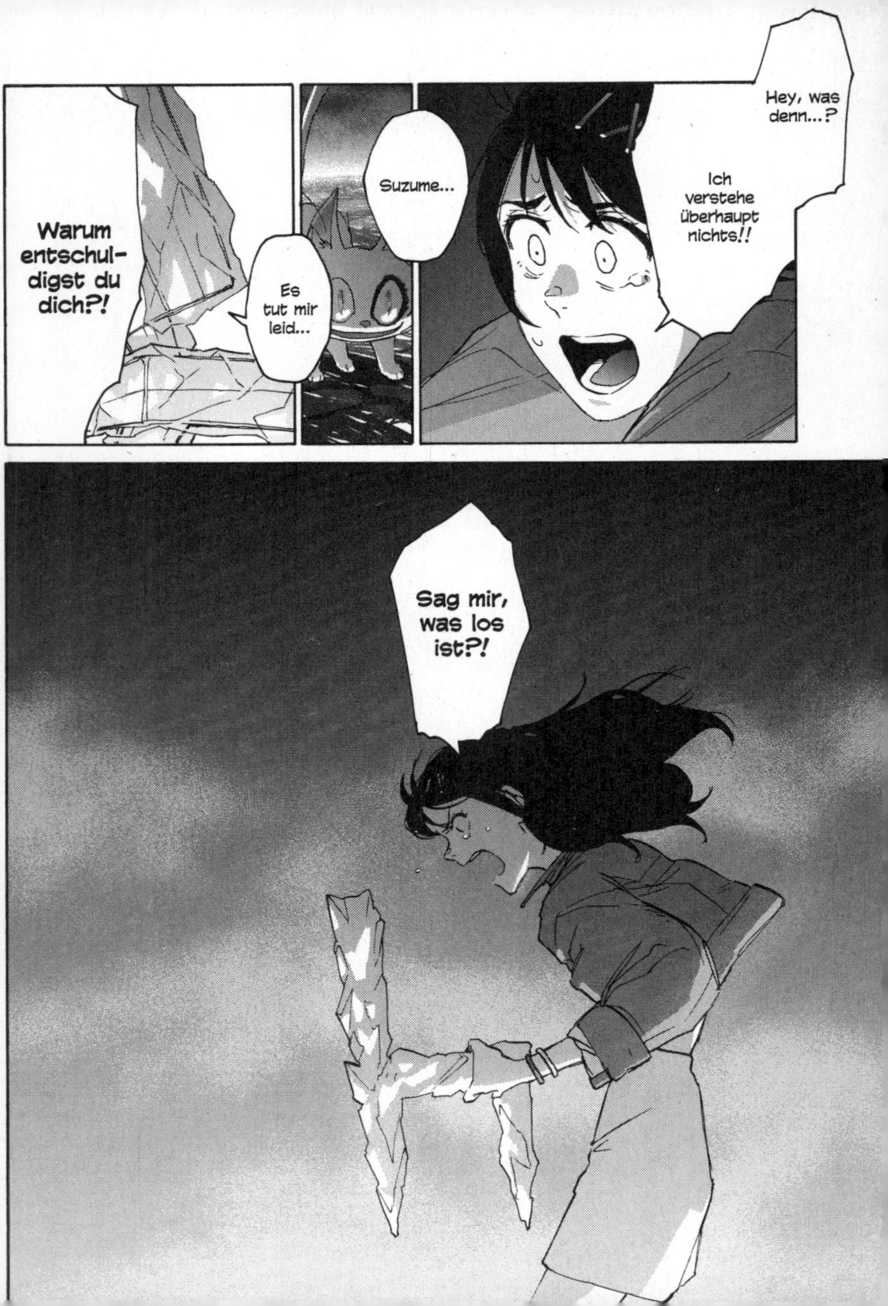

Hey, was denn...?
Ich verstehe überhaupt nichts!!
Suzume...
Es tut mir leid...
Warum entschuldigst du dich?!
Sag mir, was los ist?!

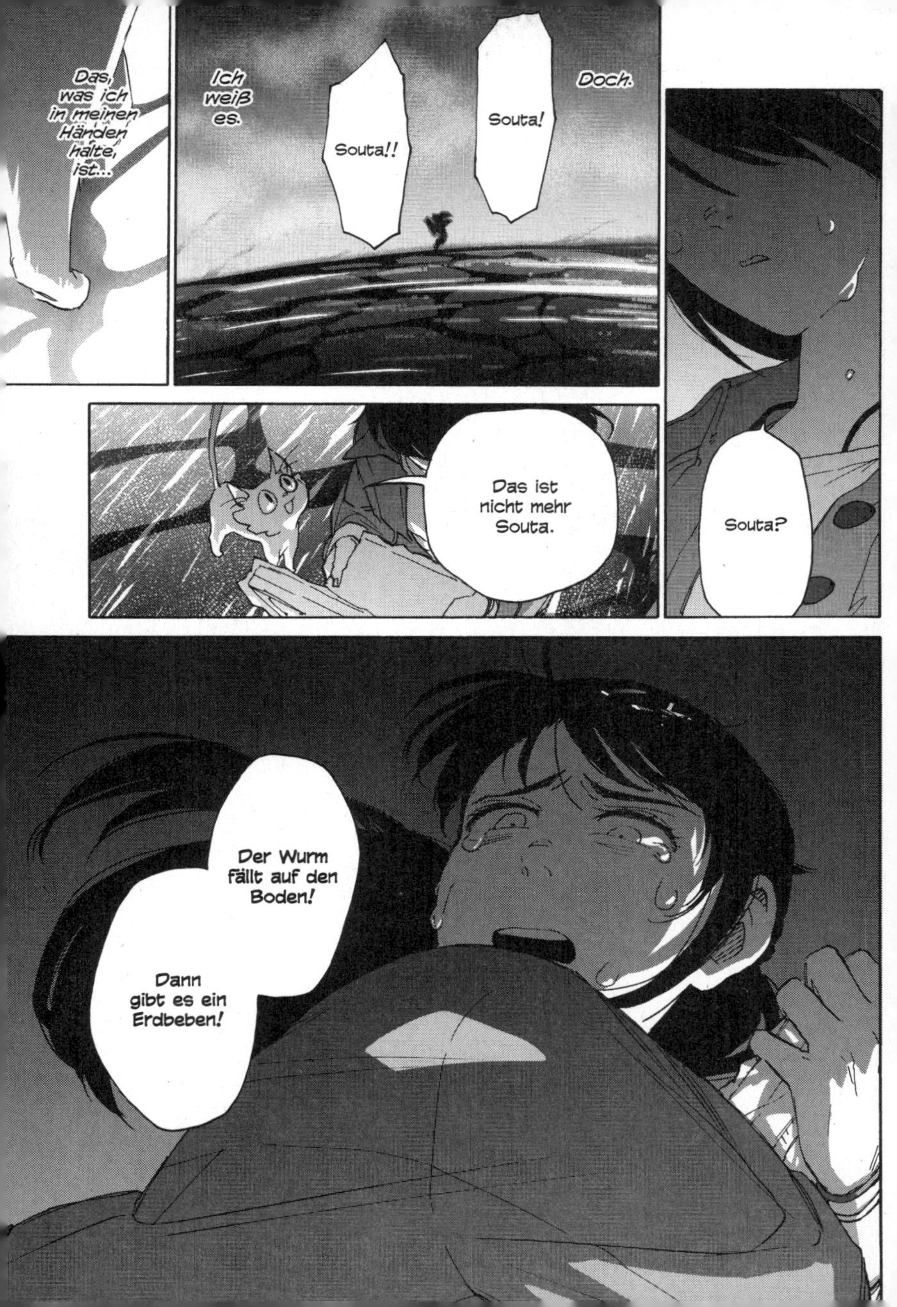
Doch.
Souta!
Souta!!
Ich weiß es.
Das, was ich in meinen Händen halte, ist...
Souta?
Das ist nicht mehr Souta.
Der Wurm fällt auf den Boden!
Dann gibt es ein Erdbeben!

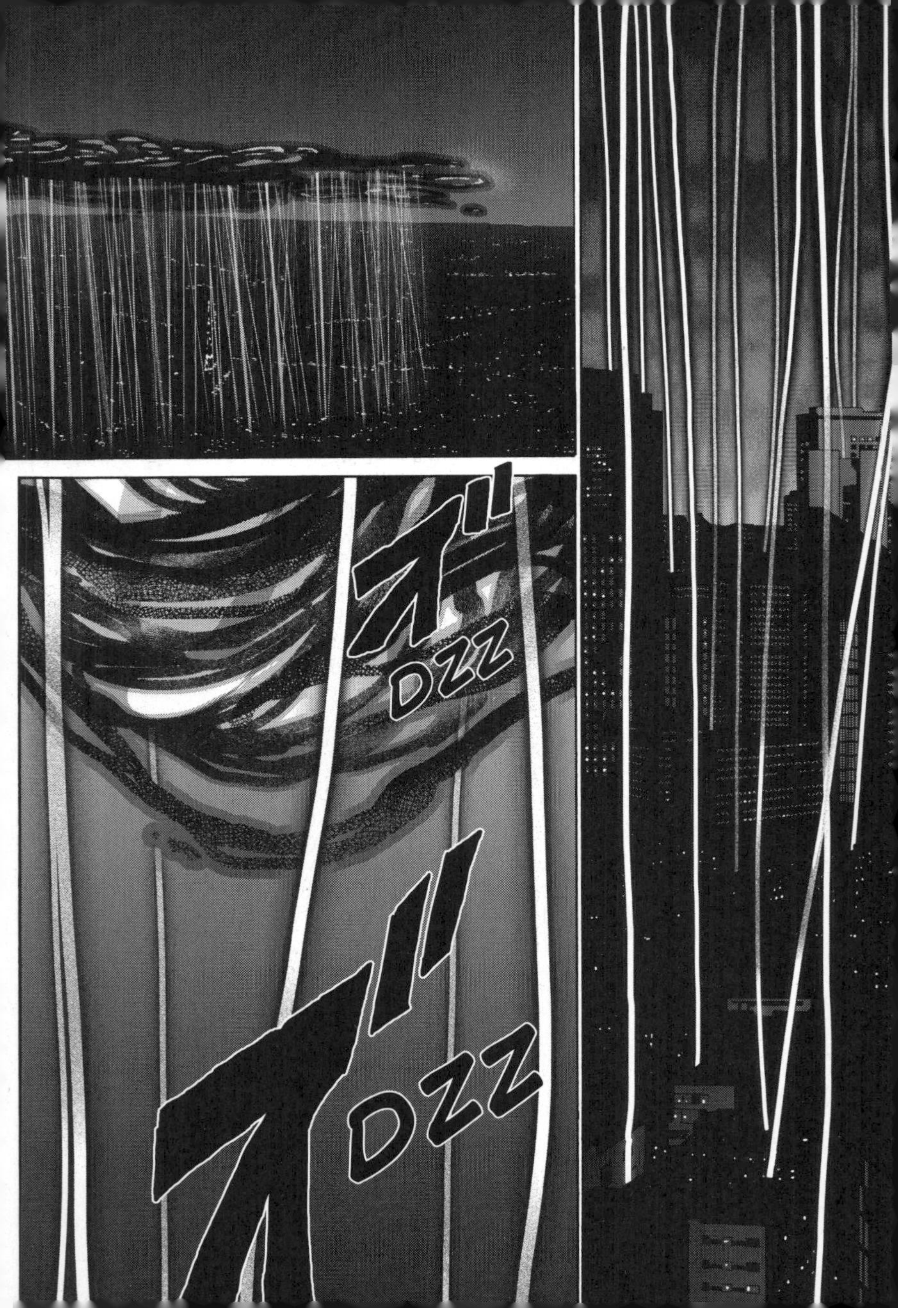
DZZ
DZZ

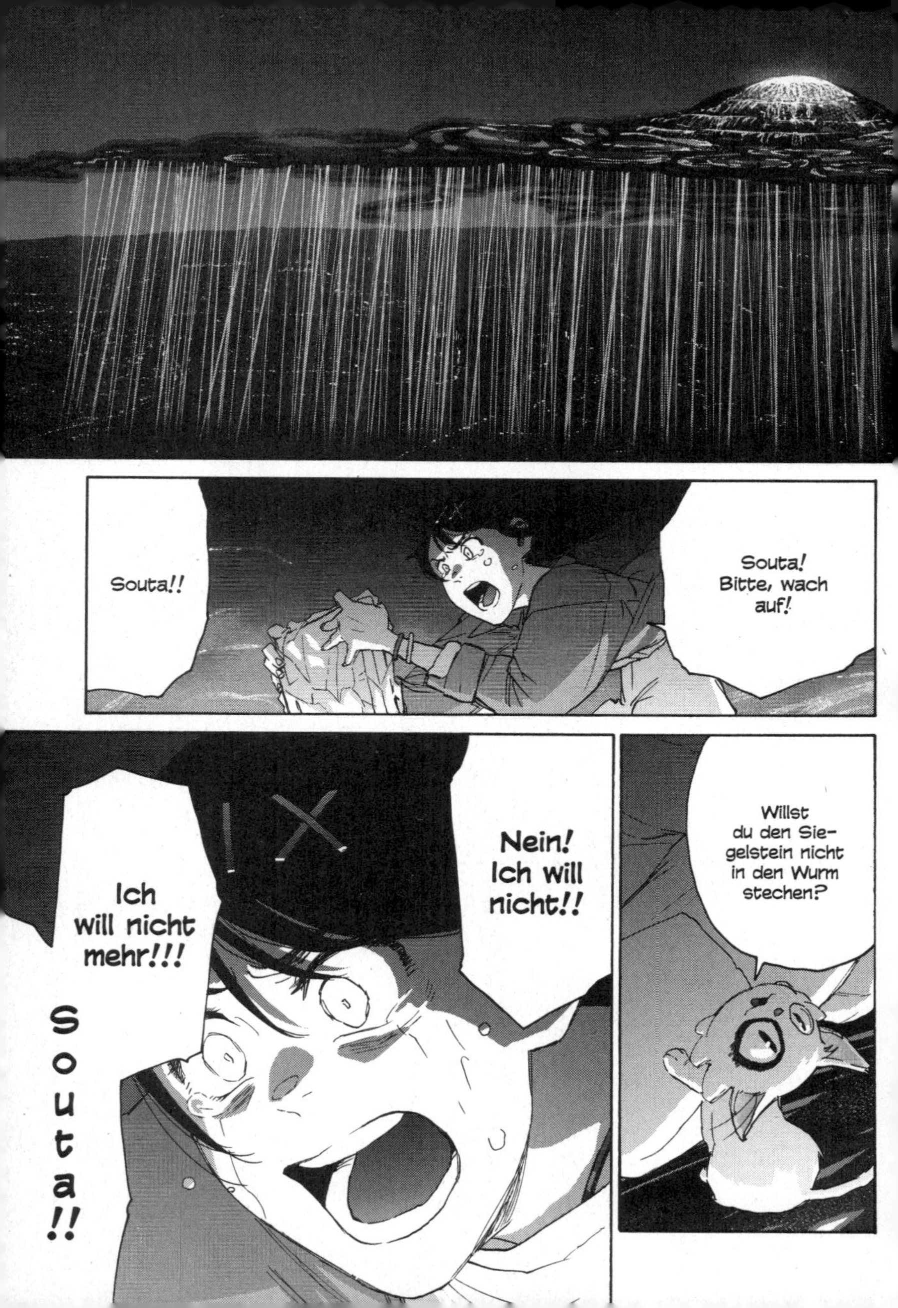

Souta! Bitte, wach auf!
Souta!!
Willst du den Siegelstein nicht in den Wurm stechen?
Nein! Ich will nicht!!
Ich will nicht mehr!!!
Souta!!

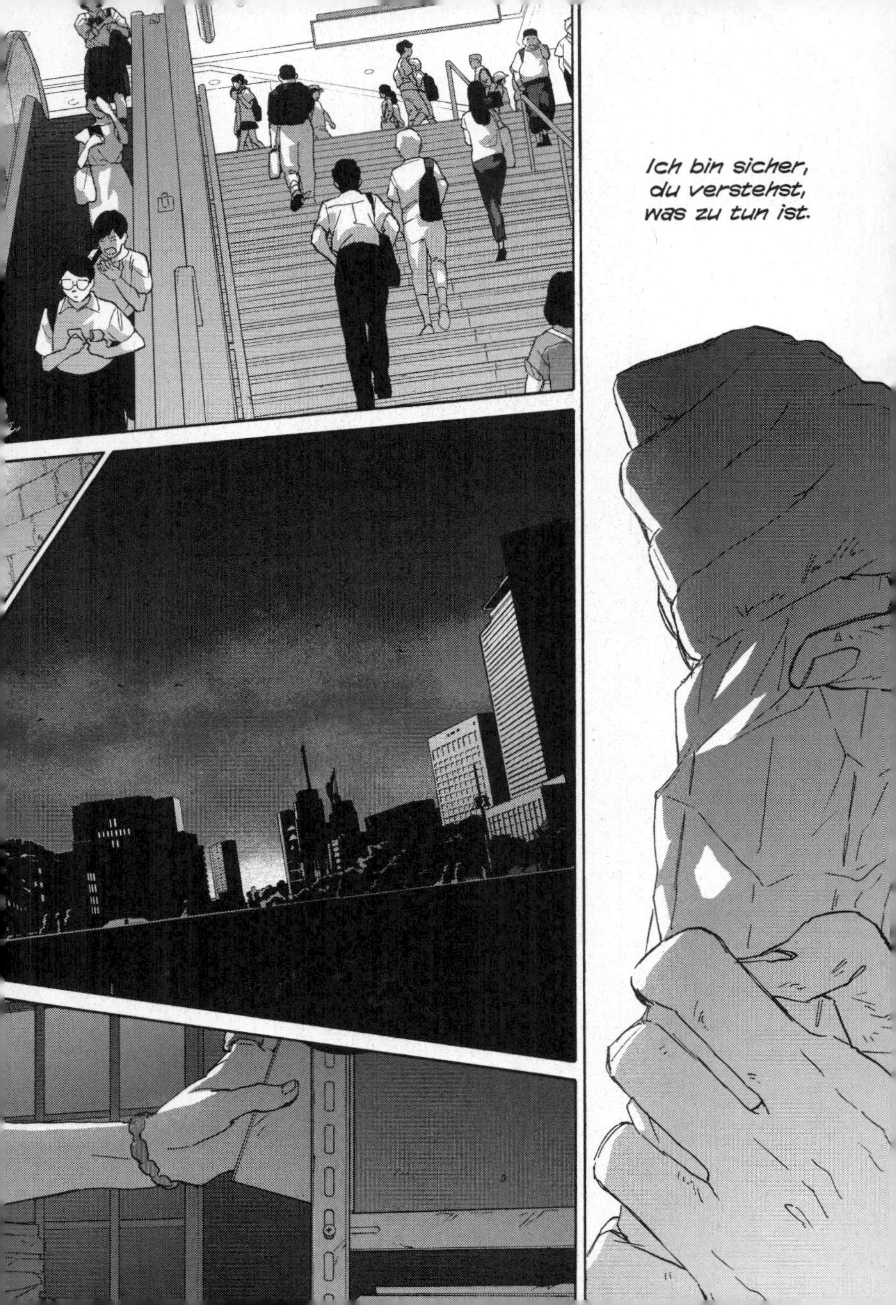
Ich bin sicher, du verstehst, was zu tun ist.

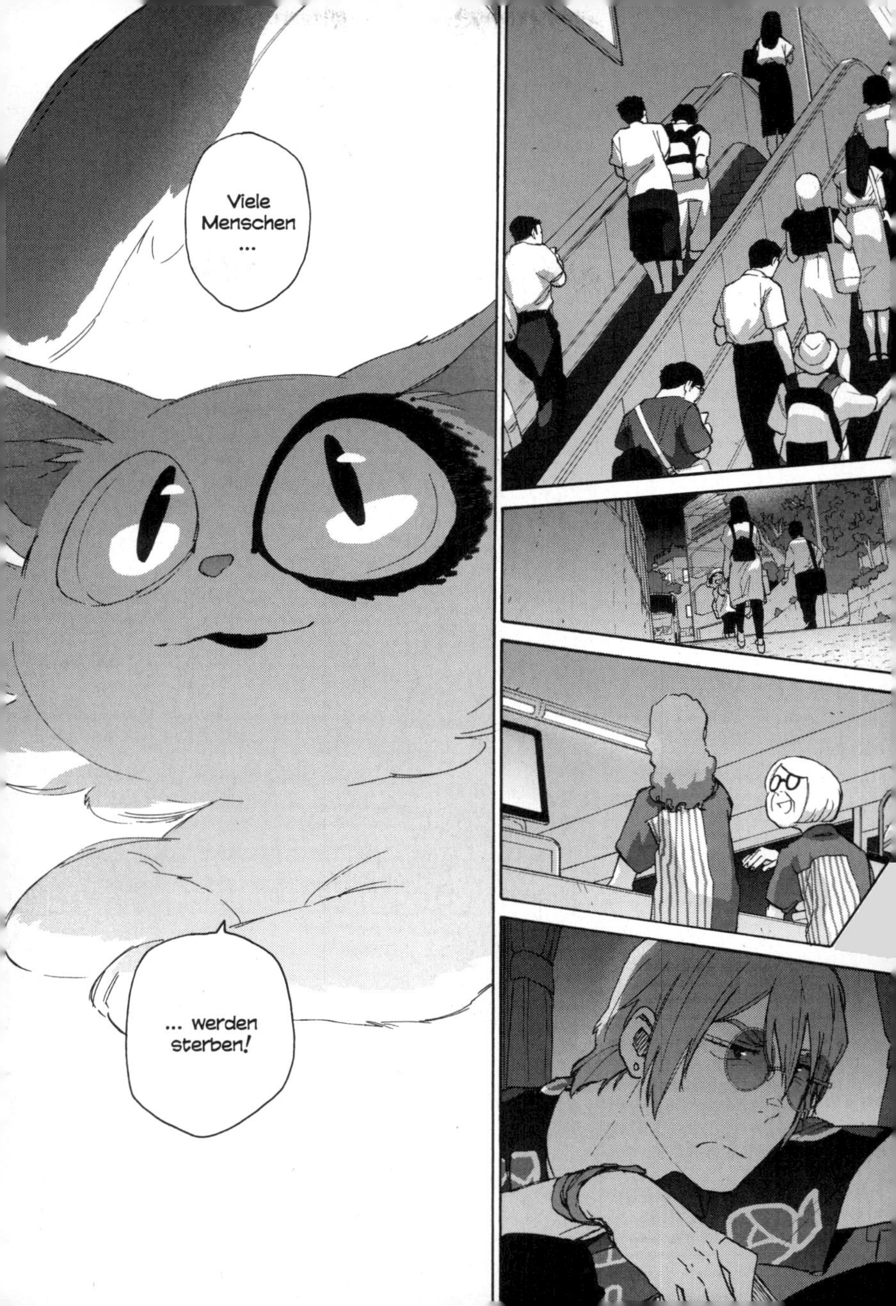
Viele Menschen ...
... werden sterben!

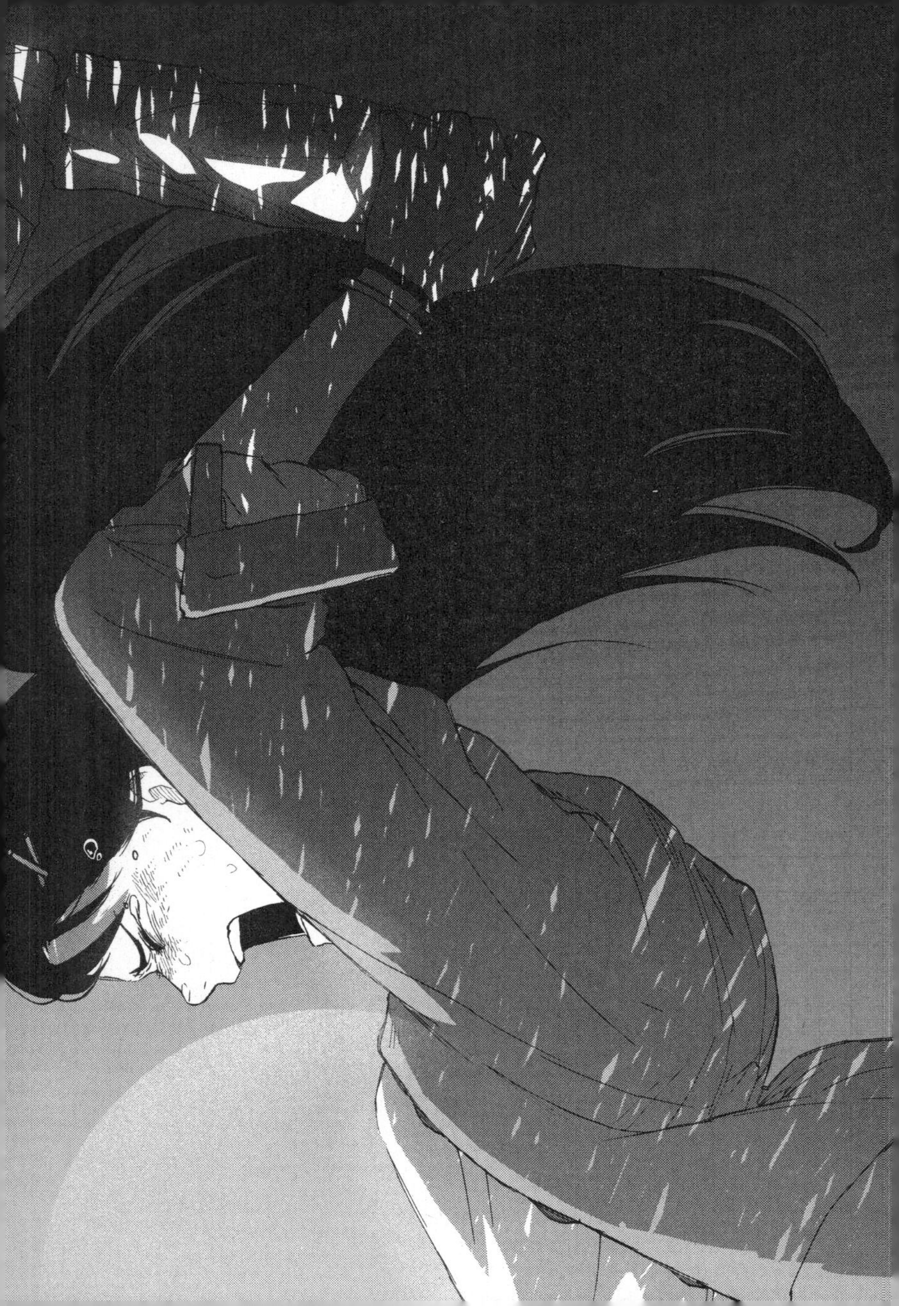

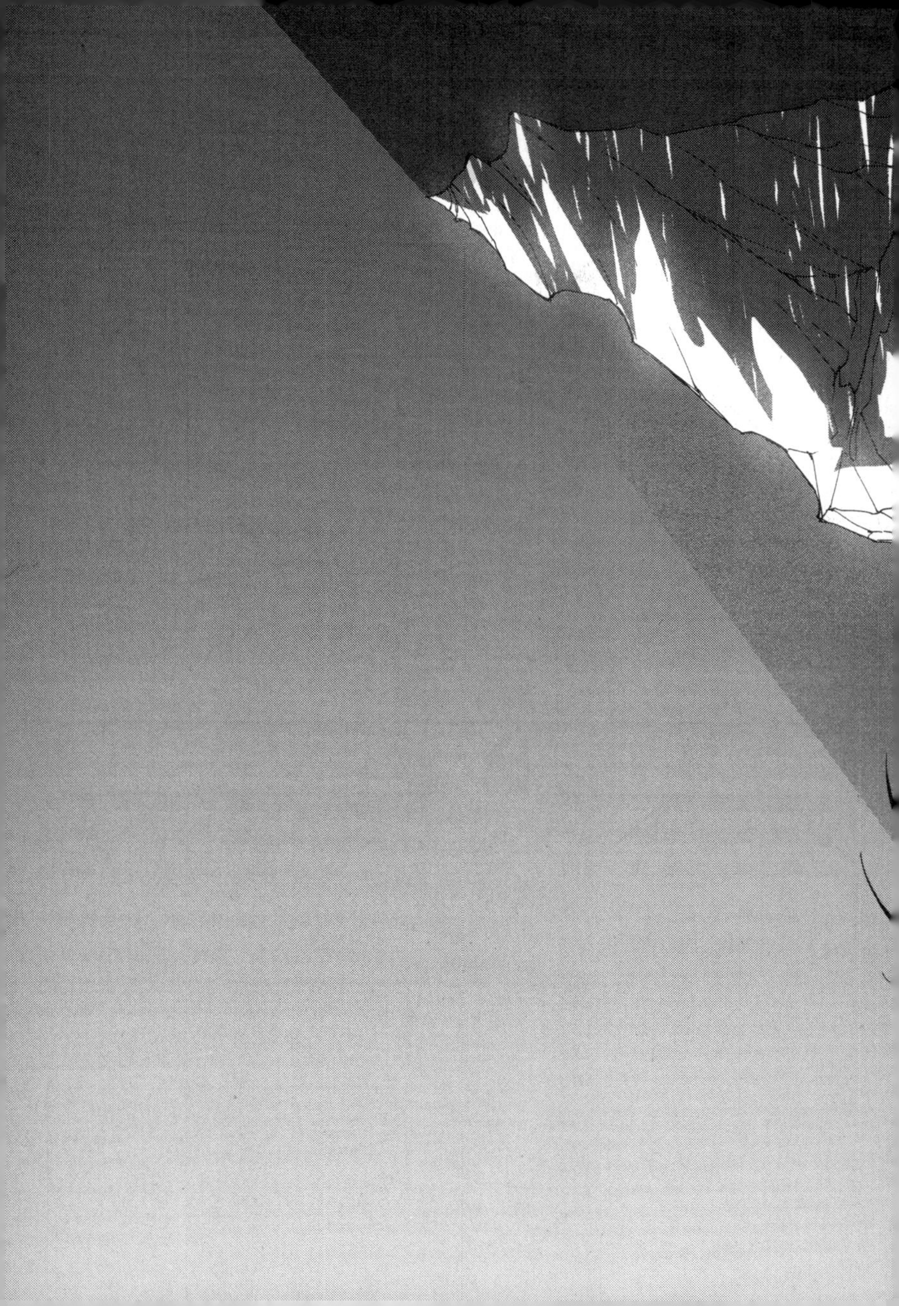

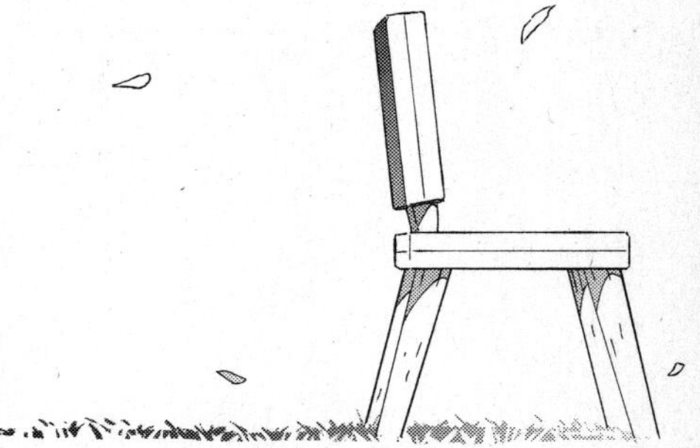

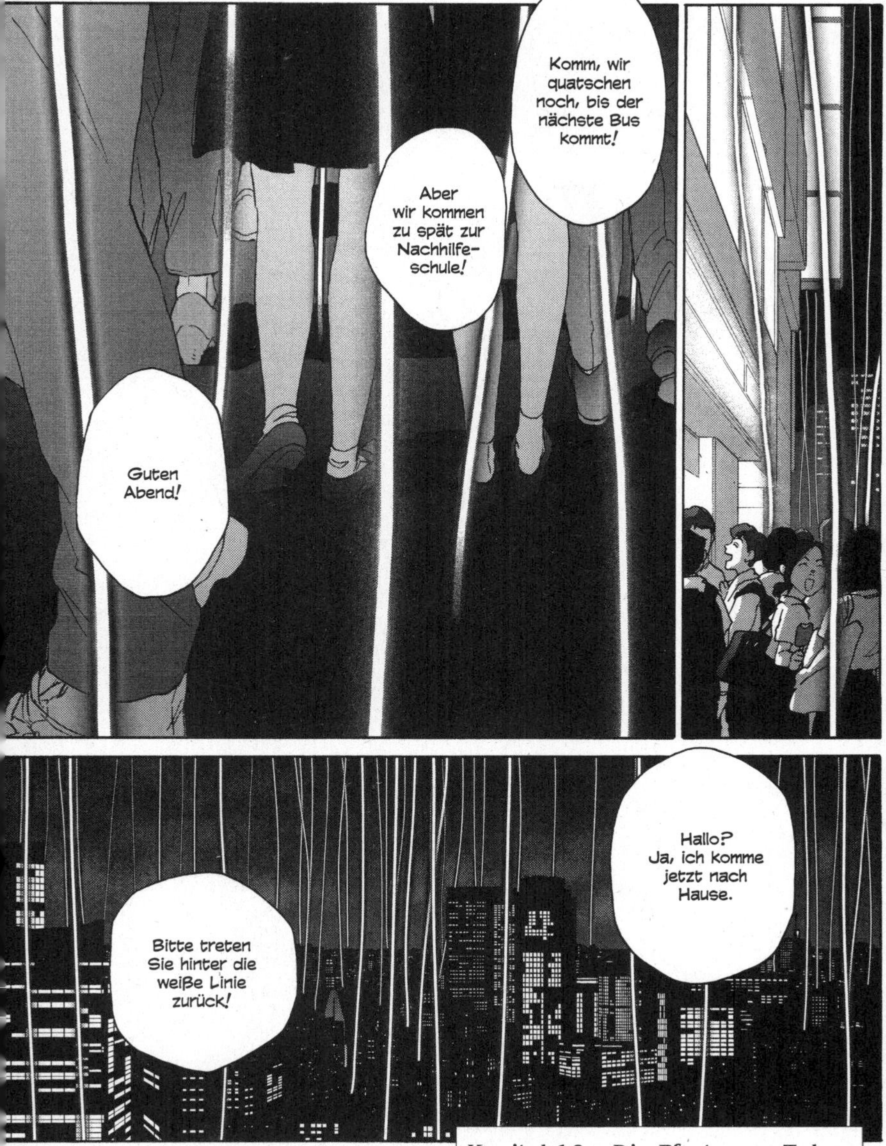

Kapitel 10 – Die Pforte von Tokyo

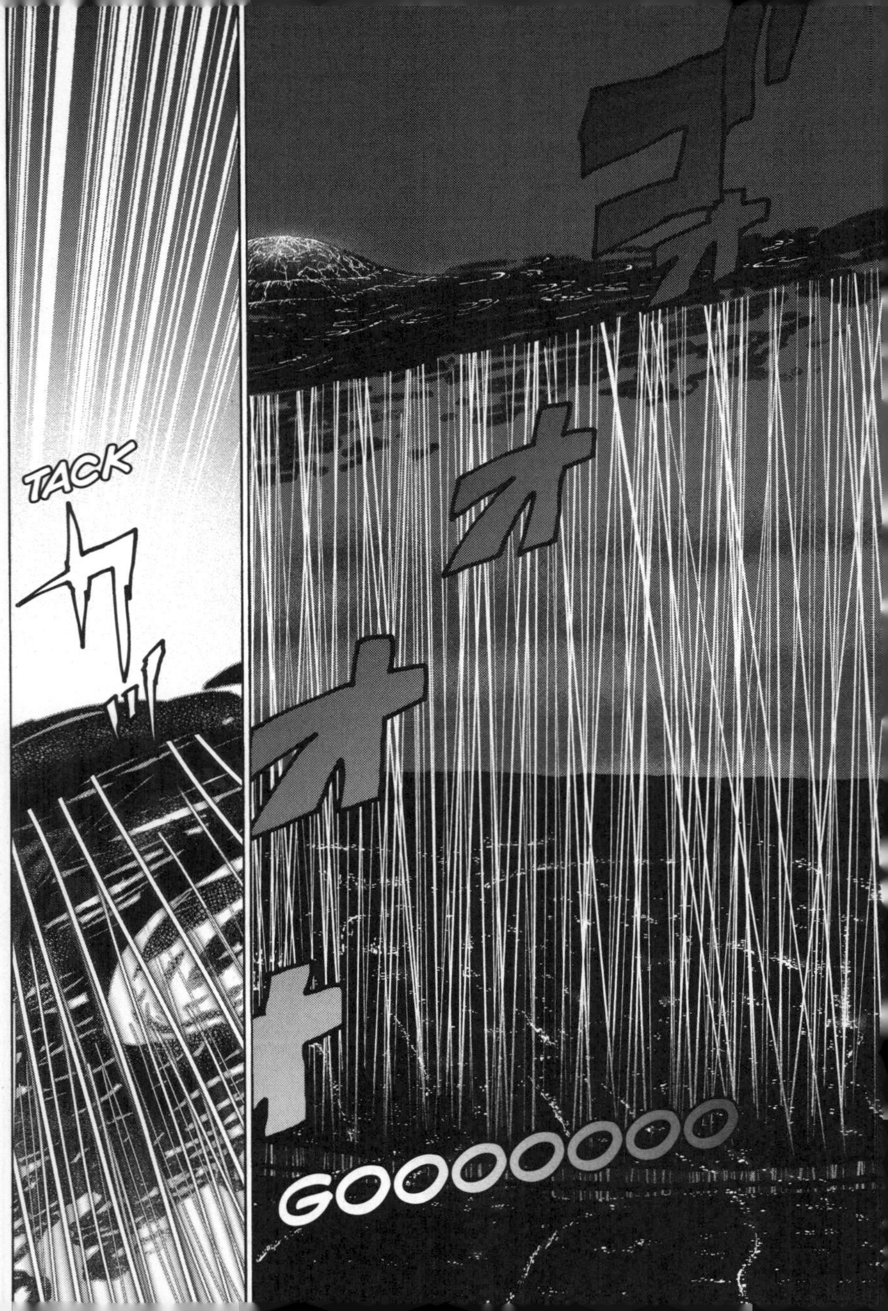
GOOOOOOOO
TACK

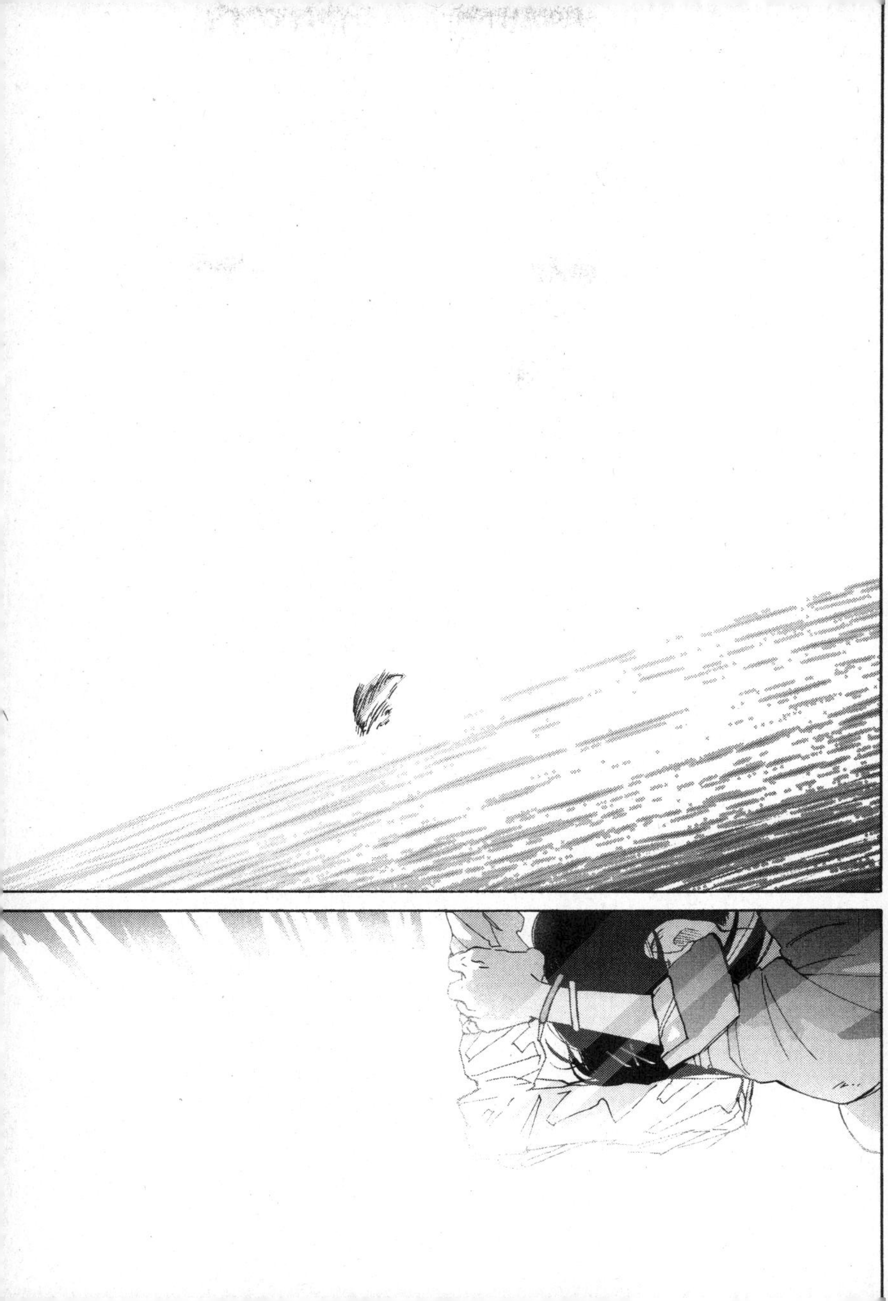

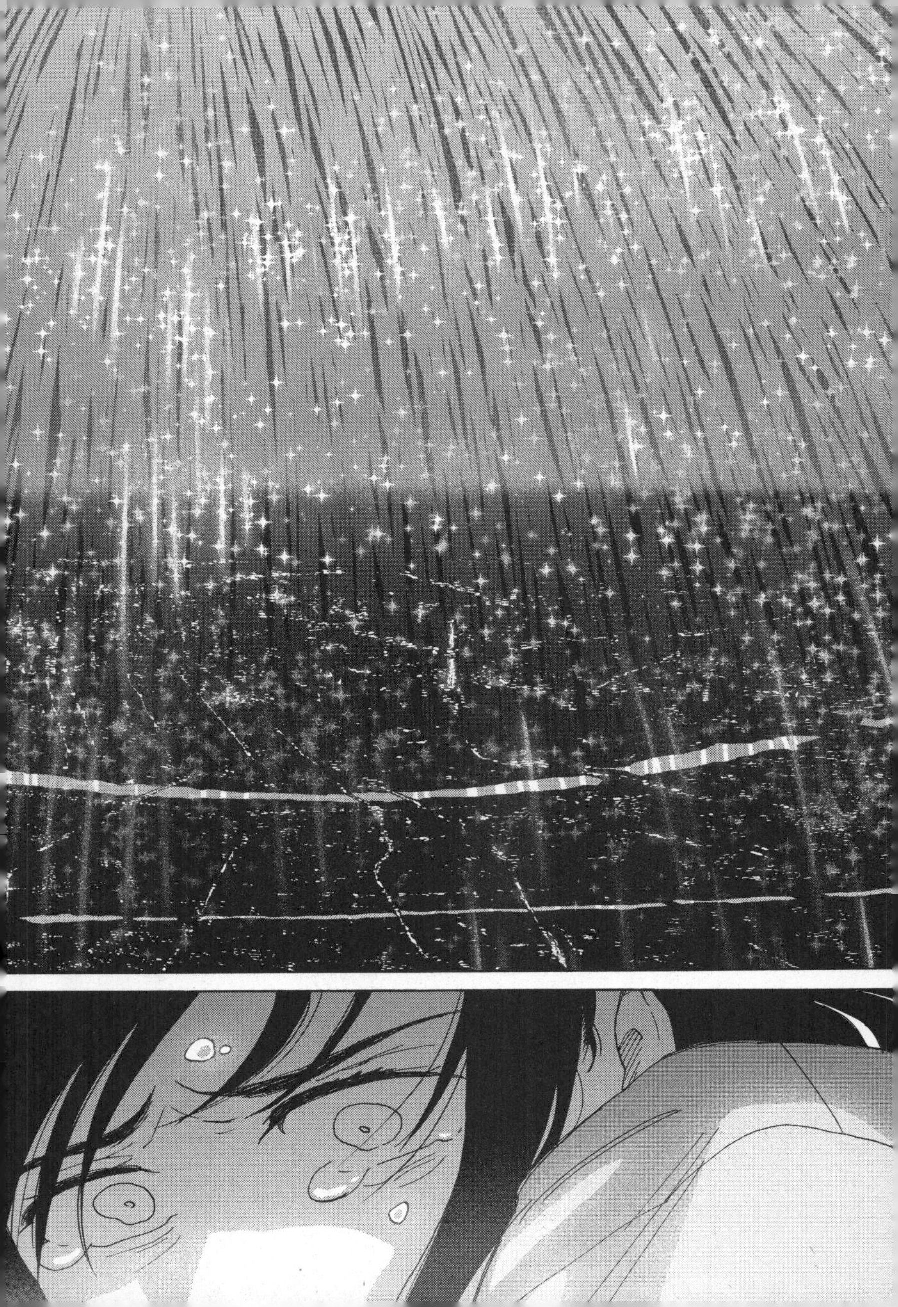

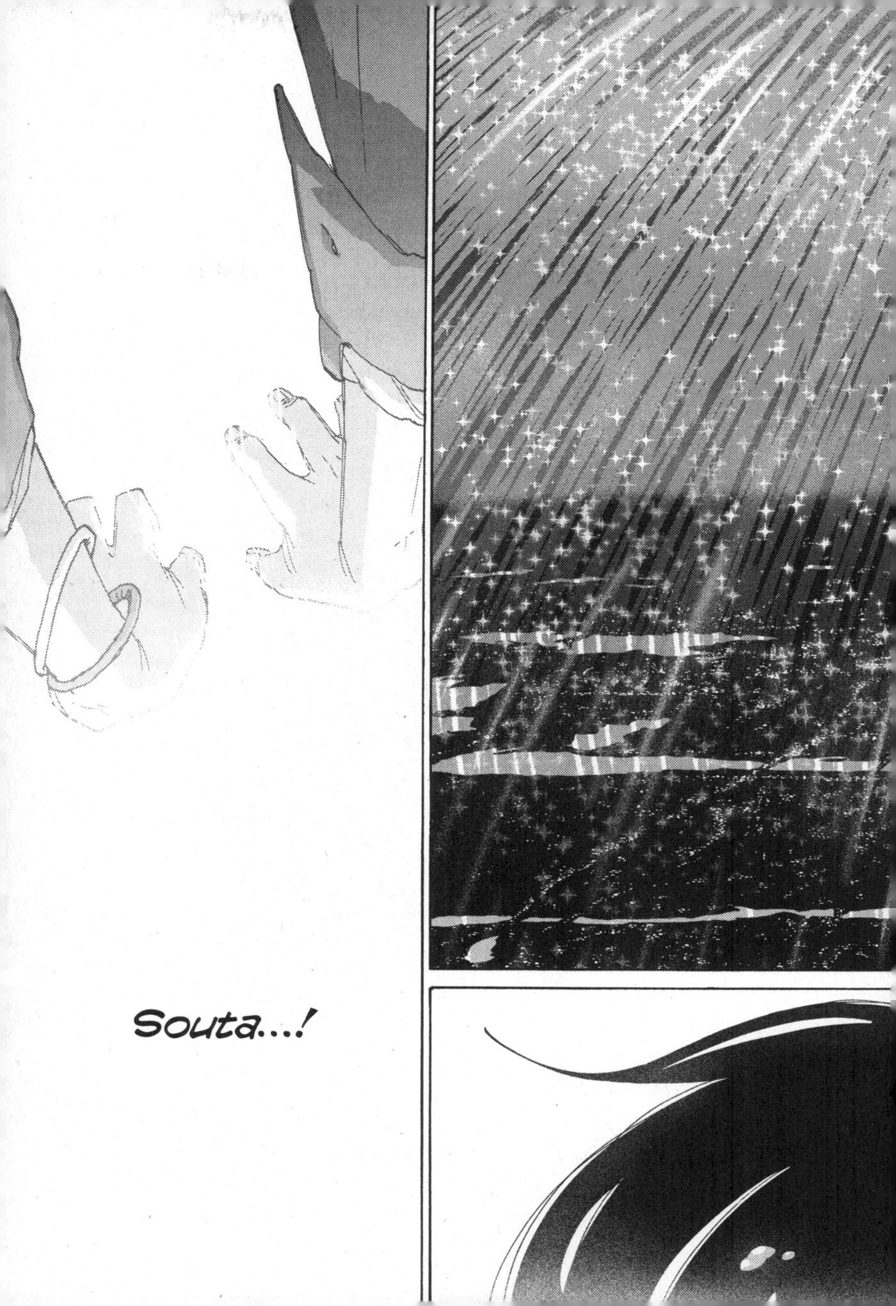
Souta...!

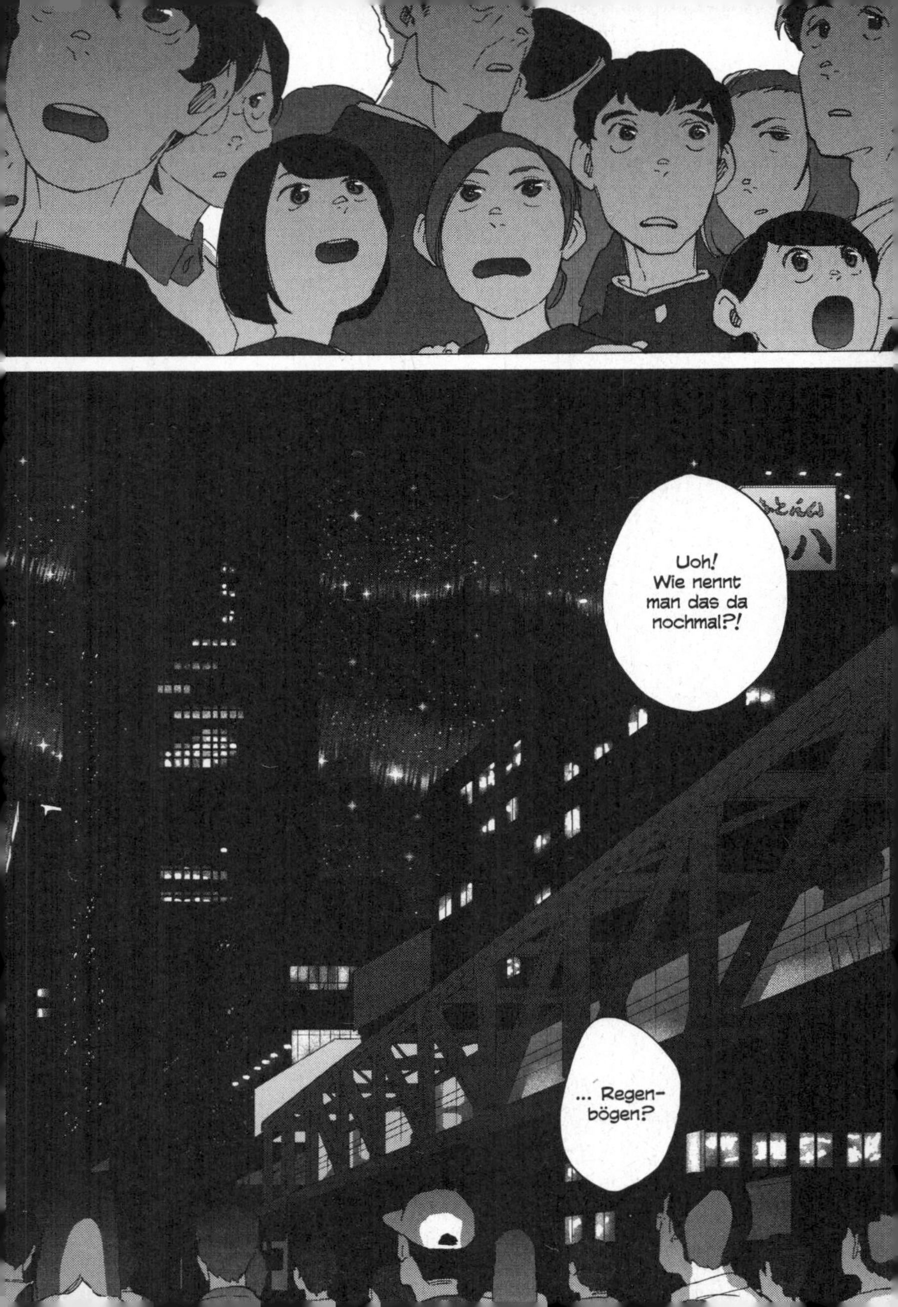
Uoh! Wie nennt man das da nochmal?!
... Regen-bögen?

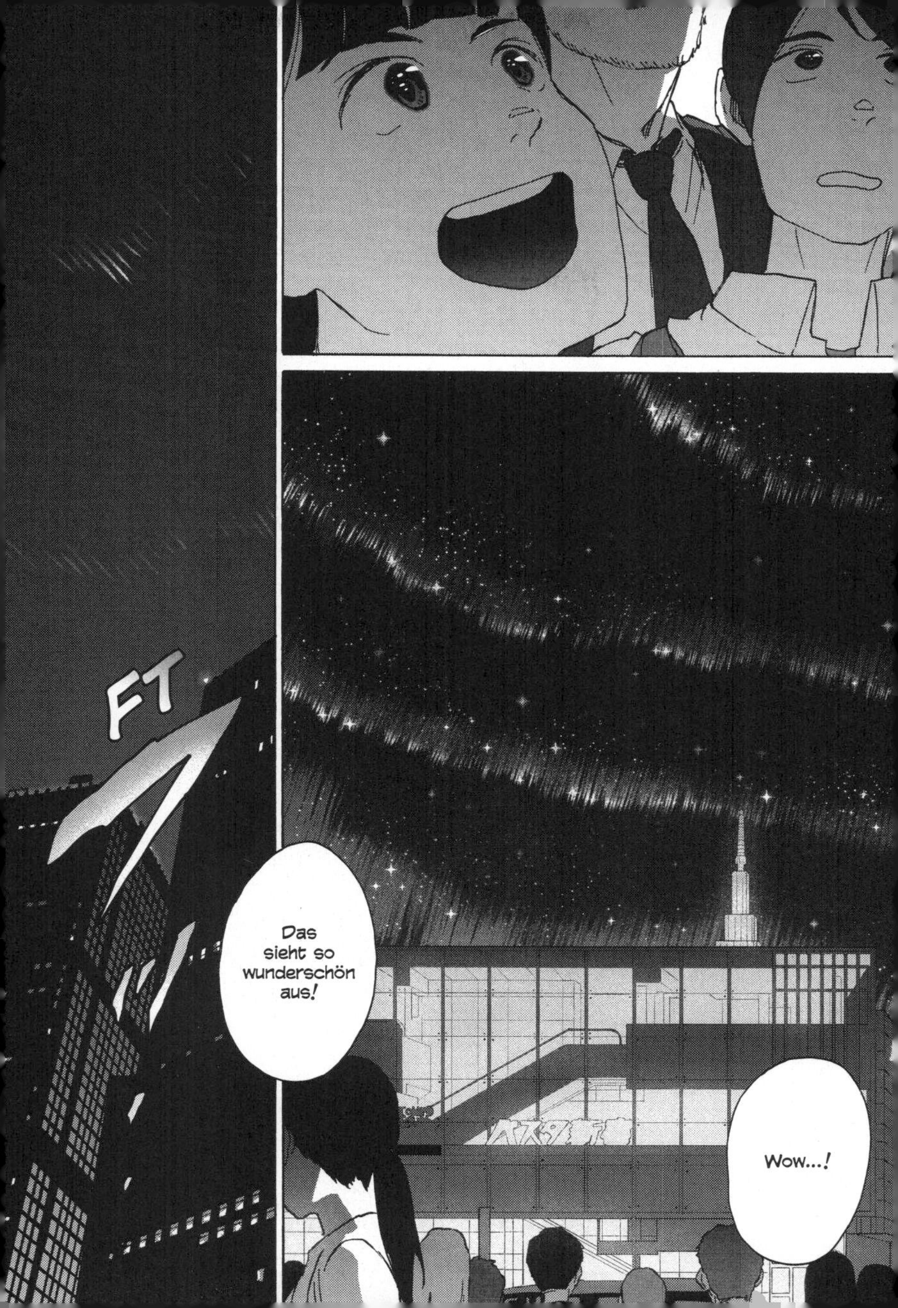
Wow...!
Das sieht so wunderschön aus!
FT

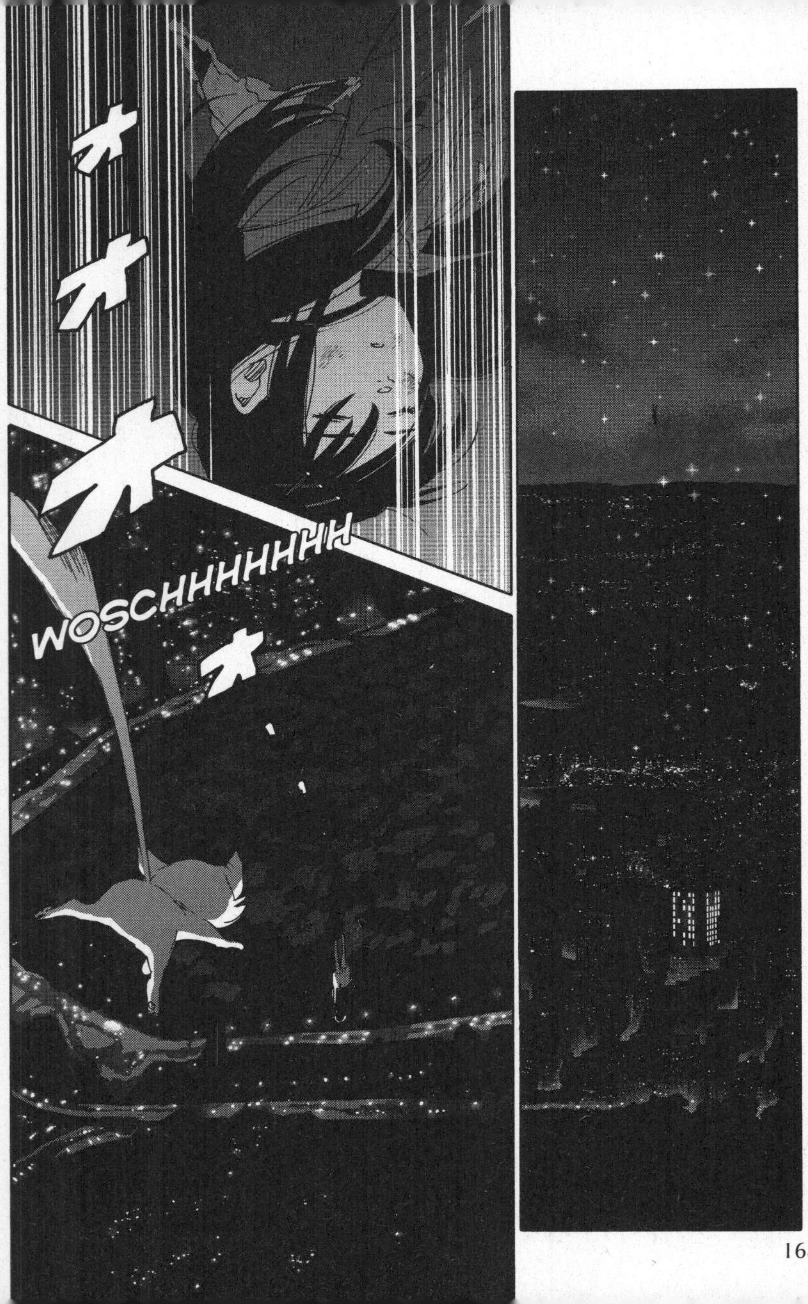
WOSCHHHHHHHH

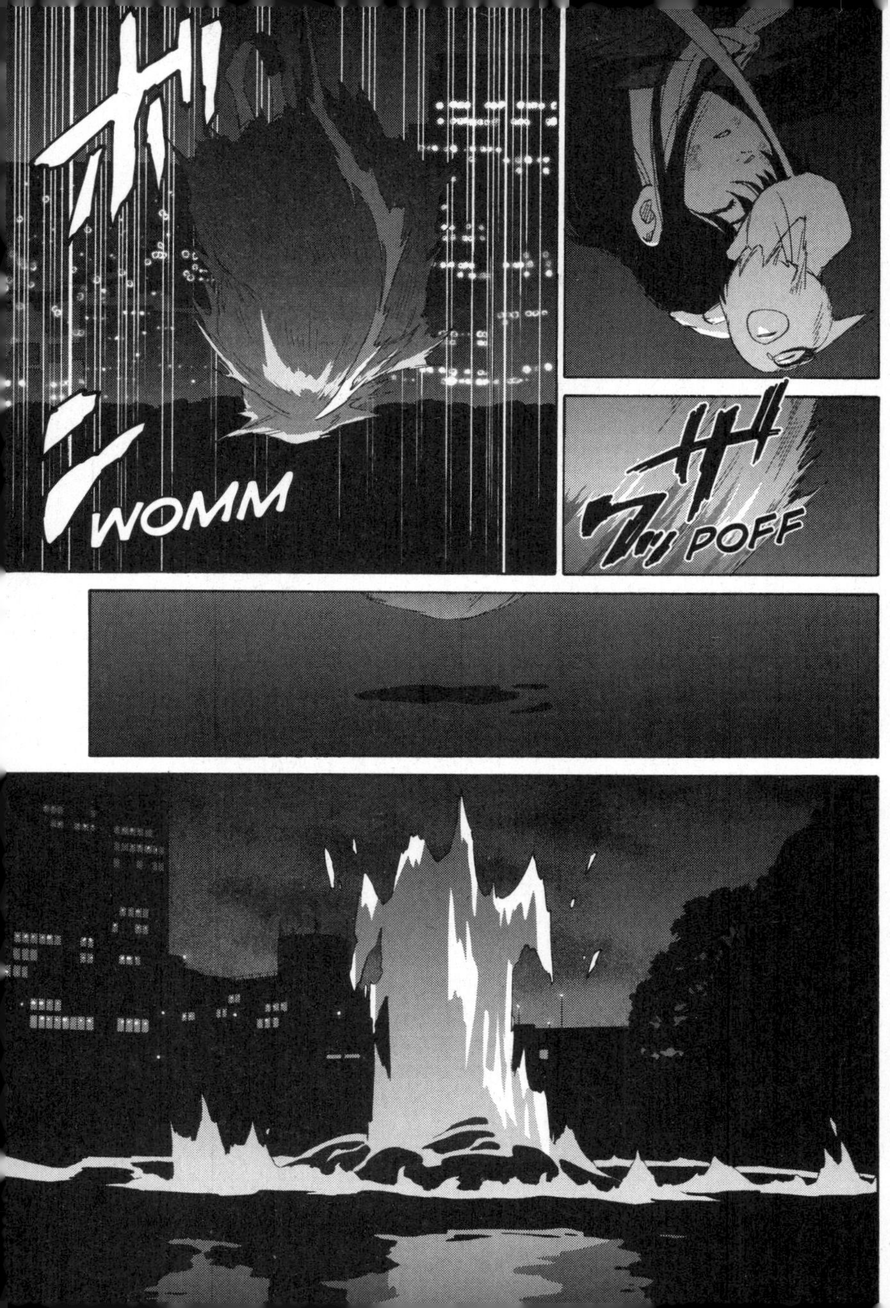
WOMM
POFF

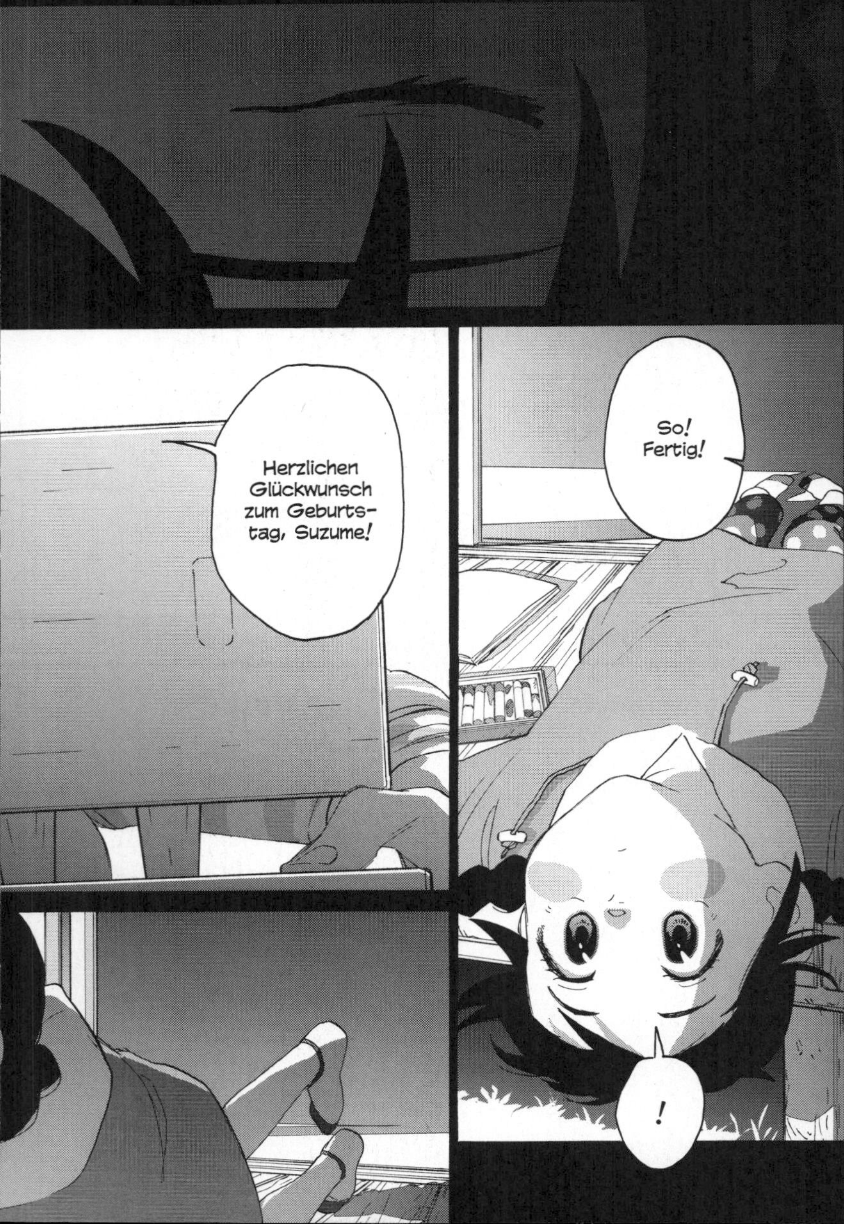
So! Fertig!
Herzlichen Glückwunsch zum Geburtstag, Suzume!
!

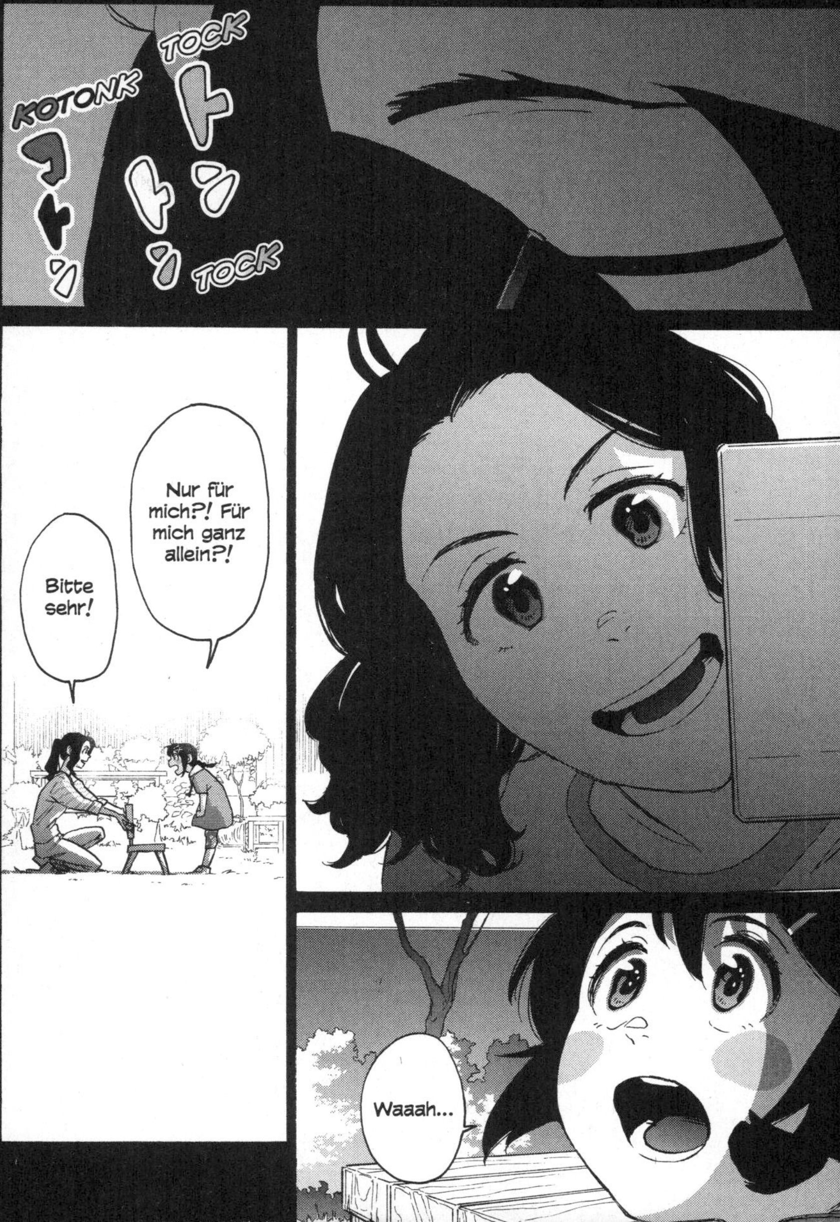
TOCK
TOCK
KOTONK
Nur für mich?! Für mich ganz allein?!
Bitte sehr!
Waaah...

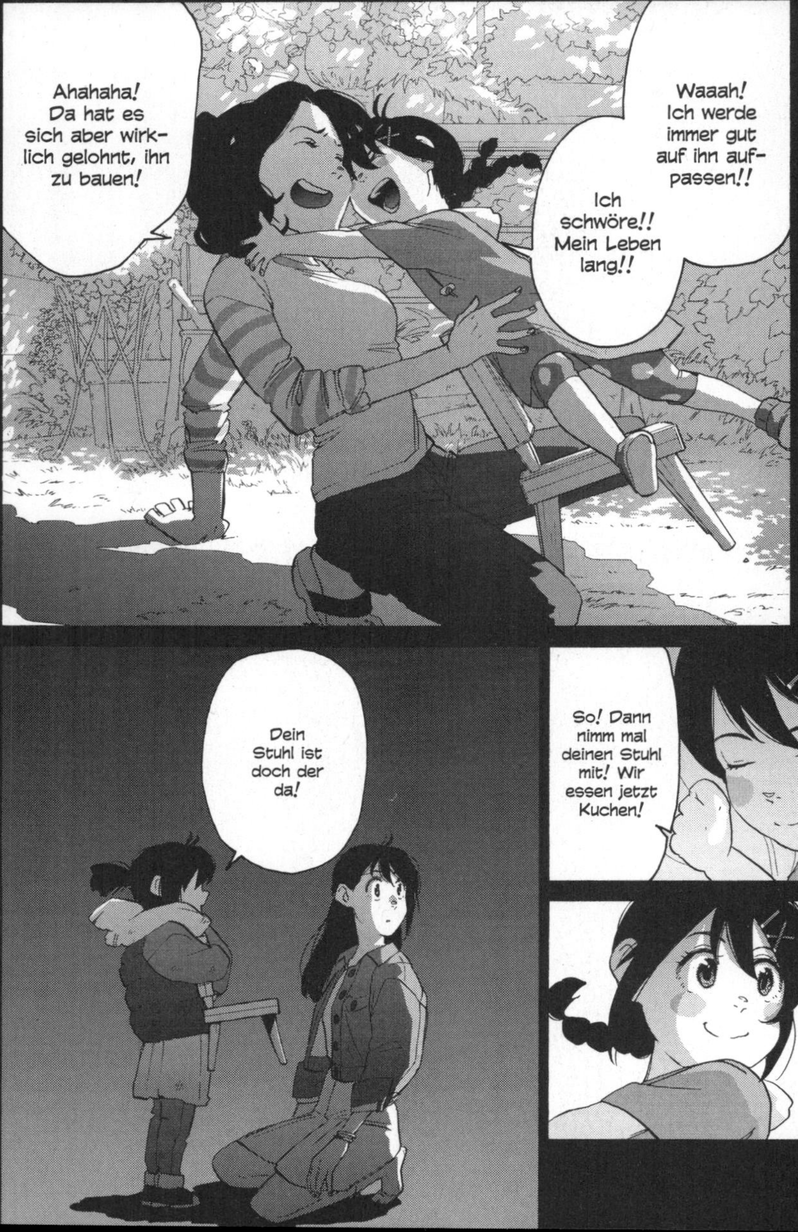
Waaah! Ich werde immer gut auf ihn aufpassen!!
Ich schwöre!! Mein Leben lang!!
Ahahaha! Da hat es sich aber wirklich gelohnt, ihn zu bauen!
So! Dann nimm mal deinen Stuhl mit! Wir essen jetzt Kuchen!
Ja!
Dein Stuhl ist doch der da!

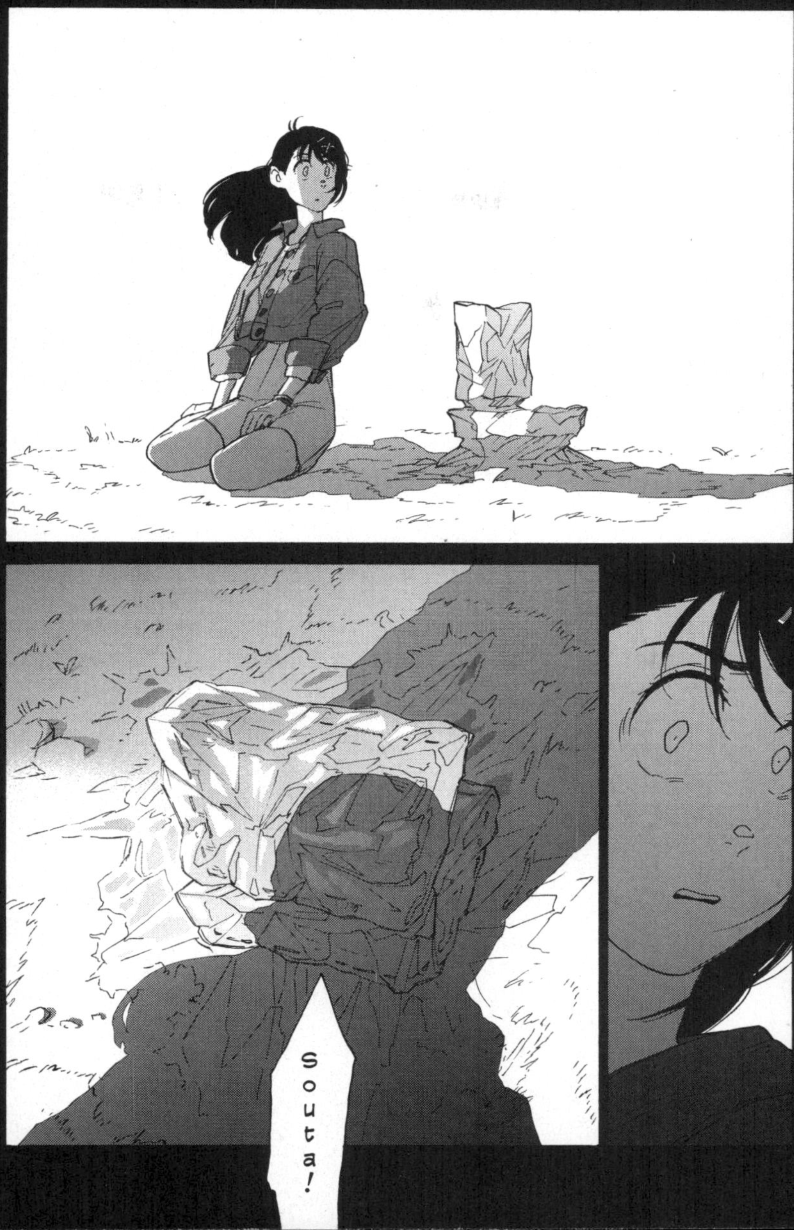
Souta!

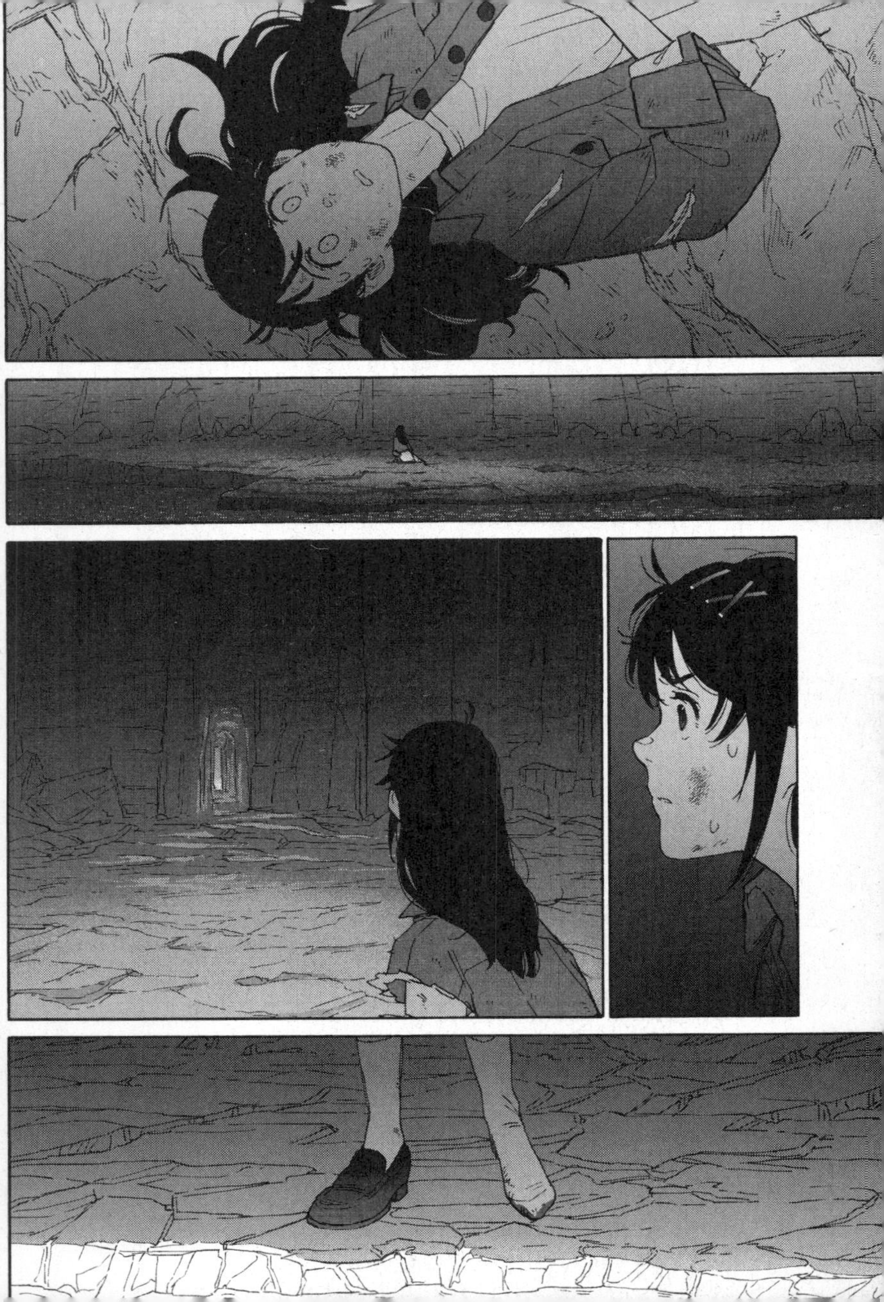

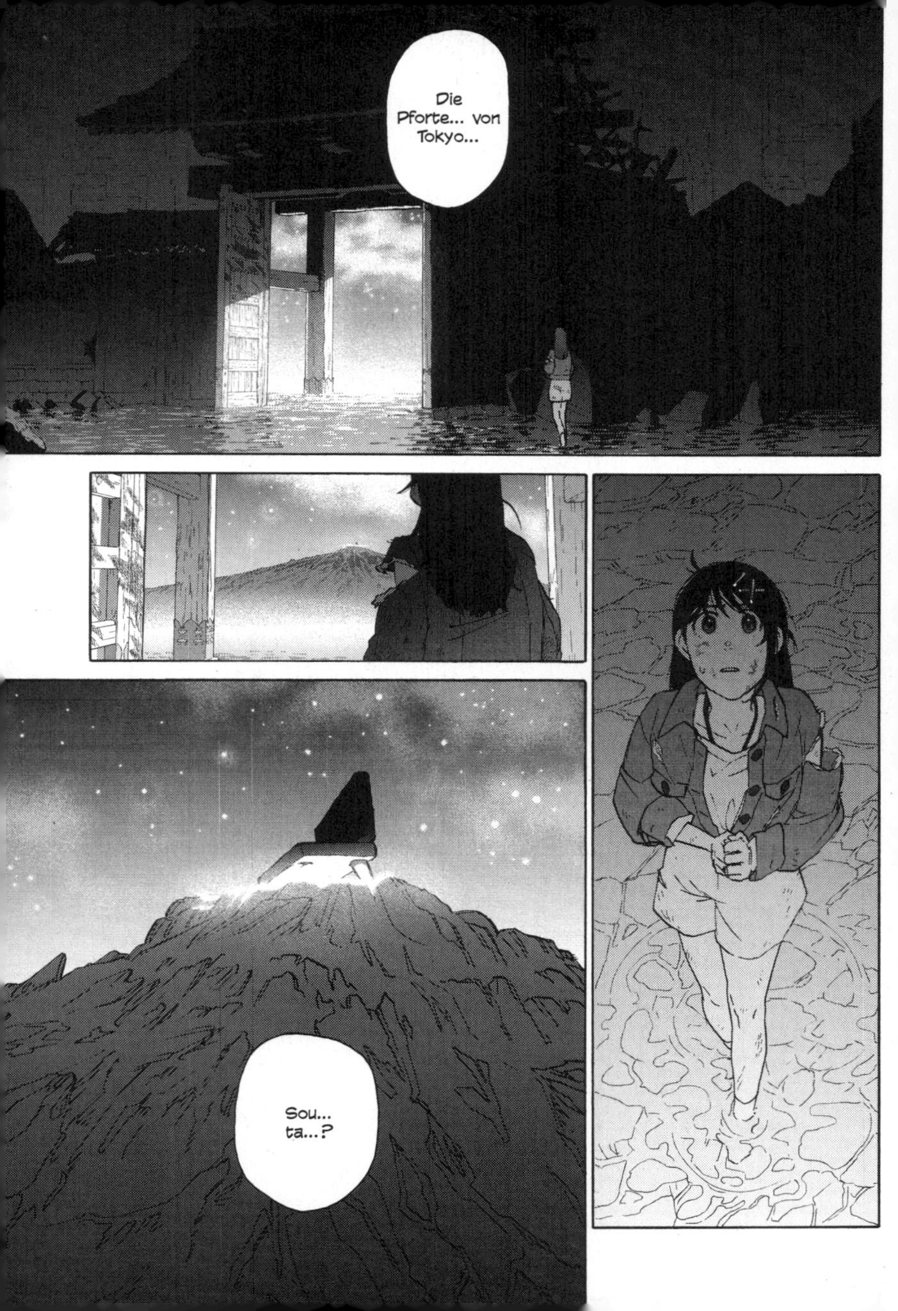
Die Pforte... von Tokyo...
Sou... ta...?

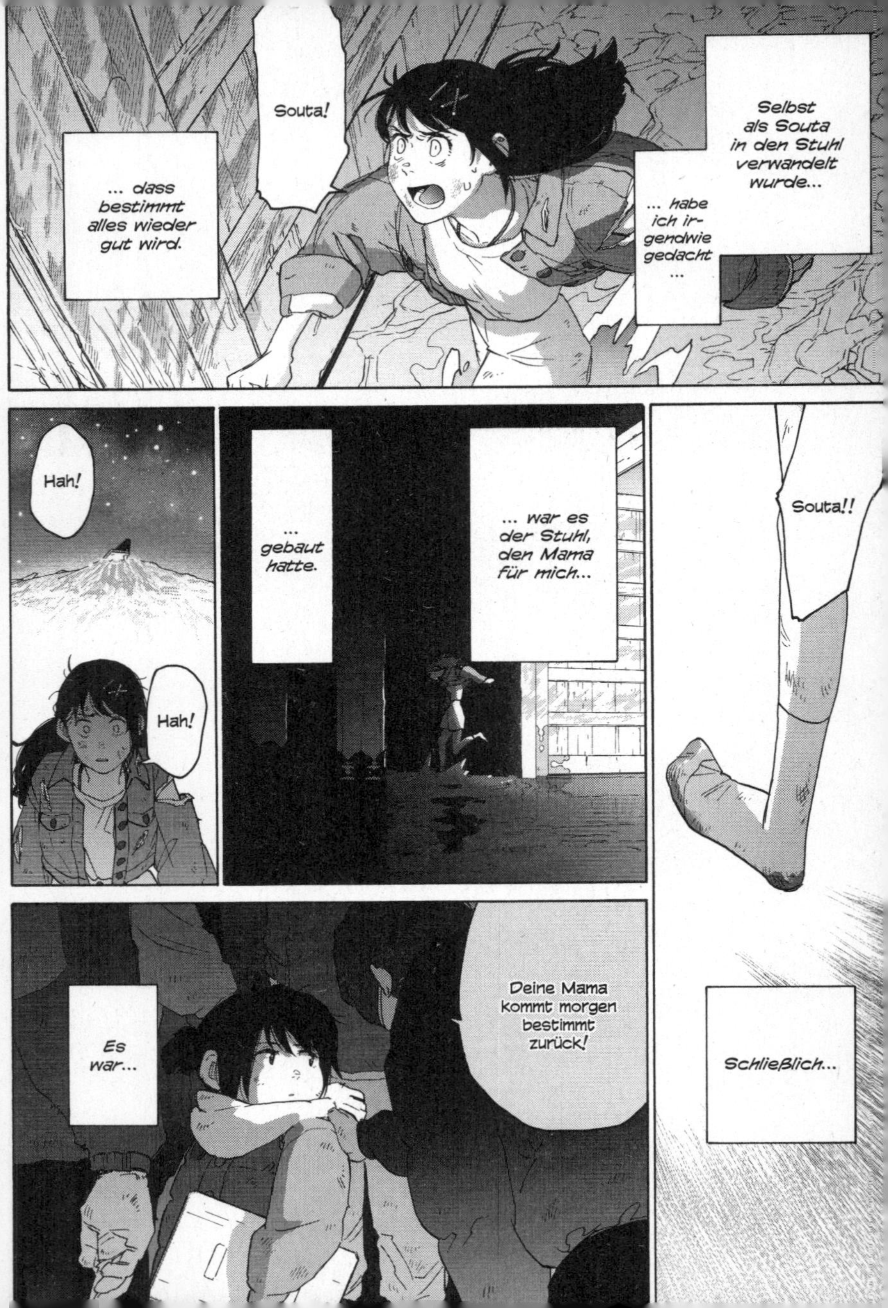
Selbst als Souta in den Stuhl verwandelt wurde...
... habe ich ir-gendwie gedacht ...
Souta!
... dass bestimmt alles wieder gut wird.
Souta!!
Schließlich...
... war es der Stuhl, den Mama für mich...
... gebaut hatte.
Hah!
Hah!
Deine Mama kommt morgen bestimmt zurück!
Es war...

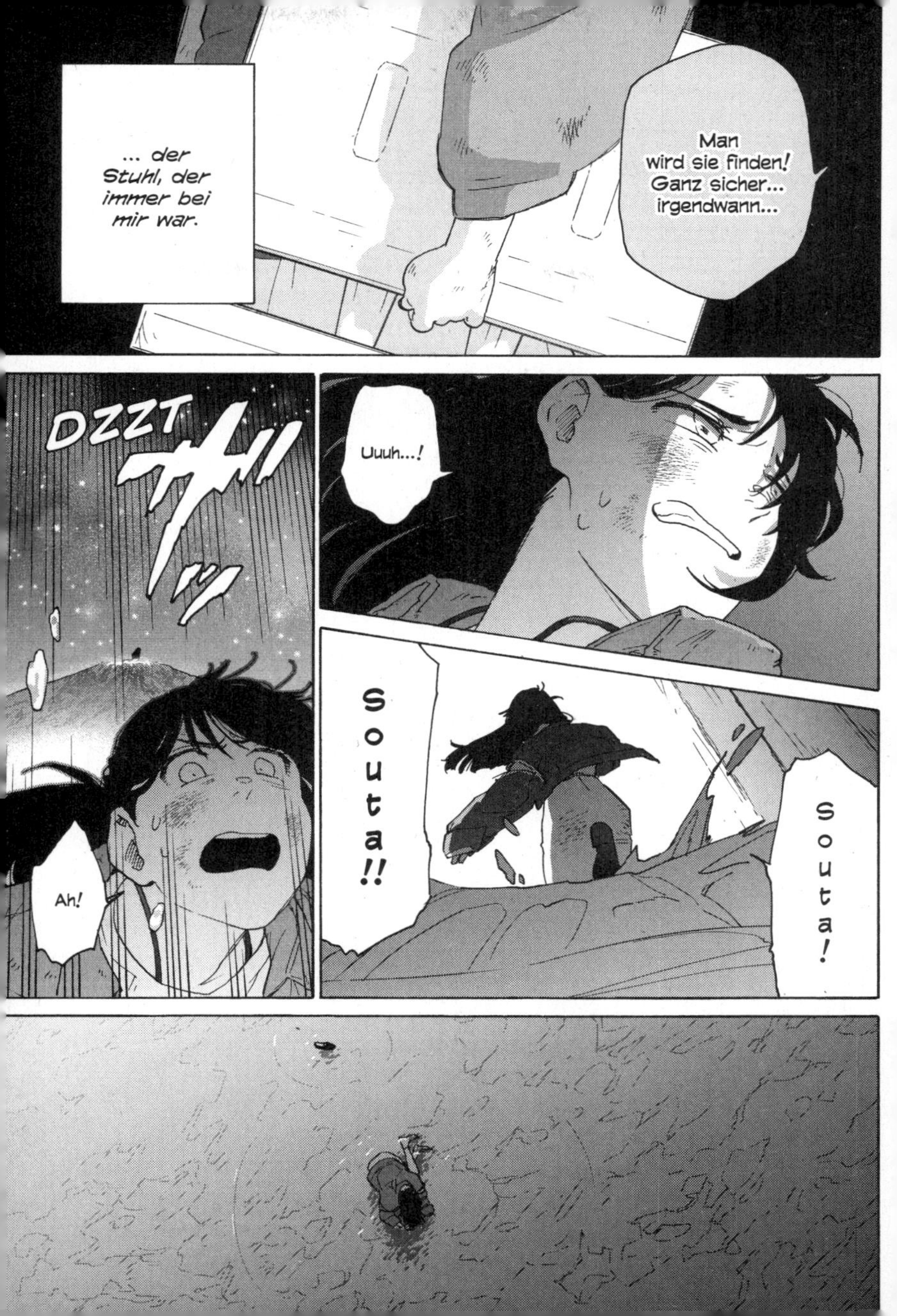
Man wird sie finden! Ganz sicher... irgendwann...
... der Stuhl, der immer bei mir war.
Uuuh...!
DZZT
Ah!
Souta!
Souta!!

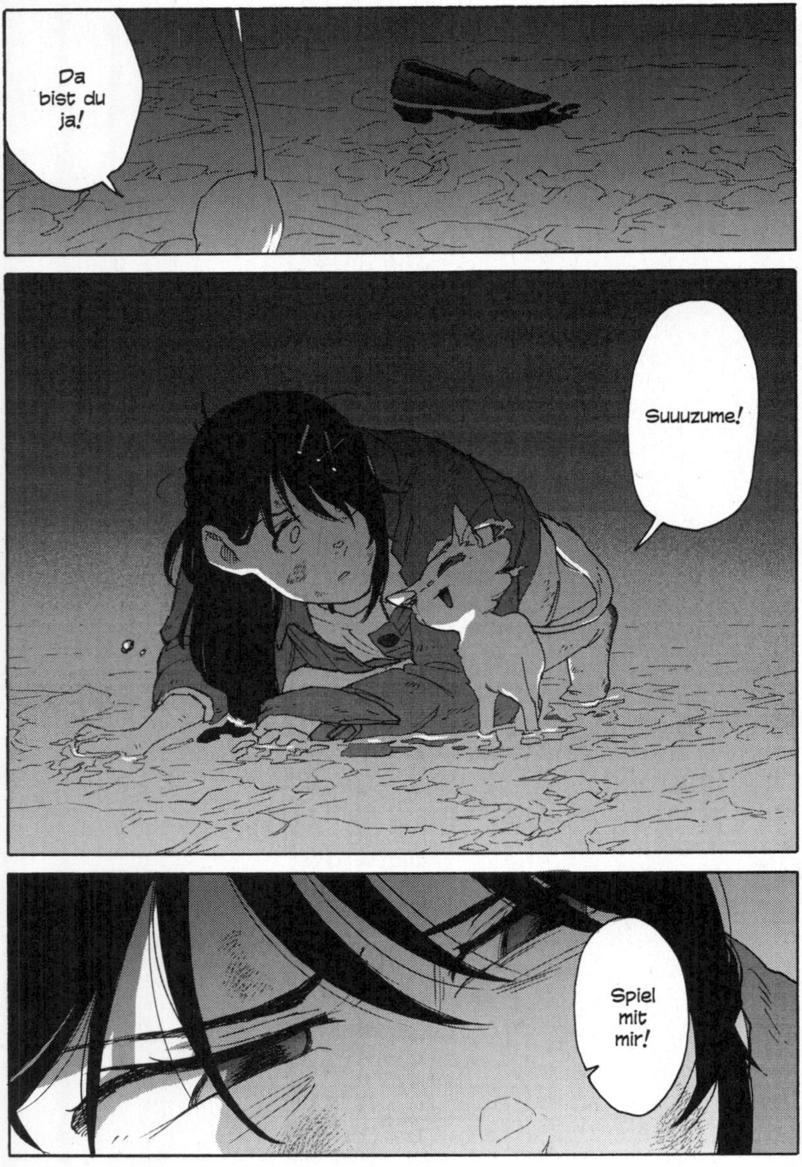
Da bist du ja!
Suuuzume!
Spiel mit mir!

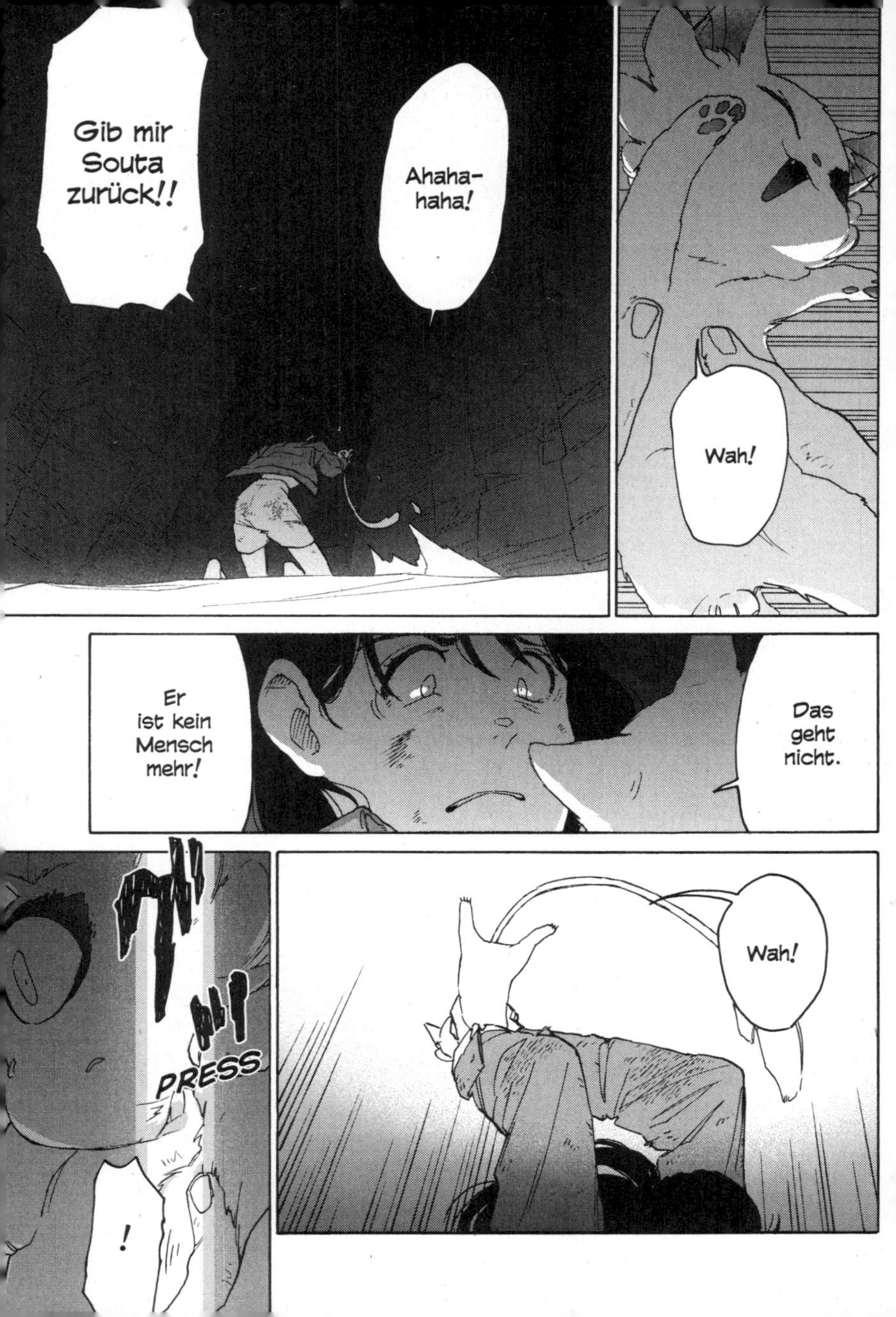
Wah!
Ahaha-haha!
Gib mir Souta zurück!!
Das geht nicht.
Er ist kein Mensch mehr!
Wah!
PRESS
!

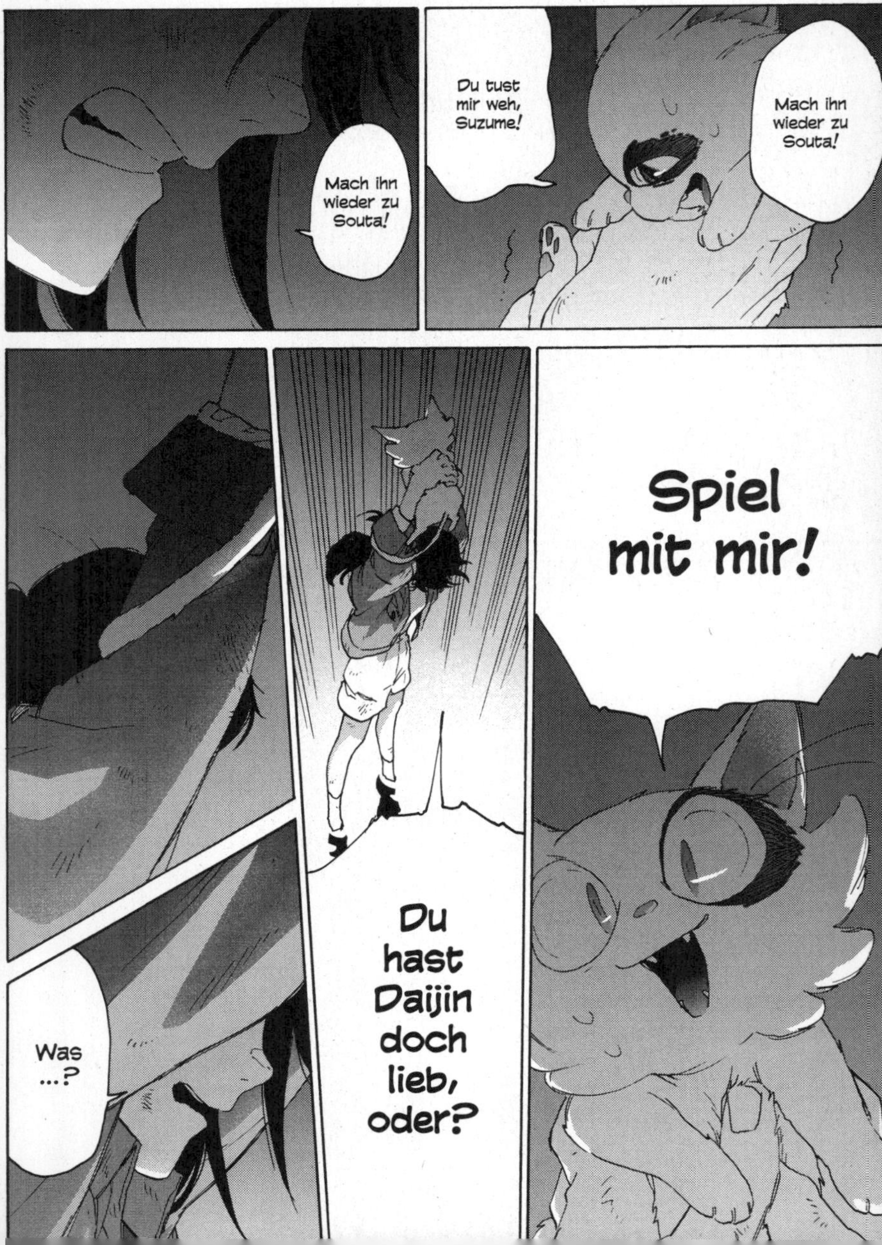

Mach ihn wieder zu Souta!
Du tust mir weh, Suzume!
Mach ihn wieder zu Souta!
Spiel mit mir!
Du hast Daijin doch lieb, oder?
Was ...?

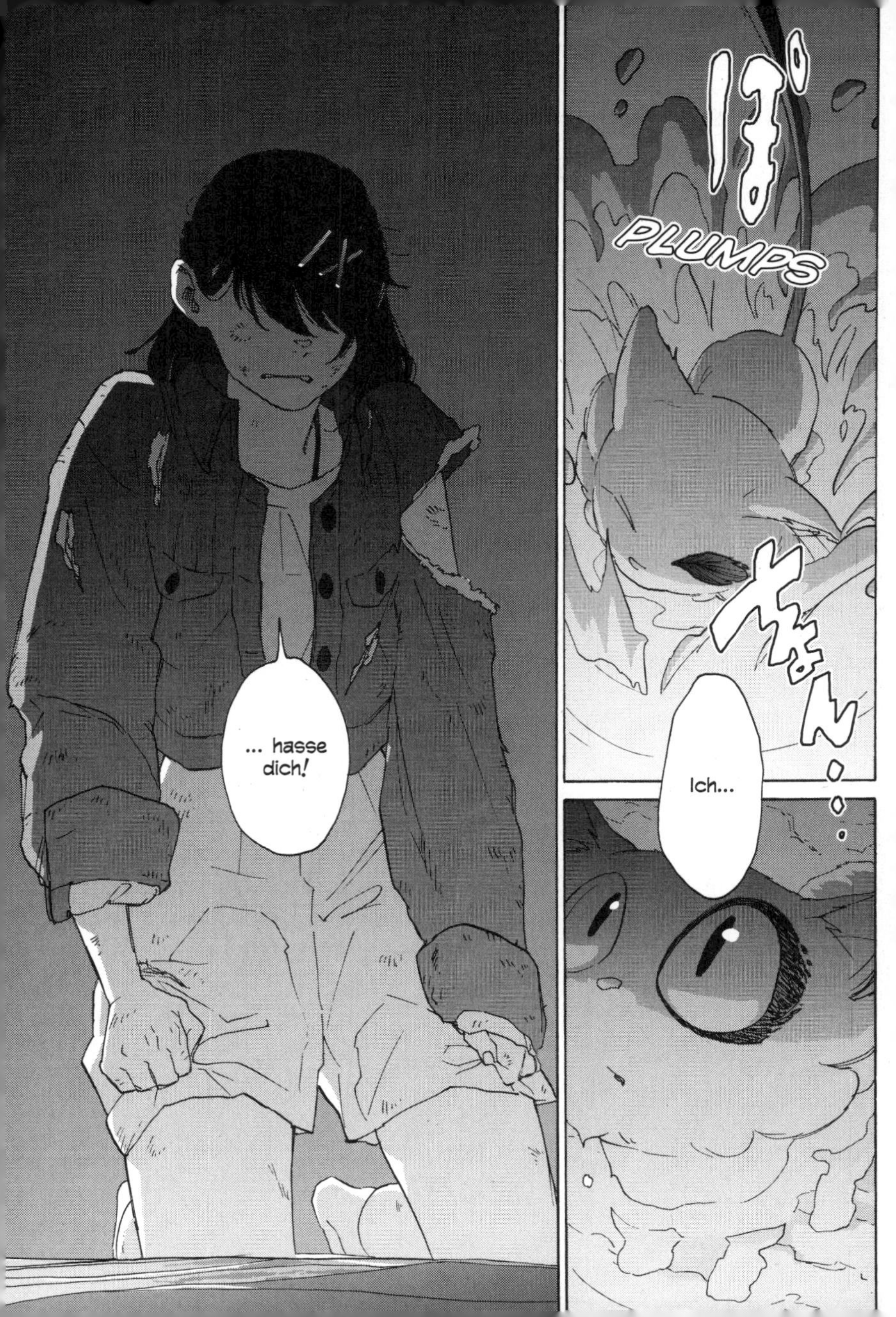
PLUMPS
Ich...
... hasse dich!

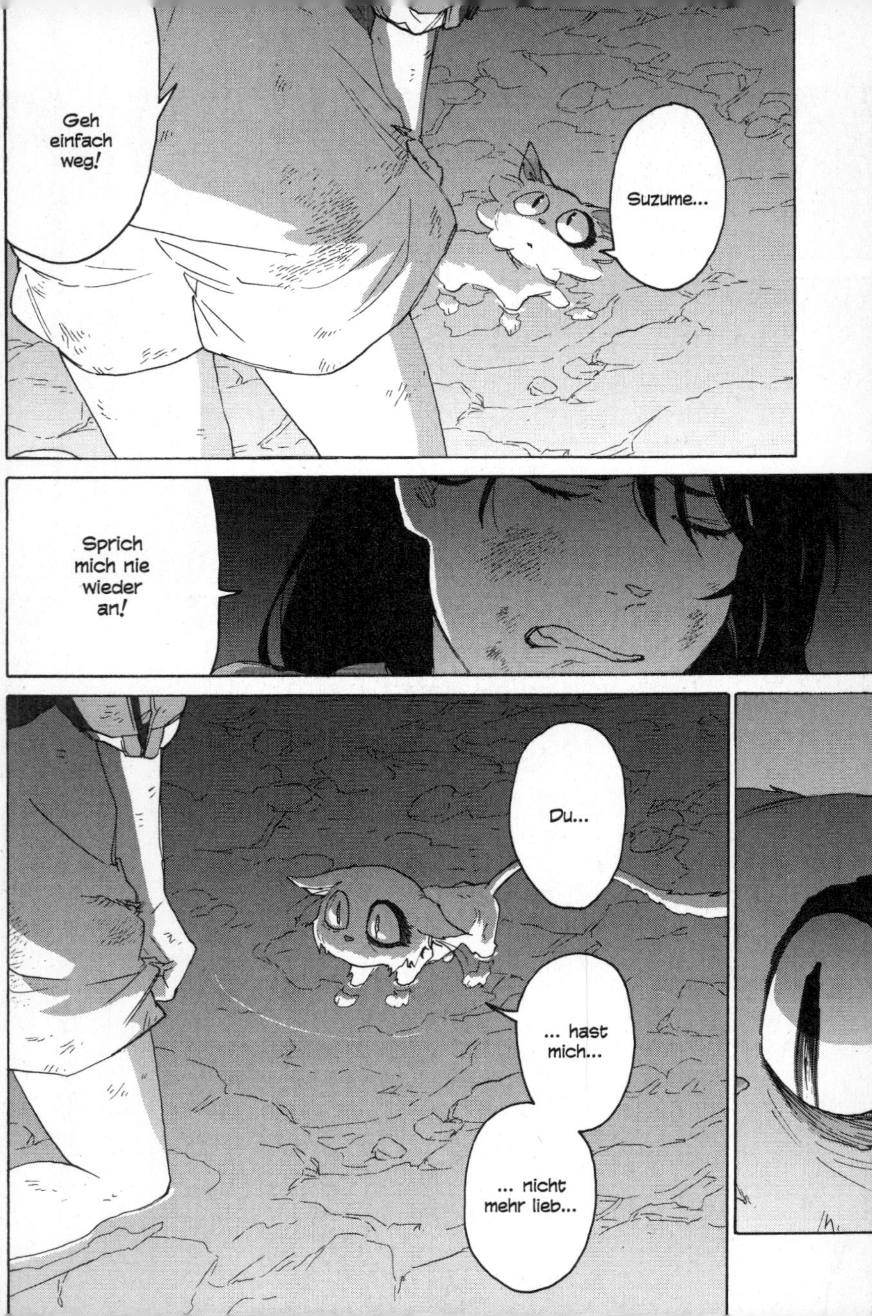

Suzume...
Geh einfach weg!
Sprich mich nie wieder an!
Du...
... hast mich...
... nicht mehr lieb...

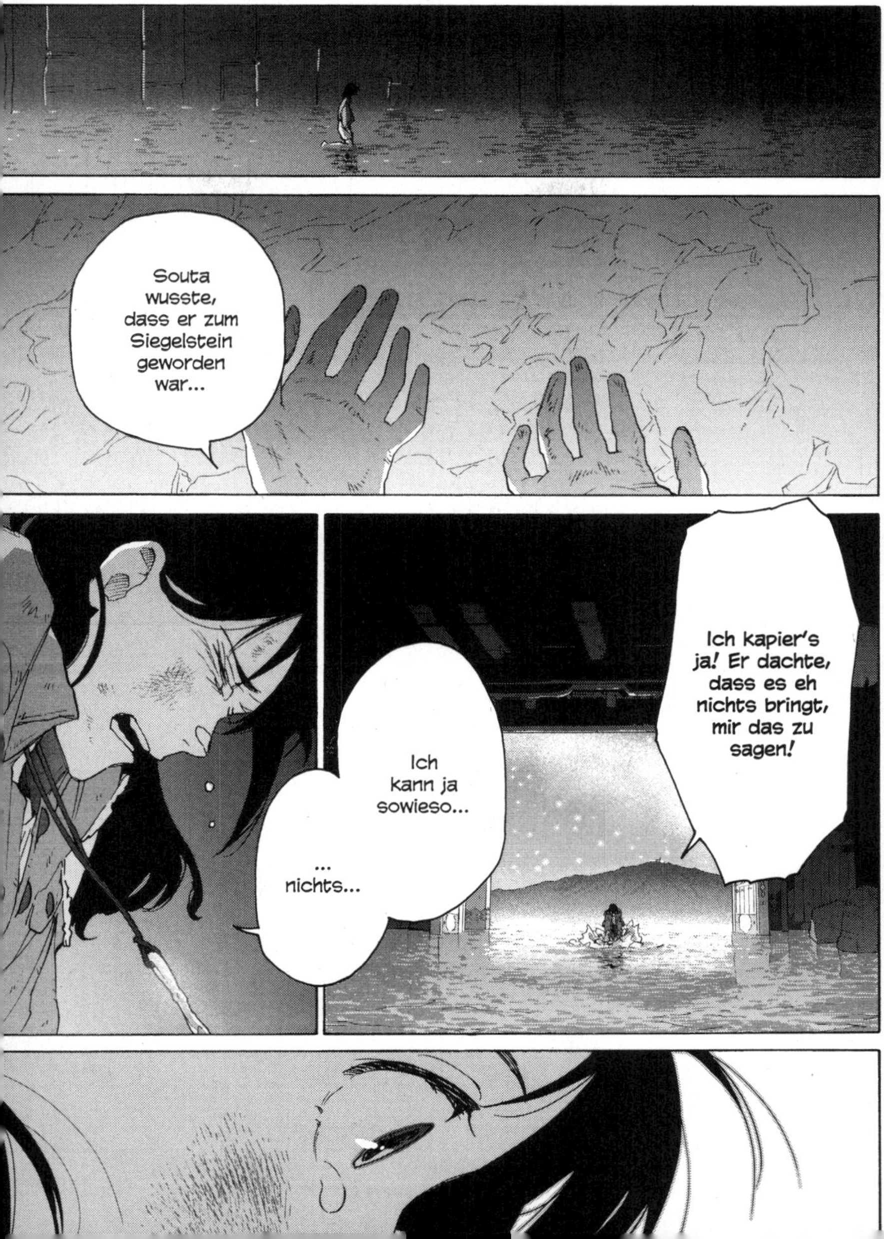
Souta wusste, dass er zum Siegelstein geworden war...
Ich kapier's ja! Er dachte, dass es eh nichts bringt, mir das zu sagen!
Ich kann ja sowieso...
... nichts...

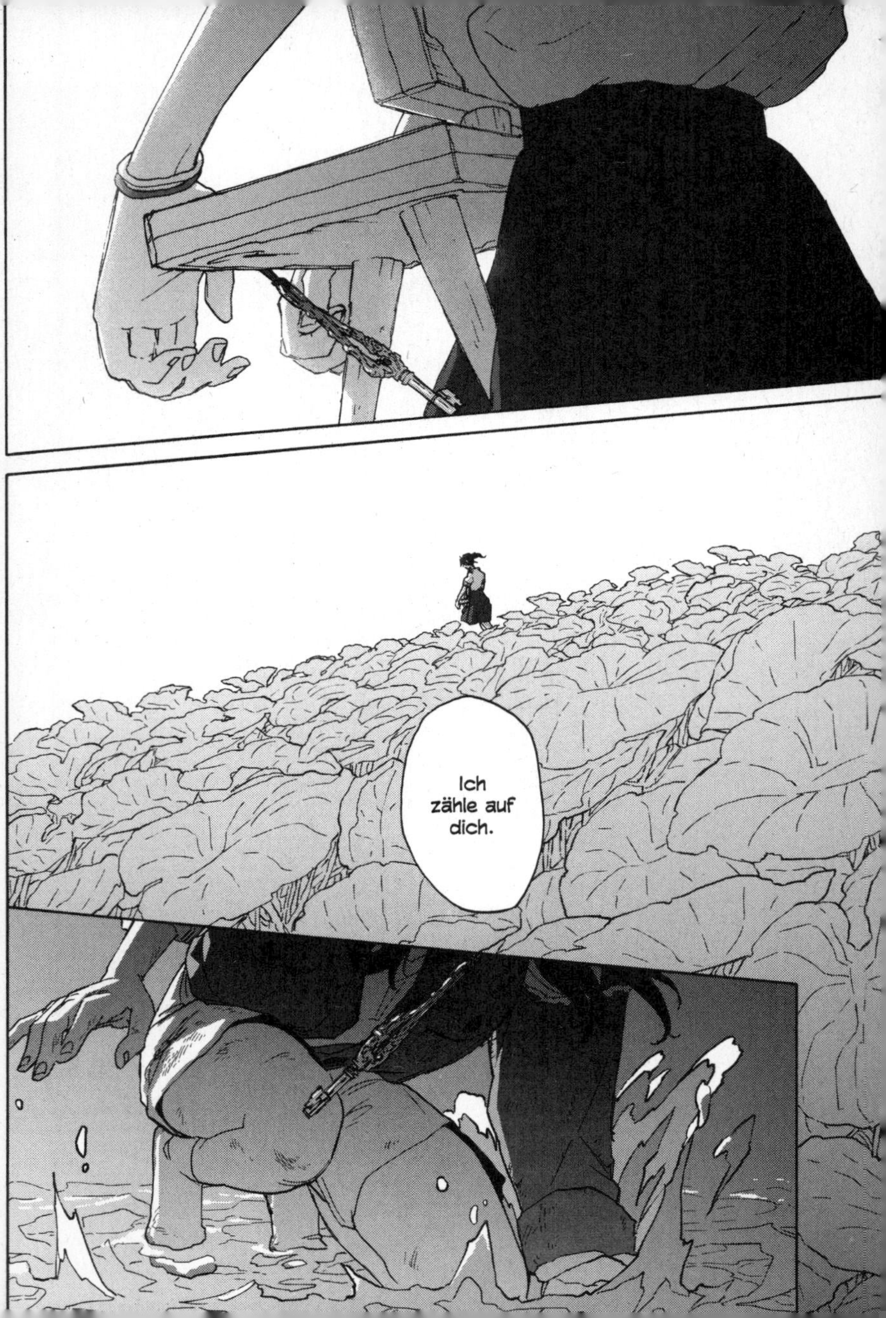
Ich zähle auf dich.

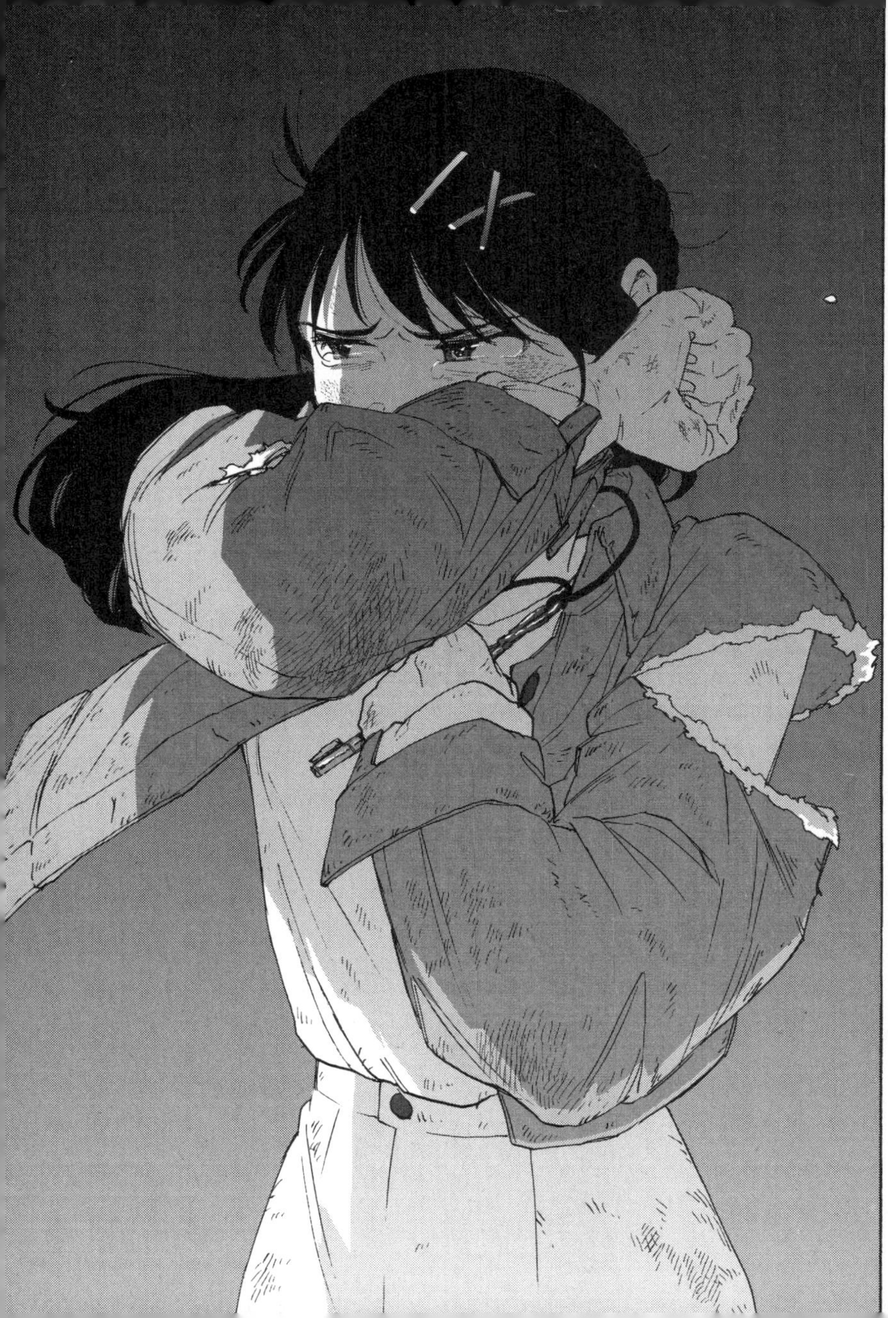

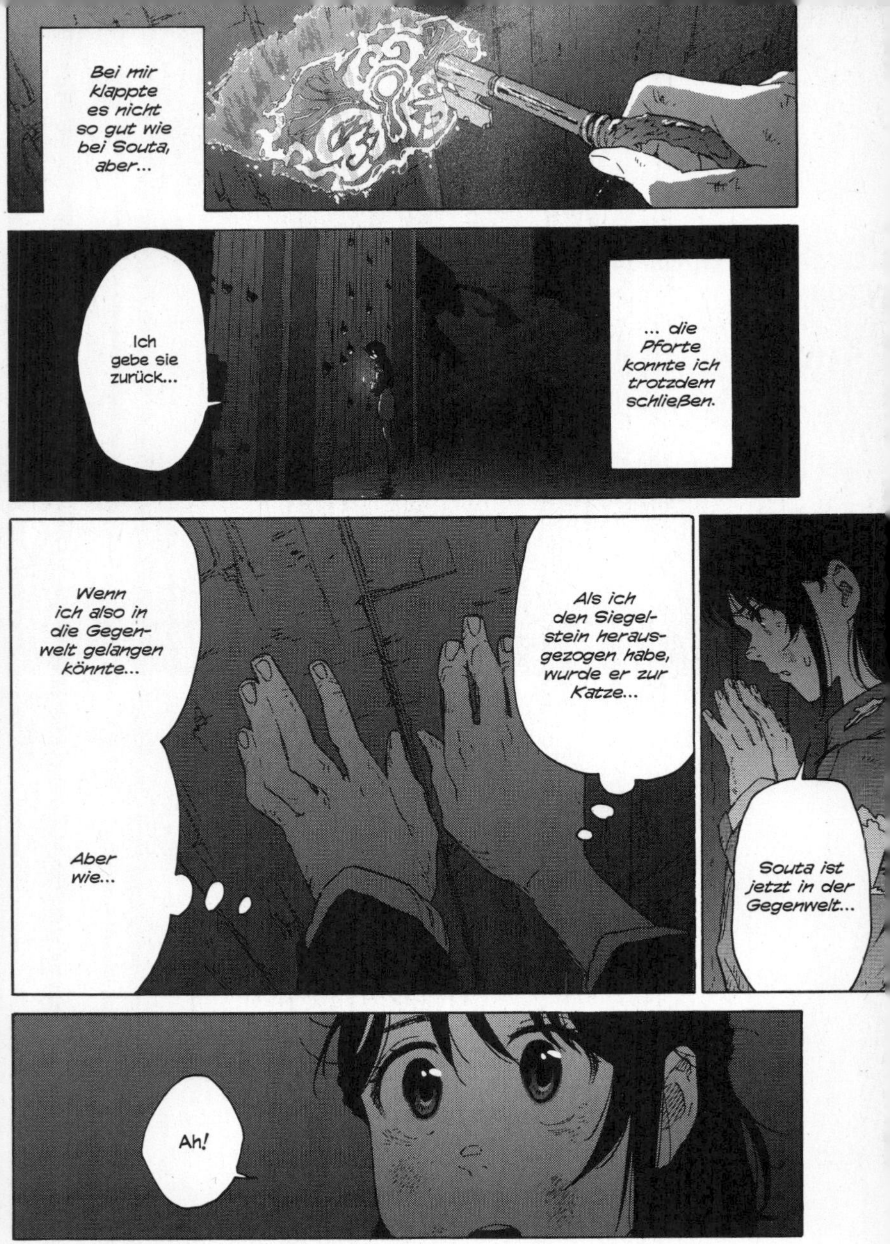
Bei mir klappte es nicht so gut wie bei Souta, aber...
... die Pforte konnte ich trotzdem schließen.
Ich gebe sie zurück...
Souta ist jetzt in der Gegenwelt...
Als ich den Siegelstein herausgezogen habe, wurde er zur Katze...
Wenn ich also in die Gegenwelt gelangen könnte...
Aber wie...
Ah!

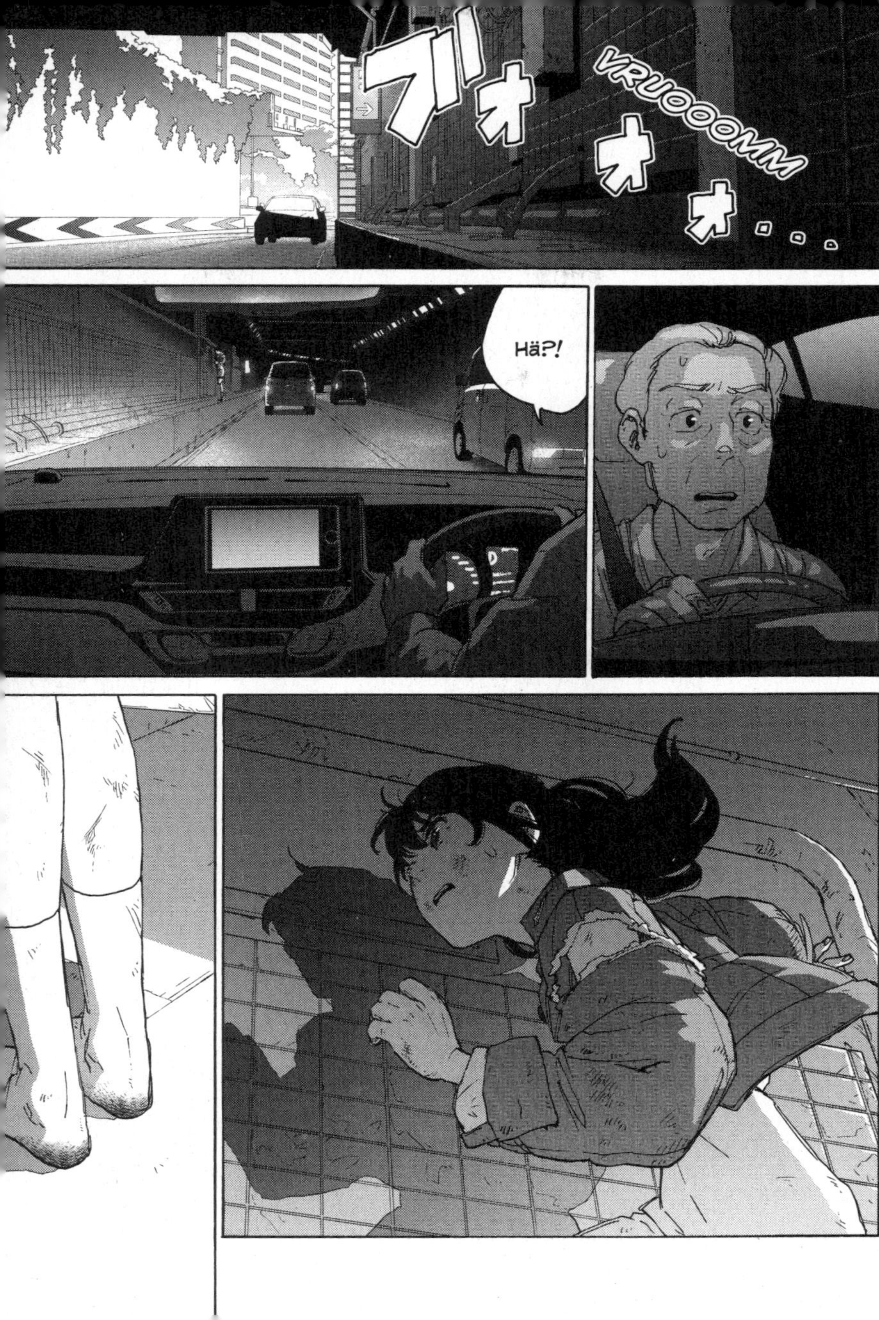

ブオオオ…
VRUOOOMM
Hä?!

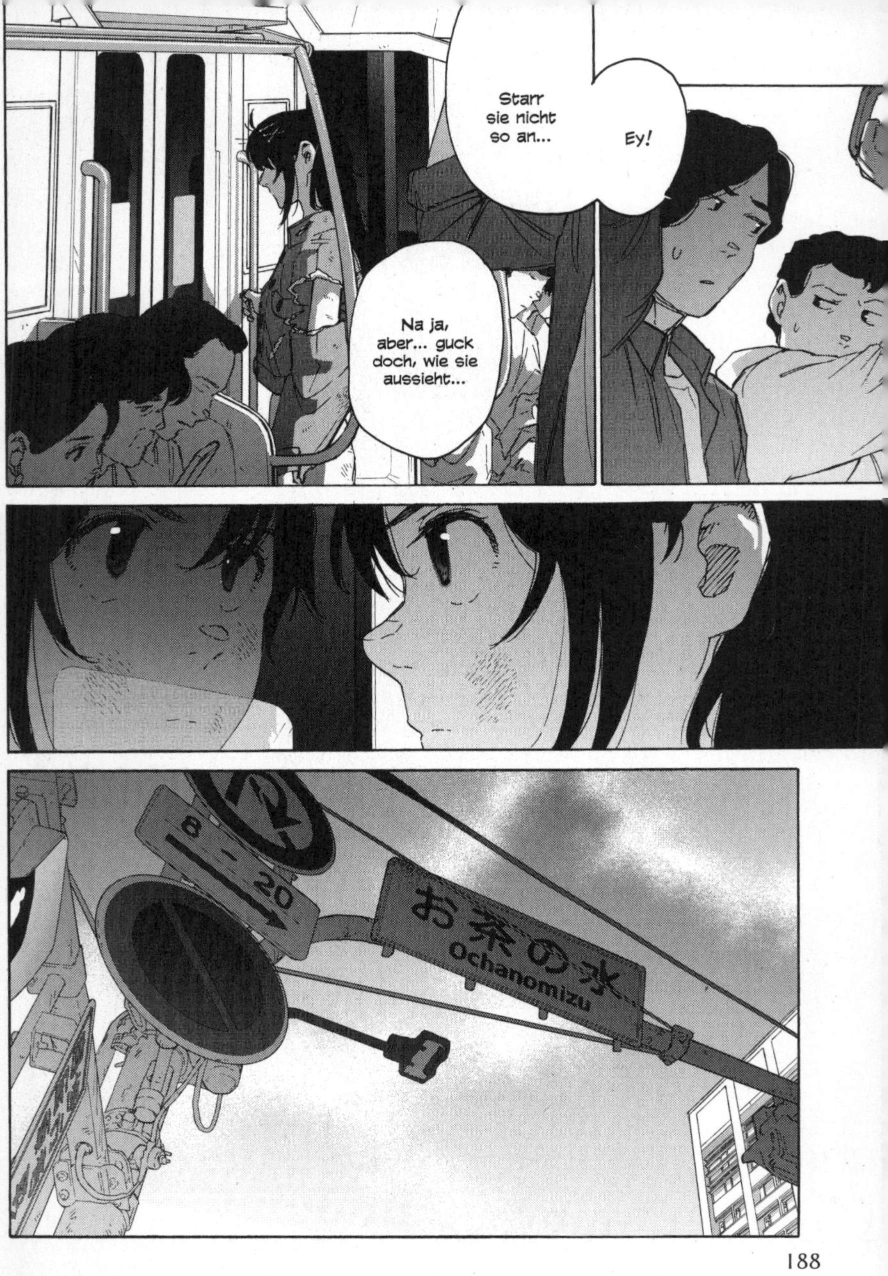
Ey!
Starr sie nicht so an...
Na ja, aber... guck doch, wie sie aussieht...
8 — 20
お茶の水
ochanomizu

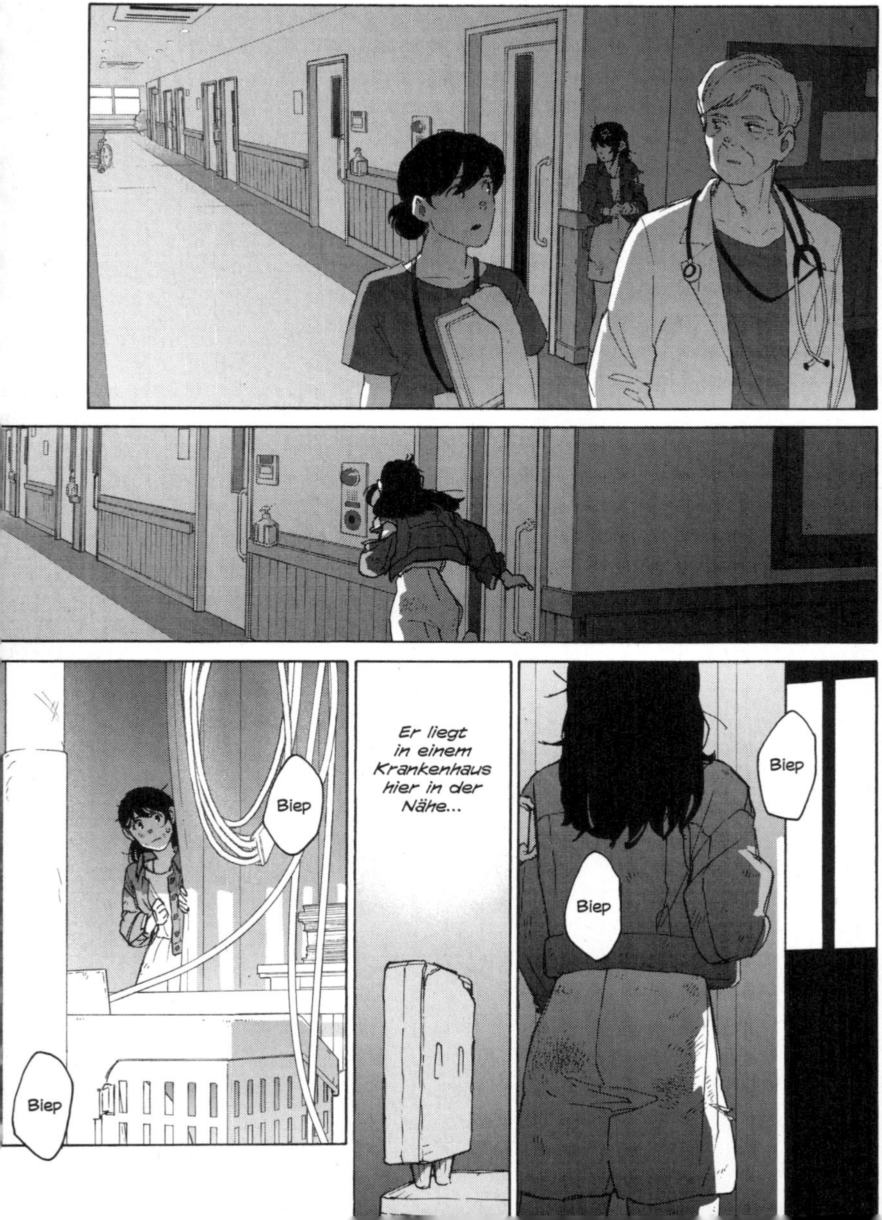

Biep
Biep
Er liegt in einem Krankenhaus hier in der Nähe...
Biep
Biep

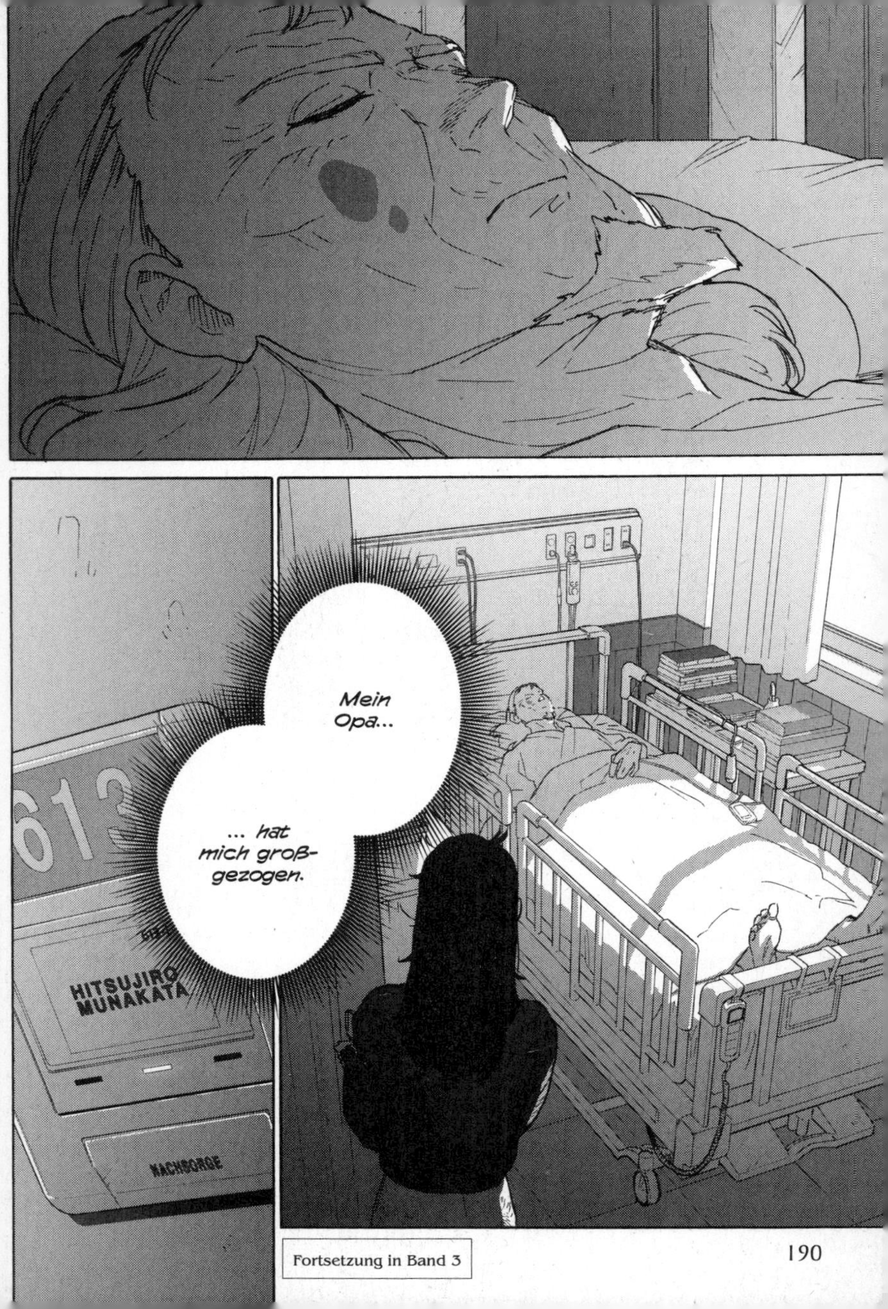

Fortsetzung in Band 3

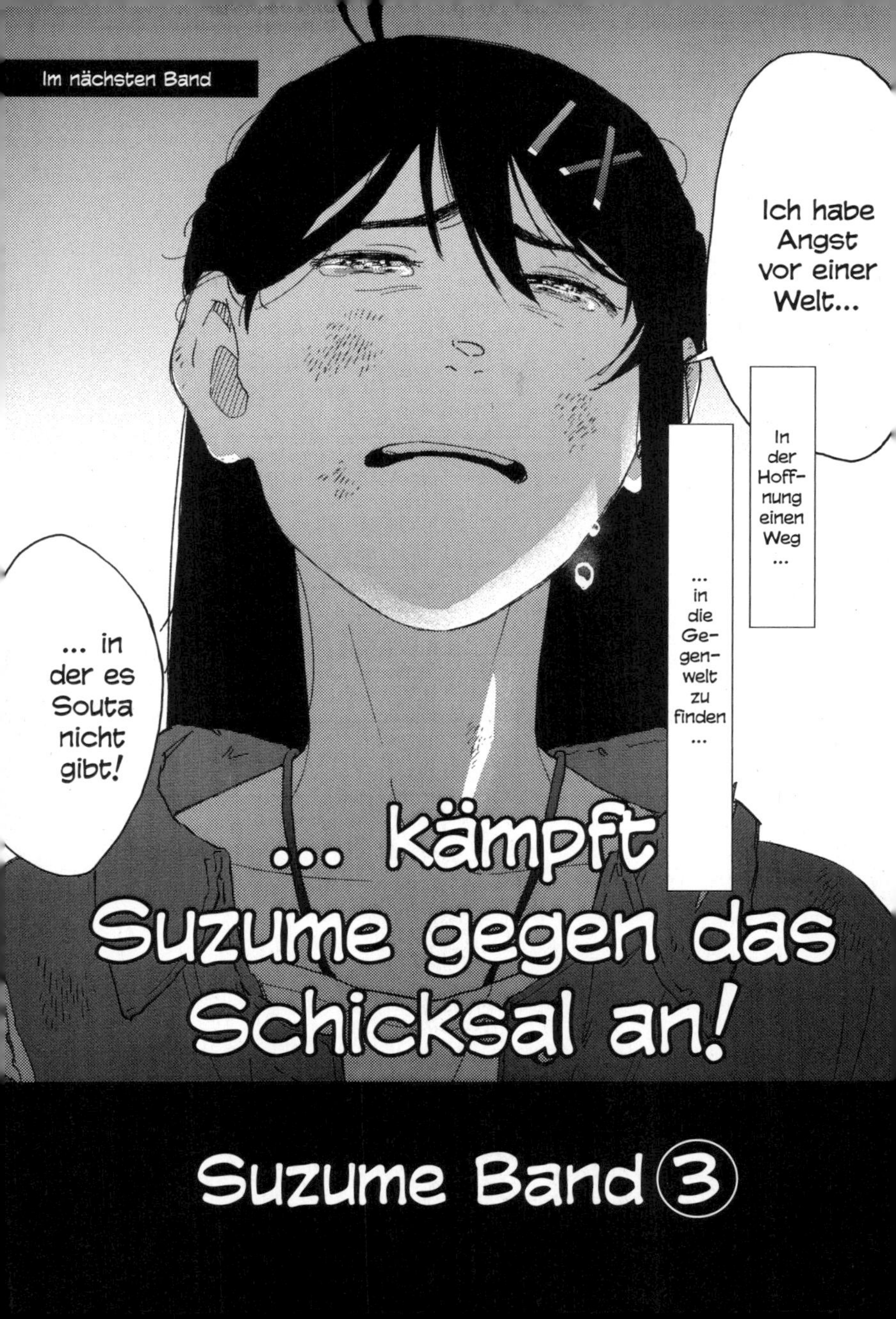
Im nächsten Band
Ich habe Angst vor einer Welt...
... in der es Souta nicht gibt!
In der Hoffnung einen Weg ...
... in die Gegenwelt zu finden ...
... kämpft Suzume gegen das Schicksal an!
Suzume Band ③

SUTOPPU!

Koko wa kono manga no owari dayo.
Hantaigawa kara yomihajimete ne!
Dewa omatase shimashita!
Tanoshii hitotoki wo dozo!

Egmont-Manga-Chiimu

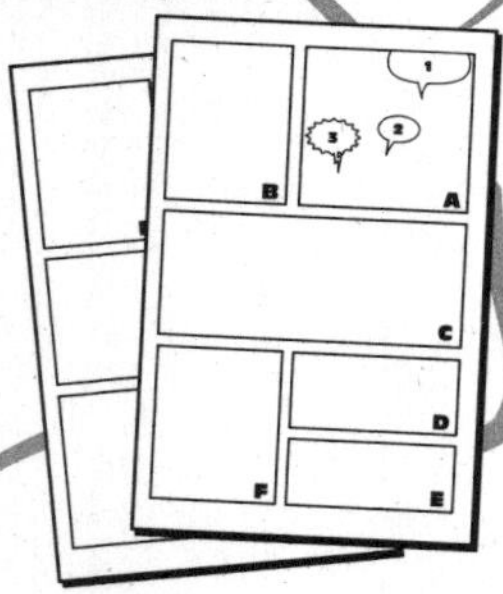

STOPP!

Das ist der Schluss des Mangas.
Fangt bitte am anderen Ende an!
Und nun genug der Vorrede,
viel Spaß beim Lesen!

Euer Egmont-Manga-Team

www.egmont-manga.de
Unsere Bücher findest du im
Buch- und Fachhandel und auf

EGMONT Shop
www.egmont-shop.de

KODANSHA

„Suzume" von Makoto Shinkai und Denki Amashima
Aus dem Japanischen von Antje Bockel
Originaltitel: Suzume

Originalausgabe:
Suzume 02

Deutschsprachige Ausgabe:

verlegt durch Egmont Verlagsgesellschaften mbH,
Ritterstraße 26, 10969 Berlin

1. Auflage 2024
Verantwortliche Redakteurin: Inga Wurzbach
Lektorat: Stine Svenja Fahrich
Gestaltung: Laura Bartels, Sonnenfisch Production
Koordination: Angelika Schönhuber
Printed in the EU
ISBN 978-3-7555-0444-3

story house
EGMONT